Nicholas Grünke

Schutzkleidung is nich!

Unter Bauarbeitern

Rowohlt Taschenbuch Verlag

Originalausgabe
Veröffentlicht im Rowohlt Taschenbuch Verlag,
Reinbek bei Hamburg, September 2013

Umschlaggestaltung ZERO Werbeagentur, München
(Foto: Thorsten Wulff)
Redaktion Tobias Schumacher-Hernández
Satz aus der DanteMT PostScript, PageOne, bei
Dörlemann Satz, Lemförde
Druck und Bindung CPI – Clausen & Bosse, Leck
Printed in Germany
ISBN 978 3 499 63036 1

Für die hart arbeitenden Bauarbeiter in Berlin.
Take the money and run!

Inhalt

Kapitel 1

Ganz unten

Mühsam stapfe ich mit meinen Tüten voller Leergut durch den braunen Berliner Schneematsch. Handschuhe habe ich vergessen, meine Finger werden langsam starr vor Kälte. Als ich gerade auf das Wetter fluche, klingelt mein Handy. Ich bleibe stehen und schaue aufs Display. Katrin. Seit Wochen nicht gesehen. Was will die? Eigentlich habe ich keine Lust zu reden, aber vielleicht ist es wichtig.

«Ja?»

«Hey, alles gut bei dir?», und ohne eine Antwort abzuwarten: «Du meintest doch letztes Mal, dass du dringend Geld brauchst, oder? Ist das noch aktuell?»

«Ja, kann man wohl sagen.»

«Ich hätte da vielleicht was. Ist aber ziemlich harte Arbeit.»

«Mach's nicht so spannend.»

«Auf dem Bau. So richtige Maloche. So was kannst du doch, oder?»

«Na ja, prinzipiell schon, denke ich. Ich hab mal meinem Vater geholfen, die Wand von unserer Garage abzureißen. Aber aufm Bau? Doch nicht draußen, oder?»

«Doch, ist 'ne Baustelle irgendwo an der Spree.»

«Draußen? Jetzt? Bist du irre? Es sind minus 12 Grad, und ich friere schon in der Wohnung.»

«Ich sag ja, ist ein Knochenjob. Mein Onkel ist der Bauleiter. Der meint, beim Arbeiten wird einem schon warm. Da wäre die Kälte nicht so schlimm.»

«Mhm, wie viel zahlen die denn?»

«Zwölf Euro die Stunde.»

«Ich weiß nicht. Eigentlich warte ich auf die Zusage von so einer Galerie. Das wäre mir schon lieber.»

Ehrlich gesagt rechne ich nicht mit einer Zusage, aber irgendwie wird mir dieses Telefonat unangenehm.

«Na ja, kannst es dir ja überlegen. Ruf mich an, falls du's dir doch mal angucken willst.»

«Ja, okay. Aber ich denke, eher nicht. Trotzdem danke, dass du an mich gedacht hast.»

Ich schleppe mich langsam weiter. Meine Finger spüre ich jetzt kaum noch. Hat die mir gerade wirklich einen Job auf einer Baustelle angeboten? Und das bei den Temperaturen, die ist ja wohl verrückt.

Irgendwer hat mal gesagt, Berlin sei dazu verdammt, ständig zu werden und niemals zu sein. Wenn man sich die Baugerüste entlang der Warschauer Straße ansieht, scheint da was dran zu sein. Die waren mir vor dem Telefonat gar nicht so deutlich aufgefallen. Genauso wenig wie die Arbeiter, die, eingepackt in dicke Felljacken und Mützen, Zementsäcke die wackeligen Gerüstleitern hinaufschleppen. Jetzt schaue ich in den mit Wolken verhangenen Berliner Winterhimmel und stelle fest, dass auf dieser Ecke beinahe jedes zweite Gebäude eingerüstet ist. Auch das, an dem ich gerade vorbeilaufe. Ein mit Konzertplakaten behängter Bauzaun schützt die Arbeiter vor neugierigen Blicken, zumindest die, die im Erdgeschoss beschäftigt sind. Im zweiten Stock sitzt ein Bauarbeiter auf dem Gerüst.

Das Bauradio hört sich an wie klirrendes Eis. «It's just another manic monday», klingt es von fern. In diesem Moment pfeift eine sibirische Böe durch die Straße, und mein Gesicht fühlt sich an, als würde es von Rasierklingen traktiert. Bei diesem Wetter sollte kein Mensch draußen arbeiten müssen. Die armen Kerle. Und das zwischen Weihnachten und Neujahr, wenn die meisten Leute gemütlich mit einem Glühwein vor dem warmen Kaminfeuer sitzen.

Nee, Katrin, das mache ich nicht. Auf gar keinen Fall!

Die Schiebetür des Sparkassen-Foyers öffnet sich, und sofort schlägt mir beißender Uringeruch entgegen. Ich kann nicht ausmachen, ob die Pfütze in der Ecke oder der zusammengekauerte Typ vor mir diesen Gestank abgibt. Eine speckige schwarze Mütze mit ein paar hineingeschmissenen Centstücken und eine leere Flasche Wodka liegen neben ihm auf dem Boden. Ach, du wunderschönes Berlin! Ich halte die Luft an, mache einen großen Schritt über das erbärmliche Männchen zu meinen Füßen und schreite schnell zum Geldautomaten.

Hoffentlich bekomme ich noch einen Fünfziger. Der Automat summt nicht. Schlechtes Zeichen! *Auszahlungsbetrag nicht möglich. Möglicher Betrag 20 Euro*. Mist! Das gibt's doch nicht. Ich lasse mir meinen Kontostand anzeigen und muss leider feststellen, dass mein Dispo fast ausgeschöpft ist.

Meine Kredikartenabrechnung hatte ich total vergessen. Oh Mann. Ich lasse mir den Zwanziger auszahlen und krame in meinen Hosentaschen. 2,38 Euro für das Leergut und einen Fünfer habe ich noch in der Brieftasche. Macht 27,38 Euro. Nicht gerade viel, um Silvester in Amsterdam zu feiern. «Puh, also schon wieder was leihen», sage ich leise vor mich hin, während ich beim Rausgehen fast wieder über die Schnapsleiche stolpere.

Vor der Bank greife ich zögernd zum Telefon.

«Hey, Tim, wollte noch mal kurz fragen, wann der Zug morgen geht?»

«10:37 Uhr, Gleis 13. Würde sagen, wir treffen uns da so gegen zwanzig nach. Okay? Und sag mal, deine Freundin holt uns ab, oder?»

«Ja, denke schon. Aber Grace weiß noch nicht, wann sie mit den Proben fertig ist. Klären wir morgen im Zug. Ähm, und noch was … Könntest du mir vielleicht noch mal 'nen Fuffi leihen? Bin gerade aus der Bank raus, und auf meinem Konto geht gar nichts mehr.»

«Ja, klar. Das summiert sich nur langsam ganz schön, ne?»

«Ich weiß, ich weiß. Danke. Du bekommst das Geld so schnell wie möglich wieder. Also bis morgen!»

Ich stecke das Handy zurück in die Hosentasche und fühle mich schlecht. Scheiße, so schnell wie möglich wieder? Ja, wie denn? Ich mache mich auf den Heimweg. Es ist erst kurz nach 16 Uhr, und die Straßenbeleuchtung ist schon eingeschaltet. Diese frühe Dunkelheit drückt seit Wochen auf mein Gemüt. Als ich den Briefkasten im Hausflur aufschließe, purzelt mir ein Stapel Papier entgegen und landet auf dem von Schneematsch total verdreckten Boden. Nachdem ich die Werbung weggeschmissen habe, halte ich zwei Briefe in den Händen. Der eine ist vom Amtsgericht Euskirchen und der andere von meiner Bank. Na toll, auch das noch!

Am Schreibtisch öffne ich zuerst den Brief des Amtsgerichts. Ich überfliege den Text, und mich überkommt Übelkeit. Langsam rutsche ich in meinen Stuhl.

Mahnbescheid. Hauptforderung: Versicherungsbeitrag vom 01.08 – 01. 12.
Antragsteller: Central Krankenversicherung AG.

Oh fuck. Die Krankenversicherung. Das hatte ich völlig verdrängt. Fünf Monatsbeiträge offen, wie soll ich das bezahlen? Ich hole mir ein Bier. Alles in mir sträubt sich, den zweiten Brief zu öffnen. Aber was nutzt es? Mir wird mitgeteilt:

Nicht nur im Fußball ist Fairplay angesagt.

Auf Ihrem Girokonto 6543899, sehr geehrter Herr Grünke, geht seit Wochen kein Geld mehr ein. Wann und wie wird die Rückführung des Sollsaldos von z. Zt. 1978,09 Euro erfolgen?
Ich bitte um eine zeitnahe Antwort.

Freundlich grüßt Sie
Ursula Lemming

Ich bewege mich schwerfällig zum Kühlschrank und öffne ein weiteres Bier. Ich reiße das Fenster auf und brülle auf die Straße: «So kalt ist es doch gar nicht, was?»

Seitdem ich gestern Abend die beiden Briefe gelesen habe, bin ich wie betäubt. Ich fühle mich ohnmächtig. Vielleicht werde ich das schneller bereuen, als mir lieb ist, aber im Moment bin ich mir fast sicher: Ich werde ihn probieren, diesen Job auf dem Bau.

Ich wische mit der Hand über die beschlagene Fensterscheibe des Zuges, um die dahinfließende Landschaft zu sehen. Wie konnte ich nur in diese Lage kommen? Katrin kenne ich schon seit über zehn Jahren. Wir haben gemeinsam in Amsterdam Kunst studiert. Sie fand direkt nach dem Studium eine Galerie und ging nach Berlin. Ich hatte zunächst weniger Glück und arbeitete mal hier, mal da, nie länger als einige Monate. Nach einer ausgedehnten Asienreise, die meine letzten Geldreserven verschlungen hatte, schien sich das Blatt zu wenden.

In Berlin war ein lukrativer Job als Kurator in Aussicht, aber die Ausstellung wurde im letzten Moment gestrichen. Da war ich natürlich schon von Bangkok an die Spree geflogen. Statt in einer eigenen Altbauwohnung in Mitte landete ich nun bei meinem Bruder auf der Couch in Kreuzberg. Das war zwar für die erste Zeit ganz lustig, aber natürlich kein tragbarer Zustand.

Seit ich in Berlin war, hatte ich wieder mehr Kontakt mit Katrin. Wir liefen uns häufig bei Ausstellungseröffnungen über den Weg. In der letzten Zeit hatte ich sie allerdings etwas aus den Augen verloren. Sie hatte bereits bescheidenen Erfolg als Künstlerin, und ihre eigene Vernissage ist auch der Grund, warum sie jetzt nicht mit uns im Zug nach Amsterdam sitzt, wo wir mit alten Freunden Silvester feiern werden.

Während draußen Spandau vorbeirauscht, nippt Tim an seinem Kaffee.

«Hast du Katrin eigentlich schon erreicht wegen dieses Jobs?»

«Nein, Mailbox. Ich versuch's gleich noch mal.»

Die Luft vor dem Fenster scheint zu gefrieren. Ich sehe kein einziges Tier auf den Wiesen und Feldern, die geräuschlos an uns vorbeigleiten. Zwischen Vinzelberg und Gardelegen wähle ich wieder Katrins Nummer. Diesmal ertönt ein Freizeichen.

«Ja?», krächzt ihre Stimme am anderen Ende.

«Katrin, sorry, habe ich dich geweckt? Wollte dir nur kurz sagen ... äh ... ich mach's. Also das mit der Baustelle. Ich mach's. Also ich schaue es mir mal an.»

«Baustelle? Ach so, der Job, ja klar. Na, super. Dann sag ich dem Peter Bescheid.»

«Hoffentlich super?»

«Ja, das wird schon. Wie gesagt, ist doch kurzfristig ganz gutes Geld. Ich meld mich dann noch mal und sag dir, wann du anfangen kannst.»

«Alles klar, nochmals danke. Und guten Rutsch!»

Ich lege auf und versinke sofort in Gedanken. Erst als die vier mächtigen Schornsteine der VW-Werke in den graublauen Himmel emporstechen, wird mir bewusst, was ich da gerade zugesagt habe. Ich werde also im klirrend kalten Januar als Bauarbeiter in Berlin arbeiten. Wer hätte das für möglich gehalten? Ich habe keine Ahnung, was mich erwartet, und die Vorstellung ist in diesem Moment auch zu erdrückend. Zum Glück kommt Tim aus dem Speisewagen und drückt mir ein wohltemperiertes Bier in die Hand.

«Cheers, Nicholas! Auf die letzten Tage in diesem Jahr!»

«Cheers, auf dass alles besser wird im nächsten.»

Doch während ich das sage, weht mir plötzlich ein eiskalter Wind ins Gesicht, und ich sehe im Geiste die halb erfrorenen Arbeiter von der Warschauer Straße mit ihren Zementsäcken.

Gegenüber hat jemand das Fenster geöffnet.

Kapitel 2

«Fliegenschmidt Globalklo»

Drei Tage später. Es ist Anfang Januar. Ein schriller Ton reißt mich unsanft aus dem Schlaf. Die digitalen Ziffern meines Weckers spucken mir eine Fünf und zwei Nullen ins Gesicht. Es ist pechschwarze Nacht, und das Thermometer zeigt minus 16 Grad. Silvester steckt mir immer noch in den Knochen. Ich fühle mich wie in einem Albtraum.

Lautes Schnarchen dringt aus dem Zimmer meines Bruders, der über Silvester Gäste nach Berlin eingeladen hat. Ich schleiche durch den Flur. Auf dem Weg ins Badezimmer drehe ich die Heizung in der Küche voll auf, damit es gleich warm ist.

Nach einer Tasse Kaffee und einer Scheibe Toast bin ich endlich ein bisschen wacher. Ist ja nur für kurze Zeit, denke ich und glaube tatsächlich daran, dass ich diesen Job nur für ein paar Wochen machen werde. Eben bis mein Konto wieder ausgeglichen ist oder, wie Frau Lemming es ausdrückte, bis ich endlich wieder *fairplay* spiele.

Arbeitskleidung? Habe ich natürlich nicht. Nur ein paar alte Klamotten, die ich unten im Schrank gefunden habe. Vielleicht hilft meine alte Skiunterwäsche. Ich ziehe Lage für Lage Kleidung übereinander, schlüpfe in meine Lederstiefel, nehme Skimütze und -handschuhe aus der Kommode und verlasse die Wohnung. Die Kälte der vergangenen Wochen war schon brachial, aber dieser Morgen übertrifft alles. Und Berlin dröhnt mal wieder mit düsterer Tristesse.

Die Straßenränder sind gepflastert mit explodierten Böllern, die den Schneematsch rötlich färben. Ein Teppich aus zerbrochenem Glas knirscht unter meinen Stiefeln. Das klassische Überbleibsel eines Jahreswechsels.

Als ich über die Oberbaumbrücke zur S-Bahn-Station laufe, schneidet mir eisiger Wind ins Gesicht. Nicht weit entfernt prangt in riesigen Buchstaben über mehrere Dächer ein Graffito: *Deutschland verrecke*. Ich ahne, dass dieser Tag nichts Gutes bringen wird.

Wenigstens kann ich mich in der Bahn kurz aufwärmen. Erstaunlich, wie viele Menschen um diese Zeit bereits auf den Beinen sind. Dabei scheinen zwei Berliner Bevölkerungsgruppen miteinander zu verschmelzen: Hier die berauschten Clubgänger auf dem Weg ins Bett, dort die Angestellten und Arbeiter, auf die Büro und Stechuhr warten. In diesen Minuten sitzen sie sich gegenüber. Und zum ersten Mal habe ich die Seiten gewechselt.

Wirklich wach ist hier niemand. Die Blicke gehen starr aus dem Fenster oder auf den Boden. Niemand spricht. Was mache ich eigentlich hier?

Ich passiere das Ostkreuz. Der Bahnhof ist eine Großbaustelle. Erst 2016 sollen die Bauarbeiten beendet sein. Warum man nach der Wende nicht sofort das Ostkreuz umgebaut hat, anstatt den Ostbahnhof immer weiter zu modernisieren, ist mir ein Rätsel.

Ich fahre am «Darth Vader» vorbei, wie die Berliner den alten Wasserturm am Ostkreuz nennen. Er ist jetzt durch den neuen gigantischen Bahnhof aus Glas und Stahl traurig in der Ecke eingequetscht und wird von den neuen Gleisen fast tangiert. Nach einer gefühlten Stunde muss ich raus und folge an vereisten Autos vorbei den Schienen und biege dann links ins Nirgendwo ab. Am Ende der Straße ist der alte Speicher erkennbar. Der Ostwind ist auf der offenen Fläche noch beißender und brennt schmerzhaft auf der Haut. Die Kälte kriecht unerbittlich durch alle Kleidungsschichten. Selbst die Skihandschuhe nutzen nichts. Mir ist bitterkalt.

Für einen kurzen Moment verlässt mich der Mut, ich denke an mein warmes Bett, und meine Schritte werden langsamer. Gibt es nicht doch eine andere Möglichkeit?

Nein, ich ziehe das jetzt durch, sage ich mir und denke heimlich: zumindest mal für einen Tag. Nur diesen einen Tag.

Je näher ich dem Speicher komme, desto imposanter wirkt das über 100 Jahre alte Gebäude aus rotem Backstein. Gegen Ende des 19. Jahrhunderts erbaut, war es Teil eines Werks und diente als Getreidespeicher. Es ist heute das einzige noch existierende Haus der Fabrikanlage. An der Südfassade sind im Mauerwerk noch Verdunkelungen sichtbar, wo damals eine gläserne Fußgängerbrücke das Gebäude mit dem Rest des Komplexes verband.

Schon von weitem sehe ich mehrere Männer, die Kaffee trinkend und Zigaretten rauchend in Gruppen vor dem Bauzaun stehen. Bevor die Uhr Punkt sieben schlägt, rührt hier offenbar niemand einen Finger.

«Guten Morgen», sage ich laut.

Ich ernte kritische Blicke, und nur wenige nuscheln ein kaum verständliches «Morgen». Lediglich eine Gruppe, die etwas abseits steht und sich aufgeregt auf Arabisch unterhält, grüßt freundlich zurück.

Mir kommt ein hünenhafter Arbeiter entgegen, der seine Maschinen wie Kinderspielzeuge trägt. Auf der linken Seite hat er ein Rührgerät unter dem Arm eingeklemmt und einen mit Steinen gefüllten Eimer in der Hand. Rechts hält er einen Stemmhammer auf seiner Schulter. Ich will ihn ansprechen, doch er ist schneller, setzt den Hammer ab und reicht mir die Hand.

«Hans, Morgen.»

«Nicholas, Morgen», antworte ich und blicke dabei in ein Gesicht mit klaren Linien und freundlichen hellblauen Augen. Er ist tadellos rasiert, und sein Aftershave vermischt sich mit dem Geruch seiner frisch gewaschenen Kleidung, die wie neu wirkt. Ich bin selber kräftig und sportlich gebaut, doch als ich Hans die Hand gebe, fühle ich mich wie ein zehnjähriger Junge.

«Wo finde ich denn den Peter? Der macht hier die Bauleitung, oder?»

«Der is oben. Zweiter Stock. In seiner Hütte.»

«Danke.»

Was für eine Hütte?, denke ich, als ich die Treppe hochsteige. Oben angekommen, traue ich meinen Augen nicht. Da steht tatsächlich eine selbstgezimmerte Holzhütte. Ich klopfe an.

«Ja!»

«Hallo, ich soll mich hier bei Peter melden, ich hatte mit Katrin telefoniert», rede ich mit den Brettern vor meiner Nase. «Komm rein.»

Ich öffne die Tür und muss erst mal eine dicke blaue Wolldecke, die offenbar als Kälteschutz dient, beiseiteschieben. Die Decke ist so dreckig, dass ich direkt eine Ladung Staub einatme. Es riecht nach Heizungsluft, Kaffee und nassem Hund.

Ich sehe mich um. Ein Schreibtisch mit einem Computer. Regale mit Ordnern. Hundefutterkonserven in der Badewanne! Ein riesiger Rhodesian Ridgeback hockt sabbernd auf einer Art Bett. Das muss ich mir doch einbilden. Ich schließe meine Augen und öffne sie wieder. Nein, Bett, Badewanne und Hund sind immer noch da. Unglaublich, der hat sich hier wirklich einquartiert.

Peter hat leicht schütteres graues Haar, ist unrasiert und hat überproportional große Ohren. Alles in allem erinnert er mich an einen Leprechaun, den Kobold aus der irischen Mythologie. Ob er den Goldtopf unterm Bett versteckt hat?

«Morgen, ich bin Nicholas.»

«Peter, Morgen. Willkommen am Speicher! Na, dann schaun wa mal», sagt er und drückt mir kräftig die Hand. «Is dat deine Arbeitskleidung?»

«Äh, ja.»

«Wennde hinter die Hütte gehst, da isn Regal mit alten Arbeitsschuhen, such dir wat Passendes! Muss dat hier eben noch erledigen, dann komm ich raus.» Peter setzt sich wieder an den Computer und ich bin froh, aus der miefenden Bretterbude rauszukommen. Draußen nehme ich eine metallische Note in der Luft wahr. Aus der Ferne höre ich, wie Stahl geschnitten wird – zumindest reime ich mir Geruch und Geräusch so zusammen.

Die Außenwände der Hütte sind bespickt mit Nägeln, an denen unzählige Werkzeuge aufgehängt sind. Das Ganze erinnert mich an eine einsame Holzfällerhütte irgendwo in Sibirien, fehlt nur noch die Bärenfalle an der Wand.

«So, damit fangen wa heute mal an.» Ein riesiger Stemmhammer lacht mir entgegen. «Es wären da noch so einige Kappendecken zu durchbrechen», nuschelt Peter durch seinen Kaffee und reicht mir Handschuhe, Schutzbrille, Staub- und Gehörschutz. «Wird wenigstens schön warm, der Hammer!», ergänzt er noch grinsend.

Hoffentlich hat er recht, denn meine Hände sind bereits

Eisklötze, und ich kann es nicht erwarten, die Handschuhe anzuziehen und die Wärme der Maschine zu spüren. Wir laufen zwei Stockwerke höher über die weißgraue Granittreppe, und ich breche beinahe unter dem Gewicht des 30-Kilo-Hammers zusammen. Wie soll ich den nur den ganzen Tag halten?

Das Gebäude ist gigantisch. Im vierten Stock erstreckt sich vor mir ein scheinbar endloser Raum, durchzogen von Stahlträgern auf Stahlstützen. Peter zeigt auf das etwa drei Quadratmeter große Loch im Boden und fragt:

«Haste dat schon mal gemacht?»

«Decken habe ich noch nicht durchbrochen, aber ...» Ohne mich meinen Satz beenden zu lassen, unterbricht Peter: «Musst aufpassen, dass de da nich mit runterknallst, wenn die Kappendecke bricht, ne?»

«Äh, Kappendecke, was ist das?»

«Da stehn wir drauf. Dat sind zwei Doppel-T-Träger – die siehste da an der Seite –, die bilden die Widerlager, und da drin sind dann die Steine mit Zement, siehste ja, ne?»

«Hm, ja, okay», sage ich, ohne wirklich verstanden zu haben, was er meint.

«Pass ma auf, ich zeig dir dat kurz.» Und schon lässt Peter den Meißel auf den Beton krachen, und ein ohrenbetäubender Lärm erfüllt den Raum. Ich halte mir die Ohren mit den Fingern zu, während die ersten Steine nach unten sausen.

«Immer schön gucken, wo de stehst. Musste aufpassen!»

«Mhm. Werd dran denken.»

«Denken? Aufpassen sollste!»

«Eine Frage hätte ich noch.»

«Wat denn?»

«Wie machen wir das jetzt, ich meine, Vertrag, Stundenzahl und so. Und zwölf Euro die Stunde stehen, oder? Ich ...»

«Ich will erst mal sehen, ob de wat kannst. Dann sehen wa weiter. Aber die zwölf Euro stehen.»

«Ah, mhm, okay. Also ich mach dann mal.»

«Ja, mach du mal.»

Als ich wenig später alleine auf dieser gewaltigen Fläche stehe und in den bereits abgebrochenen Teil durch Beton und in alle Richtung verbogenen Metallstangen zwei Stockwerke nach unten blicke, wird mir leicht schwindelig, und ich trete erst mal einen Schritt zurück. Die unzähligen Fensteröffnungen auf der Etage sind nur notdürftig mit Holz verbarrikadiert, und der Wind pfeift eisig durch die Ritzen.

Den 30-Kilo-Stemmhammer muss ich mit aller Kraft festhalten, wenn er durch die Decke saust und mich jedes Mal mitzieht. Wenn die rausgebrochenen Stücke nach unten fallen und auf den Boden knallen, entsteht eine Rauchwolke, die nach oben zieht und sich im Raum verteilt.

«Immer schön gucken, wo de stehst», fällt mir wieder ein, während ich beschäftigt bin, mich nicht mit den Füßen im Stromkabel zu verheddern. Sehr guter Hinweis. Wenn man hier nicht aufpasst, stürzt man schnell samt Decke sieben Meter in die Tiefe. Bin ich eigentlich versichert? Ach, ist dann auch egal, wenn ich da unten liege.

Die Vibration der Maschine ist immens und schüttelt jeden Muskel in meinem Körper durch. Es dröhnt in meinem Kopf, trotz Gehörschutz. Die mittleren Steinreihen brechen recht leicht in Linien nach unten. Schwieriger ist es an den Seiten, wo die Steine in dem sogenannten Doppel-T-Träger eingesetzt sind. Hier muss ich den Schlaghammer jedes Mal drehen und habe dabei höllische Angst abzurutschen und in das Loch zu fallen. Ist das eigentlich normal, dass man so was hier am ersten Tag ganz alleine macht? Ich meine, das ist doch wirklich nicht ungefährlich.

Auf einmal verliere ich die Kraft in der linken Hand und der Hammer bricht mit dem Betonbrocken nach unten. Ich kann ihn gerade noch mit rechts abfangen und verdrehe mir dabei den Arm.

«Verdammte Scheiße! Und das für zwölf Euro die Stunde, fuck you!», brülle ich und schmeiße den Hammer mit aller Wucht auf den Boden. «Mann, das war knapp», stöhne ich und beruhige mich ein wenig. Mein Arm schmerzt, aber wenigstens ist mir jetzt warm. Peter hatte recht, der ratternde Motor direkt am Körper heizt tierisch ein. Vom Adrenalin ganz zu schweigen.

Es gibt ausgebesserte Teile in der Kappendecke, die mit Beton ausgegossen sind. Die sind extrem hart, sodass ich mich mit meinem gesamten Körpergewicht auf den Hammer lehnen muss. Immer wenn die schwere Maschine auf das Metall im Beton stößt, gibt es einen Rückstoß, der mir durch den ganzen Körper fährt. Auf einmal beißt sich der Meißel fest. Halb in der Decke zwischen Beton und Metallstreben eingeklemmt, bekomme ich die Maschine selbst unter größtem Kraftaufwand nicht mehr bewegt. Oh nein, wie peinlich, nach nicht mal zwei Stunden klemmt das Ding hier fest.

Ich nehme ein paar Schritte Abstand.

Das diffuse Licht, das von Osten durch die breiten Schlitze zwischen den Brettern scheint, zeigt die Silhouette des Schlaghammers, wie er diagonal aus der Betondecke in den staubgefüllten Raum zeigt. Erst jetzt merke ich, dass sich meine Hände völlig verkrampft haben. Nur langsam kann ich meine Finger aus der Faust lösen.

«Boah, ich hab keinen Bock mehr.»

Erst der Arm, jetzt die Hände, und wie winzig das Loch nach fast zwei Stunden schweißtreibender Arbeit erscheint, ist wirklich erschreckend. Ich atme tief durch. «Na los, komm schon», motiviere ich mich noch mal. Ich reiße mit aller Gewalt an dem Hammer, aber er bewegt sich keinen Millimeter. Keine Chance. Ich muss wohl oder übel fragen, ob mir jemand helfen kann. Am besten Peter selbst.

Auf meinem Weg hinunter kommen mir zwei kaffeeschlürfende Fensterbauer entgegen. Ich passe mich an und nuschele jetzt auch ein kurzes «Morgen». Es wird zurückgegrüßt. Der Ältere hält einen Kippenstummel lässig mit den Lippen fest, sein eigentlich grauweißer Schnurrbart ist auf der linken Seite vom Zigarettenqualm braungelb gefärbt. Eine Etage tiefer schleppt sich dann der pickelige Auszubildende ächzend die Treppe hoch. Er ist beladen mit drei Koffern und einigen Metern Kabel über der Schulter. Sein Kopf ist knallrot vor Anstrengung. Ich kann mir ein Lächeln nicht verkneifen.

«Jaja, die Hierarchie auf dem Bau. Und wehe, man ist der Azubi», spreche ich leise vor mich hin. Dabei muss ich unweigerlich an die *Werner*-Comics aus meiner Kindheit denken und lache beinahe laut los. Meine Güte, das hier ist Realität. Und ich bin mittendrin.

Peter ist nicht zu übersehen in seiner neongelben Arbeitsjacke und den zu Berge stehenden grauen Haaren. Er schraubt gerade an der Steinsäge.

«Der Stemmhammer steckt fest, ich bekomme den nicht mehr raus.»

«Die Meißel sind sauteuer, Mann! Du musst aufpassen, Mann! Hatte ich das nicht gesagt?»

«Äh, doch schon, also durchgebrochen bin ich ja nicht, nur der Hammer, der …»

«Ich kann nicht wieder und wieder neues Zeug kaufen, weil ihr alles kaputt macht!», rastet er ohne Vorwarnung aus.

Ein cholerischer Leprechaun in Neon. Scheiße, denke ich, das kann ja noch was werden. «Komm mit!», schnauzt Peter. Also folge ich ihm zu einer selbst zusammengeschweißten Metallkiste im Treppenhaus. «Das wird der zukünftige Fahrstuhlschacht», erklärt er mir und deutet hinter sich, «aber das dauert noch.» Er dreht am Zahlenschloss und hebt dann den massiven Deckel hoch. «Hol die Makita raus!»

«Mykita? Eine Sonnenbrille?»

«MAKITA! Den blauen Hammer da.»

«Ach so der, okay!»

«Ja, 'ne Makita halt. Und den langen spitzen Meißel, musste da drücken, um den zu wechseln.»

«Da?»

«Ja, wo sonst?», braust er schon wieder auf.

Okay, Peter. Relax mal.

Als wir dann vor dem Loch in der Kappendecke stehen, bewundere ich die Leichtigkeit, mit der Peter am Rande des Abgrundes entlangbalanciert und einhändig mit der Makita den großen Hammer langsam frei meißelt. Alles eine Frage der Technik und Gewöhnung.

«Halt das Ding mal fest und ruckel ein bisschen!», brüllt Peter durch den Lärm. Mein Gehörschutz und meine Handschuhe liegen auf dem Boden am Treppenaufgang, da wo ich sie abgelegt hatte. Doch jetzt kann ich das Ding ja nicht loslassen und Peter sagen, er soll mal eben warten. Er trägt sowieso überhaupt keine Schutzausrüstung. «Mach den Großen doch auch an und zieh mal kräftig, Mann! Auf wat wartest du denn?», schimpft er schon wieder.

«Ist ja gut, woher soll ich das denn wissen?», knurre ich zurück, und irgendwie gefällt ihm, dass ich Kontra gebe. Er beruhigt sich etwas und sagt mit normaler Stimme: «Mach!»

Das Piepsen in meinen Ohren bleibt noch für Minuten.

Keiner der Arbeiter, die ich bis jetzt gesehen habe, trägt echte Schutzkleidung. Einige tragen Handschuhe, das war's auch schon. Ich frage mich wirklich, warum das so ist.

«Und jetz pass auf, dat dat nich noch ma passiert. Musste so machen.» Und dann zeigt er mir, wie man das als richtiger Mann so macht und bricht mit ungeheurer Geschwindigkeit ein paar große Brocken heraus. «Ne, so muss dat! Katrin sagte ja, du bist'n Ordentlicher. Dat wird schon! Um 9:30 Uhr ist Frühstück. Bis dahin versuch mal den Rest der Kappe zu brechen.»

Den Rest? Pah! Mann, das sind noch ein paar Meter, was stellt der sich denn vor?

In voller Montur stehe ich wieder am Loch. Langsam finde ich den richtigen Rhythmus und breche Reihe für Reihe. Die Steine stürzen jetzt in kürzeren Abständen in die Tiefe. Raum und Zeit sind schnell wieder verloren in dieser anstrengenden Monotonie. Sonnenstrahlen blinzeln durch die Holzbretter der Giebelseite.

Im Augenwinkel sehe ich im Staub einen Schatten, der mir zuwinkt. Durch die beschlagene Schutzbrille erkenne ich nur Umrisse. Als ich den Stemmhammer ausschalte und auf den Boden lege, vibrieren meine Hände immer noch, und es kribbelt von den Fingerspitzen bis zum Ellbogen. Ich streife die Brille ab und sehe nun einen Mann in hellblauer Jeans und schwarzer Arbeitsjacke. Der Fellkragen ist aufgestellt, darüber wellt sich eine lange blonde Matte. Ein verwaschenes AC/DC-T-Shirt schaut unter der Jacke hervor.

Wow, ein echter Vokuhila! Aus seinem von der Kälte geröteten Gesicht leuchten mir zwei stahlblaue Augen entgegen. Erst will ich sagen: «Du hast Augen wie Terence Hill», aber das verkneife ich mir.

«Bist du der Neue?»

«Ja. Guten Morgen. Ich bin Nicholas.»

«Morgen, Richie, Frühstückszeit, komm, wir gehen runter.»

«Ganz schön kalt heute», sage ich, um irgendwie ein Gespräch zu beginnen.

«Ach dat is nix, wir hatten mal so 'nen Bau in Frankfurt Oder, da an der polnischen Grenze. Junge, dat war kalt, minus 25 Grad, da ging nix mehr.»

«Da kann man nicht mehr arbeiten, oder?»

«Türlich, ham wa durchgezogen, musste ja feddich werden, aber war kalt. Und du? Erster Tach heute, wa?»

«Ja, hab heute angefangen, sozusagen Probetag.»

«Hans und ich sind die Maurer hier. Weißte, der Große mit den kurzen Haaren.»

«Ach so, den habe ich heute Morgen schon kennengelernt. Dieser Hüne.»

«Dieser wat?»

«Na, dieser Riese. Der Kräftige.»

«Jaja, der. Sag ich ja», dabei schnipst Richie seine Zigarette gekonnt in den Gulli.

Wir steuern eine Bäckerei gegenüber der Baustelle an. Peter sitzt schon an einem Tisch und winkt uns zu sich rüber. Vorher geht's noch zur Theke. Richie bestellt: «Morgen, Kaffee, zwei Würstchen und zwei Schrippen mit Käse-Salami und dat ganze Grünzeug.»

«Und bei Ihnen?», fragt mich die mit Tattoos übersäte Bäckerin mit dem Piercing in der Nase.

«Guten Morgen, könnte ich ein Brötchen mit Käse-Schinken und einen Kaffee bekommen?»

«Natürlich könnense dit bekommen, wat isn dit für 'ne dumme Frage? Und wollnse Salat?», ranzt sie mich an.

«Ja, bitte, Salat», sage ich ein bisschen fassungslos. Muss

mich an so einiges gewöhnen, merke ich. Ich setze mich zu den anderen an den Tisch.

Peter schlürft hastig seinen letzten Schluck Kaffee und stellt die Tasse wuchtig zurück auf den Tisch, der darauf kurz, aber heftig wackelt.

«Der Fahrer von Cemex is zu spät! Der sollte um neune hier sein, dat is scheiße, verzögert den ganzen Ablauf! Jimmys Leute stehen blöd rum, rauchen und quatschen!»

«Dat is scheiße», stimmt Richie ihm zu.

«Hans kommt erst um zehn wieder, is noch beim Zahnarzt. Na ja, durch die Verzögerung ist er wenigstens von Anfang an dabei, dat is mir sowieso lieber. Die Araber packen dat nich ohne ihn.»

«Also, Jimmy ist einer von den Arabern, die ich am Bauzaun gesehen habe?», frage ich.

Richie fischt ein bisschen Staub aus seinem Kaffee und sagt, ohne mich anzusehen: «Ja, der Grauhaarige.»

«Wenn der Araber ist, wieso heißt der dann Jimmy?»

«Wat weiß ich, heißt halt Jimmy und die anderen Joe und Michael, glaube ich. Den Rest kenn ich nich, aber die heißen ursprünglich alle Mohammed oder Ali, kannste nich auseinanderhalten!»

«Ah, wie Cassius Clay?», werfe ich lachend ein.

«Wat? Wer?»

Peter hat den Witz nicht verstanden.

«Der Boxer aus den Siebzigern, kennst du doch? Weltmeister. Muhammad Ali.»

«Ja, kenn ich! Toller Kerl», nuschelt Richie. Aber auch er hat den Zusammenhang nicht begriffen.

«Ja, hab ich ma gehört», lügt Peter, schiebt den Stuhl nach hinten und steht auf. Er verlässt die Bäckerei, und wir bekommen unser Frühstück serviert.

«Wobei muss Hans denn helfen?», frage ich Richie.

«Die müssen die Bodenplatte im Erdgeschoss noch gießen.»

In dem Moment klingelt mein Telefon, und meine Freundin Grace ist dran.

«Na, wie läuft dein erster Tag? Are you okay?»

Eigentlich will ich sagen, dass es der allerletzte Scheißjob ist und ich morgen ganz sicher nicht noch mal hingehe. Aber Richie hört zu, und so formuliere ich vorsichtig:

«Viel anstrengender, als ich dachte. Ich bin jetzt schon ziemlich erschöpft. Werde mich wohl erst mal daran gewöhnen müssen.»

«Natürlich, everything is going to be alright.»

«How is Amsterdam?»

«Alles gut, alles okay. Darling. I have to go, wir haben gleich Probe. Wollte nur kurz hallo sagen. Love you, talk tonight.»

Wir bekommen Kaffee nachgeschenkt. Richie hat nichts mehr gesagt, seit ich das Telefonat beendet habe. Offenbar will er mich was fragen, traut sich aber nicht. Dann beißt er in ein Würstchen und murmelt mit vollem Mund:

«Is deine Frau nich deutsch?»

«Nein, Engländerin.»

«Hm, ach so», bringt er kopfnickend zurück.

«Aber sprechen tut ihr auch Deutsch?»

«Ja, wir sprechen Deutsch und Englisch. Wir haben uns in London kennengelernt und dort zusammengewohnt. Sie hat hier in Berlin studiert, daher spricht sie auch Deutsch.»

«Englisch hab ich nie gelernt. Russisch hatten wir, aber dat weiß ich nich mehr. London, hmm, würd ich auch gern ma sehn.»

Zurück auf meinem Schlachtfeld, lasse ich den Stemmhammer wieder rattern. Das Frühstück hat mich gestärkt. Der Teil der Decke, auf dem ich stehen muss, wird immer kleiner, das Loch immer größer. Noch bin ich skeptisch, aber zugleich erstaunt, wie stabil die Kappendecken sind. Sogar die letzten paar Reihen Steine sind noch stabil genug, um darauf zu stehen.

Ich muss meine Kraft einteilen, merke ich, ansonsten halte ich das nicht bis 16 Uhr aus. Kurz vor Mittag mache ich eine Toilettenpause. Meine Hände verkrampfen zu diesem Zeitpunkt immer häufiger, ich kann meine Fäuste nur noch unter Schmerzen öffnen. Ein paar Minuten Erholung werden mir guttun.

Auf dem Weg nach unten treffe ich wieder auf Moritz, den Azubi. Sein Gesicht ist immer noch so rot. Vielleicht sieht der einfach so aus, denke ich. Ich frage ihn, ob er immer alles schleppen muss, während die anderen Kaffee trinken.

«Ja, ist halt so als Stift. Aber nächste Woche hab ich die Prüfung hinter mir, und dann bin ich Geselle.»

«Stift ist Auszubildender?»

«Ja.»

«Und wenn du Geselle bist, das verändert dann die Situation?»

«Natürlich! Dann bin ich auf einer Ebene mit meinen Kollegen, und wir kriegen einen neuen Stift, dann lass ich den alles tragen.»

«Was für ein System, oder?», frage ich entgeistert.

Er zuckt mit den Achseln und geht weiter.

Ich komme in die zweite Etage, wo Peters Hütte steht. Auf einmal ist der gigantische Hund neben mir und beißt kräftig in meinen Schuh. Ich erschrecke mich fürchterlich und stoße ihn mit dem Fuß weg, aber das macht ihn nur wilder, und er stürzt sich wieder auf mich. Ich kenne den Hund ja nicht und kann ihn deshalb überhaupt nicht einschätzen.

«AUS!», rufe ich laut und bestimmt, doch der Köter fängt an, böse zu knurren und zerrt an meinem Fuß. Jetzt weiß ich auch, wofür die Stahlkappen da sind.

Ich versuche ihn zu beruhigen. Glücklicherweise hatte ich mein Leben lang immer mit Hunden zu tun, sodass ich merke, dass dieses Riesenvieh nur spielen will. Er ist jung und kennt seine Kraft noch nicht. Peter kommt dazu und lacht: «Der beißt immer in die Schuhe, wenn einer die Treppe runterwill. Aus jetzt, Hump!»

Aber er muss dem Hund tatsächlich erst das Ohr umdrehen, bis der wimmernd von meinem Schuh ablässt. Jetzt tut er mir leid.

«Wie heißt der Hund?»

«Hump! Von Humpen, weißte, Bierhumpen.»

Von allen absurden Hundenamen ist dies wohl der bescheuertste aller Zeiten.

«Ist das ein Rhodesian Ridgeback?»

«Mix zwischen Rhodesian und Schäferhund.»

«Komm, wir gehen gleich zum Mittach. Da is so 'ne Kantine um die Ecke, fährste bei mir mit im Auto.»

Peter muss den Hump fest am Halsband halten, damit wir die Treppe normal runtergehen können.

Die besagte Kantine ist eher ein Café, das auch Mittagessen anbietet. Als wir unsere Jacken ausziehen und über die Stühle hängen, entsteht eine Staubwolke über dem Tisch. Im ersten Moment ist mir das wirklich unangenehm. Doch als ich mich umblicke, merke ich, dass ich ausschließlich von eingedreckten Arbeitern umgeben bin. Wortkarg sitzen sie an ihren Tischen, schlingen das Essen in sich hinein und genießen die Wärme des Raumes. Die Schmutzwolke interessiert hier niemanden.

Es gibt Hähnchenkeule mit Reis und selbstgemachter Soße. Das steht zumindest mit weißer Kreide auf einer kleinen Tafel. Aber als serviert wird, kann ich keine Keule entdecken, nur zerfledderte Stücke Fleisch in einem undefinierbaren Brei.

«Na ja. Guten Appetit.»

«Guten Appetit, is echt immer lecker hier», kommt's aus Peters prall gefülltem Mund.

Ich schmecke eigentlich nur Soßenbinder, und die Pampe sieht aus wie die gesammelten Reste vom Vortag. Aber in dem Moment ist mir das scheißegal, denn ich könnte sterben vor Hunger. Also stürze ich mich aufs Essen.

«Willst du auch noch 'n Stück Kuchen?»

«Einen Berliner, äh, Pfannkuchen bitte.» Ich hole meinen Geldbeutel raus. «Wie viel kriegst du?»

«Lass ma, is schon gut. Geht alles auf mich.»

«Danke, Peter», sage ich erstaunt.

«Is doch klar am ersten Tach.»

Damit hatte ich wirklich nicht gerechnet. Vielleicht haben gewisse Regeln auf dem Bau auch einen Vorteil.

Als wir zurück zum Auto kommen, sitzt der Hump aufrecht auf dem Fahrersitz und starrt auf die Straße. Als Peter die Tür aufmacht, verzieht er sich schwanzwedelnd auf die Rückbank.

«Ist ja geil, sitzt der immer so? Wie menschlich.»

«Ja, hat der sich so angewöhnt. Soll er eigentlich nicht, aber wat willste machen?»

Auf dem Rückweg bläst mir die heiße Heizungsluft ins Gesicht. Ich bin total vollgefressen, und es dauert nur wenige Minuten, bis mir die Augen zufallen. Erst versuche ich noch, dagegen anzukämpfen, um mir vor Peter nicht die Blöße geben zu müssen, aber die Müdigkeit ist übermächtig. Ich nicke ein.

Ein warmer nasser Schwamm wischt mir über den Mund, ich schrecke hoch aus meinem Halbschlaf. Der Hump leckt mein Gesicht ab.

«Wäh!» Ich drücke die Schnauze mit der Hand weg.

«Na, biste eingedöst, he? Keine Sorge. Wirst dich an die Anstrengung gewöhnen!»

«Hoffen wir das mal.»

Aus dem warmen Auto zu steigen und noch verschlafen in die klirrende Kälte zu treten ist unerträglich. «Ich hab keinen Bock mehr», liegt mir auf der Zunge, aber stattdessen sage ich zu Peter: «Boah, ist das kalt, Mann!»

«Du musst dich bewegen, der Hammer hilft. Sach Bescheid, wennde nich mehr kannst. Wenn die Kraft nachlässt, wird dat gefährlich!»

Die Zeit nach dem Mittagessen ist die reinste Qual. Ich bemühe mich vergebens, mein vorheriges Arbeitstempo wiederaufzunehmen. Die Erholungspausen zwischen dem Stemmen werden länger und folgen in immer kürzeren Abständen. Die Zeit vergeht nur langsam und lässt mich an Dalís berühmtes Zifferblatt denken, das zäh herunterfließt. Wann ist es endlich 16 Uhr?

Inzwischen scheint auch niemand mehr auf dem Bau zu sein. Ich fühle mich allein, von der Welt verlassen in dieser dreckigen, lauten, vibrierenden Atmosphäre. Ich habe heute so viel Staub ins Gesicht bekommen, dass meine Zähne knirschen. Die am Morgen noch blütenweiße Staubmaske ist braunschwarz und getränkt mit meinem Schweiß. Der Stemmhammer kracht wieder und wieder unerbittlich auf den Boden. Splitter von Backsteinen und Beton fliegen gegen die Schutzbrille, die noch dazu regelmäßig so beschlagen ist, dass ich nichts mehr sehe. Wie schwer Arme werden können, wusste ich bis zu diesem Zeitpunkt nicht. Ich kann die Maschine kaum noch halten.

Ich kann nicht mehr. Gerade, als ich endgültig abbrechen will, sehe ich Peter auf mich zukommen. Er bewegt seine Arme vor der Brust hin und her, wie ein Ringrichter, der ein K. O. anzeigt. Er spricht die erlösenden Worte:

«Feierabend! Is vier!»

«Gott sei Dank!» Habe ich das wirklich gerade gesagt?

«Fürn ersten Tach okay, muss schneller werden, pack den Hammer wieder in die Kiste. Der Code ist 3333. Dann morgen gleiche Zeit. Erhol dich.»

«Okay.»

Schneller werden? Arschloch! Nee, ich komme morgen nicht wieder. Nein, danke! Fix und fertig, schleppe ich mich die Treppe herunter.

Bevor ich mich auf den Heimweg mache, sollte ich noch mal aufs Dixi-Klo. Und während ich dort von Plastik umgeben stehe, blicke ich nach oben und entdecke über der Tür die Inschrift der Inhaberfirma: *FLIEGENSCHMIDT GmbH (www.globalklo.de)*

Globalklo! Wer denkt sich so etwas aus? Ich kann es kaum fassen. Die Globalisierung durch die Toilette, der gemeinsame Nenner aller Menschen, die Notdurft, die alle verrichten müssen. Wir alle vereint auf der Plastiktoilette. Ich muss laut lachen.

Und der Herr Fliegenschmidt geht natürlich in die Toilettenbranche. Ein Name als Berufung sozusagen. Besser wäre nur noch Fliegenschiss GmbH. Wunderbare, absurde Welt!

Auf dem Heimweg nehme ich nichts mehr wahr, will nur

noch ins Bett. In der Bahn schlafe ich mehrmals ein und habe Angst, meine Haltestelle zu verpennen.

Zu Hause gehe ich direkt ins Badezimmer, streife meine vollkommen verdreckten Sachen ab und setze mich in die Badewanne. Das heiße Wasser aus der Duschbrause läuft mir über den Kopf und den völlig erschlafften Körper. Schwarze Brühe rinnt durchs Abflusssieb. «Was für ein Tag!», stöhne ich und spüle mir mit dem Wasserstrahl den Mund aus. Die Welt vorm Fenster ist genauso trostlos und düster wie am Morgen, nur mit dem Unterschied, dass ich 96 Euro reicher bin. Wenig später schlafe ich vor Erschöpfung ein.

Es ist 17:30 Uhr.

Kapitel 3

«So is dat wohl»

Mich morgens aus dem Bett zu quälen und auf die Baustelle zu schleppen war in den vergangenen zwei Wochen ein täglicher innerer Kampf. Die körperliche Erschöpfung ist groß, aber die Angst vor der Schuldenfalle ist größer. Deswegen mache ich weiter; deswegen muss ich weitermachen. Zudem geht es um einen Neustart, hier in Berlin, das im Winter so eine schäbige Fratze zeigen kann. Ich will mich auf gar keinen Fall von dieser Stadt unterkriegen lassen.

Auf dem Bau wird die Routine kleinlich eingehalten. Wer mit wem und wann frühstückt, welche Berufsgruppen sich leiden oder nicht leiden können und auch wer morgens mit wem vor der Arbeit rumsteht und quatscht. Während meiner gesamten Zeit auf der Baustelle habe ich es nicht einmal erlebt, dass Arbeiter von unterschiedlichen Firmen zusammengestanden und sich unterhalten hätten.

So sind da auch jetzt die Gruppe Araber laut schnatternd, Hans und Richie gemeinsam beim Ausladen ihrer Autos und die Fensterbauer wieder in ihren verblichenen roten Sprintern – mit *Bild* und Kaffee in der Hand.

Es wird immer noch mürrisch gegrüßt, aber man kennt sich jetzt.

«Morgen, Hans.»

«Morgen.»

Sein kräftiger Händedruck mit diesen monströsen Pranken ist immer noch beeindruckend.

«Morgen, Richie.»

Er brummt irgendetwas zurück und verschwindet wieder in seinem Bulli.

Als ich weitergehen möchte, tippt Hans mir auf die Schulter.

«Warte mal.»

Ich drehe mich um und muss den Kopf halb in den Nacken legen, um ihm in die Augen schauen zu können.

«Hör ma, Nick, du musst mir heute zuarbeiten. Mein Stift ist krank!»

«Okay!?», murmele ich verdutzt.

Und jetzt nennen die mich Nick! Aber ich bin das ja gewohnt. Was hatte ich nicht schon für Spitznamen, weil viele Menschen offenbar zu faul oder zu dumm sind, *Nicholas* auszusprechen. *Nick* ist fürchterlich, wenn auch besser als *Niki* oder – der Klassiker – *Nikolaus*. Es lohnt sich nie, die Leute zu belehren, also lasse ich es auch auf der Baustelle von Anfang an einfach geschehen.

«Was meinst du? Zuarbeiten?»

«Ja, zuarbeiten eben! Du sorgst dafür, dass ich Steine und Mörtel habe. Ach, ich zeig dir dat gleich.»

«Muss aber erst hoch zu Peter und meine Arbeitsschuhe holen.»

«Jaja, aber mach hinne, is gleich sieben.»

Hmm, vielleicht gar nicht so schlecht. Nach zwei Wochen mal eine andere Arbeit, und es wird sicherlich leichter als das elende Stemmen, denke ich.

Heute ist es nicht einfach die verstaubte Granittreppe hochzulaufen, der ständige Muskelkater macht sich bei jedem Schritt bemerkbar. Dafür wirkt das eisige Metallgeländer wohltuend an meinen vom wochenlangen Stemmen geschwollenen Händen.

«Peter?», versuche ich auf mich aufmerksam zu machen, als ich auf die Bretterbude zugehe. Keine Antwort. Ich klopfe an und öffne die knarrende Tür. Die ranzige Decke ist zur Seite gerafft und über einen Nagel gehängt. Der Hump sitzt in der Badewanne und reißt Fleisch von einem riesigen Knochen. Es stinkt bestialisch, wie bei einer Raubtierfütterung im Zoo. Peter hat die Wolldecke anscheinend weggehängt, um frische Luft hereinzulassen. Ob er wohl die ganze Nacht bei diesem Gestank verbracht hat?

Mein Lächeln erstarrt allerdings nur Sekunden später, als ich Humps Blick bemerke. Er fixiert mich, zeigt mir seine gewaltigen Schneidezähne und fängt immer lauter an zu knurren. Verdammter Köter, ich will dir den Scheiß Knochen bestimmt nicht wegnehmen!

Ich finde Peter dann ganz oben im fünften Stock beim Vermessen des Bodens. Ich betrete zum ersten Mal diesen atemberaubenden Raum. 600 Quadratmeter offene Fläche mit einem gewölbten Holzdach – phantastisch! Jeder Galerist oder Künstler würde sich die Finger nach solch einem Ausstellungsraum lecken. Performances, Konzerte, Filme – mir fallen auf Anhieb zig Sachen ein, die man hier organisieren könnte. Die Aussicht muss hinreißend sein. Leider sehe ich zu dieser Tageszeit nichts als Schwarz durch die Fensteröffnungen.

Peter sieht mitgenommen aus. Unter seinen stark geröteten Augen treten dunkle Ringe hervor. Ich muss an den Staub und Dreck in seiner Hütte denken.

«Morgen! Deine Augen sehen schlimm aus. Konjunktivitis?»

«Konwat? Wat willst du?»

«Konjunktivitis. Ob das 'ne Bindehautentzündung ist?»

«Ach, wat! Dat is nix!»

«Hast dem Hump aber einen großen Knochen besorgt.»

«Hättste mal gestern Abend sehen müssen, der ist total ausgerastet. Das war 'ne riesen Keule Fleisch. Dat sind jetzt nur noch die Reste!»

Also hat der tatsächlich in diesem Gestank gepennt. Meine Güte.

«Hans sagte, ich muss heute für ihn arbeiten?»

«Ja, erst mal. Bis der Stift wieder da ist. Wenn der überhaupt wiederkommt.»

«Was meinst du? Wenn der überhaupt wiederkommt?»

«Ach nix, ich muss dat hier erst noch feddich machen. Geh einfach runter zu Hans, der erklärt dir alles. Ich komm gleich nach.»

Aus einer Ecke im dritten Stock dröhnt laute Musik. Eine gewaltige Silhouette kippt den Mörtel aus 40-Kilo-Säcken mit Leichtigkeit in einen riesigen Rührbehälter, als ob sie Mehl in eine Teigschüssel streut. Ein Baustrahler, der mich an ein Stadion-Flutlicht erinnert, hängt an einem Eisenträger und beleuchtet den Riesen. Das muss Hans sein!

«Was hängt denn der Baustrahler da oben?»

«Mann, dat is meine Sonne! Hält dich schön warm bei dieser Saukälte, wirste schon sehen.»

«Deswegen hast du auch keine Jacke an, was?»

«Jaja. So, pass auf jetzt. Wir reparieren die alten Kappendecken. Du musst dafür sorgen, dass ich immer genug Steine und Mörtel habe. Der Kübel Mörtel muss rechts von mir stehen, und die Steine stapelst du links von mir. Dat is wichtig, hörst du?»

«Ja. Wo finde ich die Zementsäcke und die Steine?»

«Mörtelsäcke sind im Erdgeschoss links neben dem Fahrstuhlschacht und Steine da, wo du gestern die Decke gebrochen hast. Hier haste noch 'nen Maurerhammer. Falls da noch Reste von Mörtel dran sind, klopfste die ab.»

«Wie? Reste?»

«Dat sind alles alte Steine, die wir noch mal verwenden. Ach ja, und geh ma runter zum Auto und hol die Wasserwaage und 'n paar kurze Nägel. Die sind inner Kiste links direkt an der Tür hinten. Kannst dann gleich 'nen Sack Mörtel mitbringen.»

«Okay, war der große weiße Sprinter, ne?»

Hans nickt noch und kniet sich unter die Lampe.

«Also erst Kappendecken durchbrechen und jetzt Kappendecken reparieren, das soll einer begreifen», rede ich vor mich hin, während ich nach unten gehe.

So gigantisch wie seine Statur, so überdimensioniert sind auch Hans' Werkzeuge. Die kürzesten Nägel, die ich finden kann, sind zehn Zentimeter lang. Und die Wasserwaage misst locker zwei Meter.

Als ich mich mit der langen Waage in der einen, den Nägeln in der anderen Hand und dem 40-Kilo-Mörtelsack auf der Schulter die Treppe nach oben mühe, wird mir klar, dass das heute nicht leichter wird als die Arbeit mit dem Stemmhammer.

«Ich brauch Steine, Nick!», schallt es mir um die Ohren, als ich gerade den Sack absetze.

«Nimm die beiden Eimer hinter dir.»

Dann sagt er ganz plötzlich aus dem Nichts heraus: «Weißt du, es gibt Fotzen so wie Richie, und es gibt korrekte Arbeiter.»

«Was meinst du? Fotzen so wie Richie?», bringe ich ihm lachend entgegen und denke: Oh Mann, das geht ja gut los morgens um sieben.

«Ja, halt so langsam arbeiten. Faul sein. So 'ne Fotze halt!»

«Verstehe, ich hol dann mal ein paar Steine, Hans, ne!» Ich grinse noch immer.

Im zweiten Stock komme ich an einem Schutthaufen vorbei und finde ganz hinten in der Ecke fein säuberlich gestapelt Hunderte von Steinen. Fünf in jeden Eimer und wieder hoch. Die Metallbügel der Eimer schneiden mir in die Handflächen. Aber erst mal die Steine nach oben schaffen, damit Hans anfangen kann zu arbeiten, bevor ich mir Handschuhe hole.

«So, hier hin», sagt Hans, «neben mich. Und immer hochkant die glasierte Seite nach oben. So, und wenn du mischst ... pass auf, also nimmste den Schlauch und machst den Kübel ein paar Zentimeter voll mit Wasser. Und dann den Mörtel.»

Ich nehme den Sack und kippe die Hälfte rein. 40 Kilo sind nicht so einfach zu handeln, wenn man es nicht gewohnt ist.

«Nich so zimperlich, kipp den ganzen Sack rein, Mann!», blökt Hans von der Seite. «Und dann rührste. Keine Klumpen, dat is wichtig! Dann Wasser dazu und den nächsten Sack. Immer zwei! Dat darf nich zu hart sein!»

Nach dieser äußerst präzisen Anleitung versuche ich mein Bestes. Ich rühre den Mörtel an und stelle ihn auf Hans' rechte Seite. Dann geht's wieder runter, mehr Steine holen.

Auf dem Weg suche ich in Peters Hütte nach Handschuhen. Der Hump hat den Knochen inzwischen blank genagt und liegt mit blutverschmierter Schnauze dösend und weniger bedrohlich auf dem Bett.

Als ich mich im Raum umsehe, fällt mir eine kleine durchsichtige Plastikflasche auf. Unglaublich! Auf Peters Schreibtisch stehen Augentropfen zur Behandlung von Konjunktivitis. Warum hat er so reagiert, als ich ihn darauf angesprochen habe?

Nee, ist ja nix, bloß keine Schwäche eingestehen in dieser Männerwelt.

In einem Regal finde ich dann zwei schmierige Handschuhe, die nicht zueinander passen. Egal, Hauptsache keine Striemen mehr in den Handflächen.

Ich schleppe mich mit neuen Steinen wieder nach oben.

«Du bist doch keine Fotze, oder?», brüllt Hans los, als ich näher komme.

«Was ist denn?»

«Du kannst mir doch nicht so 'ne Affenscheiße hier hinstellen!»

«Affenscheiße?»

«Ja, so 'ne flüssige Pampe hier!»

«Du sagtest doch nicht zu hart?»

«Aber ich meinte auch nicht Suppe!»

«Alright, ich mach das heute das erste Mal, okay?»

«Hol noch ein paar Säcke!»

Auch wenn ich mich an diesen Ton nur schwer gewöhnen werde, kann ich Hans bereits gut einschätzen. Er meint solche Ausraster nicht böse. Und danach läuft alles weiter, als wäre nichts vorgefallen.

Die drei Stockwerke werden mit jedem Gang anstrengender. Meine Knie werden langsam zittrig, und meine Oberschenkel beginnen zu brennen. Hans legt ein ziemliches Tempo vor. Wenn der so weitermacht, breche ich irgendwann zusammen. Ein Fitnessstudio ist nichts gegen diese Baustelle! Nur dass man hier die Übungen bei Minustemperaturen und umgeben von Maschinenlärm und Staub macht.

Endlich Frühstückszeit.

«Schrippe, Bockwurst und 'nen Tee», bestellt Richie.

Hans guckt ihn ungläubig an.

«Tee? Wat isn los, Richie?»

«Kein Kaffee für mich heute. Hatte gestern tote Oma, dat war nich so gut. So is dat wohl!»

«Kenn ich, dat hat ich auch mal», erwidert Hans.

«Wovon redet ihr beide? Tote Oma? What the hell?», frage ich komplett verwirrt.

«Kennste nich? Dat is Blutwurst flüssig gemacht mit Kartoffelbrei!»

«So is dat wohl!», ergänzt Richie.

«Okay?!», ist das Einzige was ich rausbringen kann. Ist ja ekelhaft.

«Ey Hans, wat macht denn dein Stift? Dieser Jens, wo isn der schon wieder?»

«Hat sich krankgemeldet.»

«Krankgemeldet? Hör doch auf. Der wievielte is dat, der abhaut, weil du die Leute immer so anscheißt? Da musste aufpassen, Nick!»

«Ach, erzähl doch keinen Scheiß! Dat sind halt alles Weicheier, darum hören die auf! Und der Futschi, der kam montags immer mit 'nem blauen Auge an, weil er sich inner Kneipe oder mit seiner Alten gekloppt hat. Den hab ich dann rausgeschmissen.»

«Weißte, Nick, der hieß Futschi, weil der immer so viele Futschis gesoffen hat», lacht Richie herzhaft.

Ich muss kurz überlegen. Futschi? Das Wort steht doch bei mehr oder weniger ranzigen Berliner Eckkneipen öfters draußen an der Fensterscheibe.

«Futschi? Was ist das noch mal?»

«Mann, dat is *dat* Berliner Getränk. Weinbrand mit Cola. Wennde dir davon ein paar reinballerst, dann biste auf 'ner Welle!»

So, nun weiß ich auch, was ein Futschi ist. Und dass man sich das reinballern muss.

Die Schrippen, die uns die Bäckerin rausbringt, sind so dick mit Schinken und Käse belegt, dass ich mich frage, ob es nicht eher Schinken und Käse mit Schrippe heißen müsste.

«Die Säcke werden ganz schön schwer mit der Zeit», lenke ich das Thema auf die Arbeit.

Eigentlich fand ich den ersten Sack schon schwer. Aber das sagt man hier ja nicht, dass irgendetwas mal anstrengend sein könnte. Ist ja alles kein Problem für die Jungs.

«Früher waren dat 50 Kilo und manchmal, so zum Kräftemessen, habe ich mir vom alten Udo noch 'nen zweiten Sack drauftun lassen», sagt dieser Riese neben mir mit seinem strahlend weißen T-Shirt und schlingt mit einem Bissen das halbe Brötchen runter.

«So is dat wohl», bestätigt Richie nuschelnd.

Dann lehnt er sich zurück, verschränkt die Hände hinterm Kopf und gähnt: «Nick, bestell doch noch mal Kaffee. Peter ist weggefahren, der kommt erst gegen Mittach wieder. Hans, du auch noch?»

Ich hatte mich schon gewundert, wo Peter bleibt. Und jetzt wird mir auch klar, warum die beiden sich das große Frühstück bestellt haben. Der Bauleiter ist weg, da lässt man sich Zeit. Ich hole noch drei Kaffee, mir ist eine längere Pause ebenfalls sehr recht. Wenn es nach mir ginge, würden wir hier bis zum Mittag sitzen bleiben.

Vor der Frontseite des Speichers liegt ein kleiner Platz, der komplett von einem hässlichen Wohnkomplex eingerahmt ist. Heute wirkt er beinahe idyllisch. Alles ist eingefroren, die

Welt ist steif und bewegungslos. Ich habe das Gefühl, würde man etwas berühren, es zerspränge wie Eis. Eine angenehme Stille erfüllt die Luft.

Alle Arbeiter machen Frühstückspause, und die Maschinen stehen still. Erst durch diese Ruhe wird mir zum ersten Mal bewusst, wie laut es hier sonst ist. Die Nachbarn dürften bei diesem Lärm der Verzweiflung nahe sein.

Richie brummt wieder etwas vor sich hin und verschwindet im Erdgeschoss. Hans schwingt sich einhändig einen Sack Mörtel über die Schulter und geht in den dritten Stock. Ich hebe einen Sack mit beiden Händen an und wuchte ihn mit Hilfe meines Knies auf die Schulter. Schritt für Schritt folge ich ihm hinauf.

«Wie groß bist du eigentlich, Hans?»

«2,01 Meter und 102 Kilo! Aber ich war früher kräftiger, werd langsam älter.»

«Wie alt bist du denn?»

«Werd dieses Jahr 44. Rühr schon mal neuen Mörtel an, muss noch kurz telefonieren. Und nich so 'ne Affenscheiße wieder.»

Ich fülle den Kübel mit Wasser und kippe den ersten Sack Mörtel hinein, da höre ich Hans in der Ecke des Raumes lauthals fluchen.

«Arschloch, ich komm morgen vorbei!»

Dann dreht er sich um und tritt einen herumliegenden Backstein so hart, dass der gegen die Wand knallt und ein Loch hinterlässt.

«Alles gut, Hans?», frage ich vorsichtig.

«Dieses Arschloch! Hab im Sommer 'n ganzes Haus verputzt oben in Bernau. Und jetzt will der Bauherr nur die Hälfte zahlen, weil die Arbeit nicht korrekt gewesen wär!»

«Hast du denn keinen Vertrag, in dem das geregelt ist? Ich

meine, der kann dir doch nicht ein halbes Jahr später mitteilen, dass er nur die Hälfte zahlt.»

«Nee, Vertrag mach ich nie. Handschlag zählt. Is mir aber schon mal passiert, dat wat abgezogen wurde.»

«Kannst du nicht zu einem Anwalt?»

«Ja, aber der Bauherr könnte auch sagen, ich hätte überhaupt nicht gearbeitet. Es gibt ja keinen Beweis, verstehst du? Muss ich persönlich regeln. Ich reiß denen die Bude wieder ab! Davor haben die Schiss, und dann zahlen die meistens!»

«Ist das häufig so?»

«Ja, überall auf allen Baustellen. Is so 'ne Masche, weißte. Leute anstellen und Arbeiten machen lassen, und am Ende nicht zahlen oder nur die Hälfte. Dafür haben die Bauarbeiter dann klebrige Finger.»

«Was? Klebrige Finger?»

«Na, die klauen. Werkzeug und so.»

«Und das merkt keiner?»

«Auf 'ner Großraumbaustelle ist dat normal, die rechnen dat ein in ihrer Kalkulation. Da sind so viele Firmen, dass alle den Überblick verlieren. Wer zu welcher Firma und welches Werkzeug wohin gehört, dat geht schnell unter.»

«Und da nimmt man einfach mal 'nen Bohrer mit?»

«Ja, Makitas sind sehr beliebt oder Hilti. Stemmhammer, Flex, wat halt so rumliegt. Mach ich aber nich, dat is nich korrekt.»

«Du solltest das nächste Mal besser einen Vertrag machen. Besonders wenn du doch weißt, wie die Leute einen abzocken!»

«Ja, vielleicht haste recht!»

Den ganzen Tag zieht es schon eisig durch eine unverschlossene Fensteröffnung am Ostgiebel. Durch das Rauf und Runter mit den Säcken ist mir warm, und ich schwitze in der dicken Winterjacke. Jedes Mal wenn ich nach oben komme und die Säcke ablade, bläst mir der schneidende Wind in die schweißnassen Haare.

«Hans, wo ist denn Holz, um das Fenster zu verbarrikadieren?»

«Warum denn?»

«Das zieht, Mann, ist echt unangenehm. Sag mal, wo?»

«Wennde runter zu den Steinen gehst, aber dann links um die Ecke.»

Jimmy, der Araber, kommt mir entgegen. Obwohl der Betrieb auf der Baustelle schon seit Stunden im Gange ist, sieht er noch extrem adrett aus. Seine Frisur sitzt absolut perfekt, und nirgends an ihm ist auch nur ein Körnchen Staub oder Dreck zu sehen. Hat der heute schon gearbeitet?

«Hey, wo is Hans?», fragt er.

«Hans ist oben im Dritten.»

«Danke.»

Wow, er hat tatsächlich «Danke» gesagt! Das erste Mal, dass ich dieses Wort hier höre.

Als ich mit einer Holzplatte wieder oben ankomme, merke ich, dass ich eine Säge brauche, um die Platte der Fensteröffnung anzupassen.

Jimmy ist gerade im Gespräch mit Hans, der hoch aufgerichtet vor ihm steht.

«… ich brauche nur kurz, du weiß!», beendet Jimmy den Satz.

«Wieso haste denn keine eigene? Ich bin doch hier kein Verleih, Mann!»

Hans schaut rüber zu mir und fragt: «Und wat brauchst du?»

«Eine Säge, um die Platte zurechtzuschneiden.»

«Mann, ey! Okay, Nick, du gehst runter mit Jimmy. Die Säge ist in der Box, und gib ihm die Alu-Leiter … und schließ den Wagen wieder ab! Und Jimmy, keine Schmiererei auf der Leiter, verstehst du? Ich werd sauer, wenn mein Werkzeug schmutzig ist, ja?»

«Ja gut, Hans, ich bin korrekte Arbeiter, du weiß. Immer ehrlich.»

Und dann blickt er mich an und fragt ansatzlos: «Bist du auch Christ?»

Bitte, was? Was will der jetzt? Auch Hans guckt ungläubig.

«Äh, na ja, ich kann mit Glauben nicht viel …», beginne ich einen Satz, aber Jimmy spricht sofort weiter.

«Wir sind alle Brüder! Ich bin kein Moslem, weiß du. Ich bin ehrliche Christ! Glaubst du mir nicht, eh? Pass auf!»

Ohne zu zögern, zieht er erst seine Jacke aus, dann seinen Wollpullover.

«Ist okay, ich glaube dir», versuche ich etwas aufzuhalten, von dem ich nicht mal weiß, was es wird.

«Nein, guck hier, ich bin Palästinenser, aber ich bin Christ!»

Jetzt reißt er sich wirklich auch noch das T-Shirt vom Leib! Und in diesem Moment – sozusagen als göttliche Untermalung – weht es vom Ostgiebel Eiskristalle in den Raum.

«Hier, Maria, unsere Maria! Ich bin kein Moslem. Wir sind gleich, du und ich und Hans!»

Da scheint sie in bereits verblichenen Farben von seiner Schulter, die heilige Maria Gottes. Etwas Groteskeres habe ich noch nicht erlebt. Da steht ein etwa 50-jähriger Palästinenser in Berlin auf einer Baustelle und entblößt seinen Oberkörper bei minus 15 Grad, um uns aus Bruderschaft oder was auch immer, sein abgewetztes Maria-Tattoo zu zeigen! Unfassbar!

Als sich unsere Blicke begegnen, kann Hans das Lachen kaum noch zurückhalten. Ich kann schon die Tränen in seinen Augen sehen. Wir wenden uns schnell voneinander ab, damit wir nicht in lautes Gelächter ausbrechen. Damit würden wir Jimmy, der sich gerade wieder anzieht, nur unnötig provozieren. Denn eines ist klar: Für ihn ist die Sache hier todernst.

Auf dem Weg nach unten fragt Jimmy mich mehrmals, ob ich sein Tattoo denn auch schön finden würde. Durch hastiges Bejahen versuche ich, die Sache irgendwie zu einem Ende zu bringen.

Im Laderaum von Hans' Sprinter fällt mir auf, wie penibel alle Werkzeuge aufgehängt und wie sauber sie geputzt sind. Sogar der ausgelegte Teppichrest ist offenbar frisch gesaugt. Bis auf ein paar alte Flecken und meine Fußabdrücke ist er makellos.

Ich gebe Jimmy die Leiter.

«Danke, ich bin übrigens Jimmy.»

«Nicholas.»

«Wenn du Lust hast, machst du Mittag bei uns im Bauwagen. Meine Frau hat lecker gekocht.»

«Ach, echt?»

«Ja, sie bereitet immer vor, und ich wärme mir hier auf.»

«Hört sich wirklich gut an. Heute geht's nicht, aber da komme ich gerne mal drauf zurück.» Bestimmt besser als diese lauwarmen Bockwürstchen, da bin ich mir sicher.

Dann geht er in Richtung Bauwagen. Zwei seiner Kollegen stoßen dazu und begleiten ihn. Die beiden sind mit frischem Zement beschmiert und haben verdreckte Staubmasken auf den Kopf geschoben. Beide sehen verglichen mit Jimmy sehr erschöpft aus. Ich frage mich wieder, ob der heute wohl schon gearbeitet hat. Es ist halb zwölf, und er geht jetzt, nachdem er die Leiter endlich bekommen hat, in den Bauwagen zum Mittag?

«Is nich wahr, oder?», fragt Richie grinsend, als wir ihm erzählen, was Jimmy für eine Show abgezogen hat.

«Doch! Unglaublich, oder?»

«Dann zieht der sich echt aus», sagt Hans kopfschüttelnd. «Da biste so lange aufm Bau und denkst, du hast alles erlebt, und dann so wat!» Und wechselt dann plötzlich das Thema. «Richie, wennde willst, kannste dir am Wochenende Fleisch holen bei mir.»

«Schlachtest du wieder oder wat?»

«Schlachten? Du, Hans?», frage ich wieder einmal erstaunt.

«Klar, Mann. Der hat 'ne ganze Farm da hinten in Strausberg! Ne, Hans?», übernimmt Richie die Antwort.

«Wir haben Hühner, Schweine und sogar 'n Pony für meine Tochter. Dat Schlachten mach ich schon seit Jahren, muss dir mal Fotos mitbringen. Isn bisschen viel Blut, dat spritzt manchmal. Wennde im Sommer noch da bis, kommste mal zugucken. Und dann grillen wir. So 'ne ganze Sau überm Feuer, musste mal probieren.»

«So is dat wohl», nickt Richie.

SCHUTZKLEIDUNG IS NICH!

Der Gehörschutz

«HÄ? WAT?», schreit Jimmy zurück. Ich hatte ihn gefragt, warum er an der Kreissäge keine Ohrenschützer trägt. Das Sägeblatt frisst sich mit donnerndem Lärm durch die Steine, und das Geräusch verursacht physische Schmerzen, sobald man den Raum betritt.

Ich trete ganz dicht heran und brülle ihm direkt ins Ohr: «WARUM DU KEINE OHRENSCHÜTZER TRÄGST, MANN!»

«WAT? WAT SAGST DU?»

Ich drücke den roten *Aus*-Knopf, und das Heulen des Blattes verklingt langsam. Vielleicht zehn Sekunden habe ich neben der Säge gestanden, und schon summt es mir in den Ohren. Und Jimmy steht schon seit drei Stunden an der Maschine!

«Ich habe gefragt, warum du keinen Gehörschutz trägst. Der Krach ist ja unerträglich.»

«WIESO SOLLTE ICH? ICH BIN DOCH NOCH FIT», brüllt er noch immer, obwohl die Maschine schon längst zum Stehen gekommen ist.

Rainer und ich sandstrahlen gemeinsam im dritten Stock. Der Raum hat sich längst gefüllt mit Sand und Staub. Plötzlich sehe ich seine Umrisse vor mir. Er deutet auf eine imaginäre Uhr am Handgelenk und gibt mir damit das Zeichen zur Mittagspause. Daumen hoch – und wir beide lassen die Totmannschaltung los.

Mein linker Ohrstöpsel ist sandig und rutscht an diesem Tag ständig heraus. Nun, da ich den Helm vom Kopf ziehe, bemerke ich einen hellen, konstanten Piepton im Gehörgang. Das stundenlange Dröhnen und Rauschen während des Sandstrahlens ist eine riesige Belastung für das Gehör.

«Rainer, hast du noch irgendwo neue Ohrstöpsel? Der hier rutscht dauernd raus», brülle ich, denn mein Kopf dröhnt.

«Glaub nich, dat waren die letzten. Aber scheiß drauf! Brauchste nich!»

«Wie? Brauche ich nicht? Mir brummt der ganze Schädel! Da wird man ja ganz matschig in der Birne!»

«Ach, stell dich nicht so an. Ich benutz auch nie welche. Trinkste danach 'nen schönen Unicum, dann geht dat Dröhnen weg.»

«Das ist seit Jahren dein Job, und du hast noch nie Ohrstöpsel benutzt?»

«Am Anfang vielleicht. Aber die Dinger verrutschen immer, merkste ja. Dat nervt. Außerdem: Nur die Harten kommen innen Garten, wa?»

«Jaja, lass uns Mittag machen. Hast du gehört? MITTAG MACHEN!»

Hans, Richie und ich bessern die Mauer am Westgiebel aus. Während ich die Steine mit dem Stemmhammer bearbeite, steht Richie an der Säge und schneidet die Ecksteine für die Wasserseite zurecht. Es ist so laut, dass sogar Hans sich Ohrenschützer aufgesetzt hat.

Richie hingegen hat seine Schützer lässig über den Griff der Säge gehängt. Ich stoppe die Makita und gehe drei Schritte zu ihm rüber.

«RICHIE, WIESO NIMMST DU DIE NICHT?»

«ACH WAT, DAT IS WIE MUSIK FÜR MICH! HÖR DOCH MA!»

Dann schiebt er einen Stein dröhnend ins Sägeblatt und grinst mich an. Als ich mich wegdrehe ruft er noch: «UND AUSSERDEM, GEHÖRSCHUTZ IS VOLL SCHWUL!»

Kapitel 4

Werkzeugkofferspiele und «Fugenfuks»

Es ist dieser weiße, strahlende Qualm aus den Schornsteinen, der sich so kontrastreich von dem metallisch-graublauen Himmel absetzt, der Berlins Osten so pittoresk macht. Diese langsam mit sich selbst ringende Masse wirkt wie aufgedruckt. Als ob Vattenfall unsere Wolken produzieren würde.

Das erste Vogelgezwitscher begleitet mich entlang der Spree, und wie immer nach einem langen, strengen Winter empfinde ich den Gesang, gepaart mit den ersten warmen Sonnenstrahlen, wie ein vergessenes Glück, das mich aus meinem Winterschlaf reißt.

Ich habe mir ein Fahrrad gekauft. Auch wenn es frühmorgens noch ziemlich kühl ist: Frei zu sein von den Menschenmassen in der Bahn verbessert deutlich meine Lebensqualität. Zum ersten Mal fahre ich so richtig gut gelaunt zur Baustelle.

«Sanitär-Heizungs GmbH K+H» steht auf dem weißen Kastenwagen vor dem Bauzaun. Neben dem Schriftzug ist eine total bescheuerte Comicfigur abgebildet, die lachend Rohre ineinandersteckt. Vielleicht will man dem Job mit der Scheiße eine lustige Note verleihen?

Ich bin 15 Minuten zu früh, also hole ich mir noch schnell

einen Kaffee beim Bäcker. Als ich unterwegs am Gebäude hochsehe, stört etwas das gewohnte Bild. Auf der letzten Gerüstebene in etwa 20 Meter Höhe steht eine der Geländerstangen wie ein Fahnenmast vom Gebäude ab. An ihrem Ende ist eine Metallbox festgeklemmt, die in der Sonne funkelt. Was soll das?

«Moin», grüßen mich die beiden Klempner mit dem K+H-Logo auf ihren Jacken, als ich die Bäckerei betrete.

«Morgen.»

Habe ich das im Augenwinkel gerade richtig gesehen? Haben die tatsächlich zwei Bier vor sich auf dem Tisch stehen? Es ist 6:45 Uhr!

Als Teil der Gameboy-Generation glaubte ich als Kind, alle Klempner wären ein bisschen so wie Super Mario. Aber der hier ist alles andere als super, und sein Kollege sieht auch nicht gerade aus wie der freundliche Luigi. Die Gesichter aufgedunsen vom Alkohol, die Augen blutunterlaufen – und jetzt schwängert der eine die Luft auch noch mit einem herben Rülpser. Nein, von denen rettet am Ende sicher keiner eine Prinzessin.

Ich setze mich an den Nebentisch und nippe an meinem Kaffee.

«... endlich mal wieder 'ne Muschi putzen, Alter!»

«Kennste, ne? Wenn dat so 'n bisschen nach Fisch riecht!»

Dies sind die ersten beiden Sätze, die ich an diesem doch eigentlich unschuldigen Morgen mit anhören muss. Und ab hier ist auch klar, wie Kalle und Günther so ticken. So heißen sie nämlich, wie ich kurz darauf erfahre.

«Ah, da kommt Kevin! Jetz pass auf!», lacht Kalle los und nimmt einen großen Schluck aus der Flasche. Günther dreht seinen Stuhl in Richtung Speicher, und ich komme mir vor wie im Kino.

Ein schmächtiger Hänfling mit kurzen strohblonden Haaren und roten Wangen trägt seinen Rollerhelm unterm Arm und schlurft zum Auto von K+H. Er öffnet den Kofferraum und scheint etwas zu suchen. Die beiden neben mir können sich vor Lachen kaum noch halten.

«Ey, Kalle Mann, wo ist mein scheiß Werkzeugkoffer?», brüllt er laut über den Platz, als er auf die Bäckerei zusteuert. «Jeden Montag dieselbe Scheiße, Mann, wo ist der Koffer?»

«Weiß nich!», schnaubt Kalle.

«Im Himmel liegt die Lösung», fügt Günther verschmitzt hinzu.

Kevin schaut die beiden grimmig an und dreht sich Richtung Baustelle. «Nee, oder? Boah, ihr Idioten!»

Das nicht zu übersehende Funkeln an der Stange ist die Werkzeugkiste des Klempner-Lehrlings. Ich mische mich ein.

«Wieso hängt die Kiste da oben?»

«Ach, dat is so 'n Spiel, wat wir seit Jahren miteinander machen. Besonders lustig is dat natürlich mit neuen Lehrlingen. Haha, jetz zieh dir rein, wie der da hochklettert!», prustet Kalle schon wieder los.

Seiner Fahne, den glasigen Augen und dem albernen Kichern nach zu urteilen, ist das nicht sein erstes Bier an diesem Morgen. Immer noch von unseren Kinosesseln aus beobachten wir, wie Kevin mühsam das Gerüst emporsteigt. Jedes Mal wenn er durch eine Treppenöffnung auf die nächste Ebene gelangt, schlägt er wütend die Luke auf, sodass diese mit einem lauten Krachen nach hinten knallt. Endlich oben angekommen, steht er nur wenige Meter von seinem Werkzeugkoffer entfernt.

«Scheiße!», schreit er so laut, dass wir es bis zur Bäckerei hören können. Die zwei Clowns neben mir drehen völlig ab und schlagen sich tosend auf die Beine.

«Jetz merkt er … dass er … 'n Schraubschlüssel braucht … für … die … Klemme!» Günther kriegt kaum noch Luft zwischen seinen Lachkrämpfen. Seine Halsschlagader tritt wulstartig hervor.

Also das ganze Spiel von vorn. Kevin mit lautem Krachen und Gestampfe wieder runter. Zurück mit Schraubschlüssel. Oben löst er die Schraube und dreht die Geländerstange geschickt wieder zum Gerüst, sodass er seinen Werkzeugkoffer endlich wieder in der Hand hält. Jetzt müssten nur noch die Zuschauer klatschend aufstehen und Kevin sich verbeugen, während der Vorhang fällt. Stattdessen fängt Peter mich ab.

«Nick, wat isn los, is gleich halb!?»

«Sorry, Peter. Ich habe die Zeit total vergessen. Aber was die hier gerade veranstaltet haben …»

«Dat is mir scheißegal, *ich* zahl dich hier. Wat die treiben, dat müssen die mit ihrem Chef klären. Aber du fängst um 7 Uhr an, is dat klar?», wütet Peter. Jetzt steigert er sich wieder rein, der alte Choleriker.

«Okay, beruhig dich. Ist ja nicht so schlimm, dann arbeite ich eine halbe Stunde länger, oder ich berechne erst ab 7:30 Uhr», versuche ich ihn zu besänftigen. Denn wenn Peter einmal in Fahrt ist, wird es schnell unangenehm.

«Die Jungs von Kienecker und Honsdorf müssen wissen, wo der Anschluss vom Haus an die Kanalisation ist. Und ob da überhaupt einer ist. Die Pläne sind irgendwie weggekommen, und die Firma, die hier gebaut hat, gibt's nich mehr», erklärt Peter mir auf dem Weg zum ersten Gullideckel.

Ich trage eine eineinhalb Meter lange, T-förmige Eisenstange, deren eines Ende zu einem Haken gebogen ist. Damit hebt man Kanal- oder Gullideckel an. Am anderen Ende befindet sich eine Art Schraubschlüssel, um gegebenenfalls Deckelschrauben zu lösen.

Es gibt vier Gullideckel, die im Abstand von mehreren Metern in einer Linie zum Speicher liegen. Wir beginnen mit dem am weitesten entfernten Deckel, unter dem noch ein Gitter angebracht ist. An einem kleinen Bügel ziehe ich diesen Laub- und Abfallfang mit einem Ruck heraus – und voilà: Darunter liegt ein offener Kanal. Sorgfältig mit roten Klinkersteinen gemauert. Erstaunlich, denn es geht ja nicht um einen Kanal aus dem 19. Jahrhundert. Nein, diese Abflüsse und Zuleitungen sind zusammen mit dem angrenzenden Wohnkomplex in den neunziger Jahren entstanden.

«Sag mal, ist das eigentlich normal, dass diese Abwasserkanäle offen sind?», frage ich Günther, der jetzt dazugekommen ist.

«Ja, dat wird überall noch so gemacht.»

«Darum stinkt das so an manchen Ecken in Berlin. Kein Wunder, wenn die Dinger offen sind. Und an den Seiten sieht man ja die ganze Scheiße, die nicht abgeflossen ist. Ist ja ekelhaft.»

«Dat is normal. Und die Scheiße an der Seite da, dat passiert, wenn es 'n Rückstau gibt. Müsste man mal mit 'nem Kärcher rein», erwidert Günther stumpf.

«Nick, bleib du mal hier stehen. Ich mach den anderen Gulli auf und jage Wasser mit dem Schlauch durch. Gib mir 'n Zeichen, wenns bei dir ankommt», befiehlt mir Peter.

Jawohl, Sir! Na, das wird ein Spaß.

Peter greift sich die Eisenstange, läuft mit Günther zum anderen Ende und öffnet den letzten Gulli in der Reihe. Ich sehe hinunter und warte auf die Flutung. Doch zunächst fließen aus den Seitenkanälen von rechts und links, beinahe simultan, zwei Scheißhaufen gemächlich aufeinander zu. Wie kleine Bötchen, das weiße Klopapier als Segel gehisst. Sie treffen sich im Hauptkanal direkt unter meiner Gulliöffnung. Als ob Menschen aus verschiedenen Wohnungen indirekt teilnehmen an einer Choreographie der Scheiße.

Noch halb belustigt, halb angeekelt, bemerke ich jetzt das langsam durchsickernde Wasser aus Richtung des Speichers, das sich seinen Weg erst einmal durch Dreck und Ungeziefer kämpfen muss. Wahrscheinlich ist dieser Kanal seit Jahrzehnten nicht durchspült worden.

Eine riesige Ratte flieht vor der Flutwelle und biegt in den linken Kanal in Richtung der Wohnungen ein. Ihre Großfamilie folgt nur Sekunden später. Ich schrecke zurück.

Jetzt bricht das Wasser mit einem Schlag durch. Eine stinkende, braunschwarze Brühe fließt unter mir hindurch. Ich gebe Peter das Zeichen.

«Dat is sehr gut, Mann! Dat is der Anschluss, direkt vor der Bude. Mann, sonst hätten wir den ganzen Weg aufbuddeln müssen», sagt Peter erleichtert, als wir die Deckel wieder schließen.

Um 17 Uhr stehen wir in seiner Hütte. Er will mich in bar auszahlen. Einen Grund nennt er nicht, aber mir ist es recht. Zu Beginn hatten wir mal vereinbart, dass ich alle zwei Wochen meine Rechnungen stelle. Diesmal stehen 998 Euro zu Buche, und irgendwie freue ich mich schon auf den Tausender, den er da gleich aus seiner Schublade holt. Aber weit gefehlt. Der Herr Bauleiter legt mir den Betrag doch allen

Ernstes auf den Euro genau hin. Etwas fassungslos nehme ich die Scheine vom Tisch.

«Vielen Dank, Peter», und um das Ganze auf die Spitze zu treiben, schiebe ich die drei Euro Münzgeld zu ihm zurück: «Für die Kaffeekasse!»

Was für ein Geizhals!

Es ist Ende März, als ein Renault Kangoo mit Schweizer Kennzeichen vorfährt. Auf den Seiten des Autos klebt das Firmenlogo mit dem Satz «Der Fuks macht die Fugen». Darunter ist ein rennender Fuchs mit einer überdimensionierten Fugenpistole zu sehen. Sein Kopf ist knallrot. Soll der Fuchs angestrengt wirken? Hat er Blähungen? Schämt er sich?

Ein kleiner Mann mit funkelnagelneuer Hightech-Arbeitskleidung steigt aus. Seine Skisonnenbrille hat er ins halblange schwarze Haar gesteckt.

«Guten Morgen, Robert Fuks», stellt er sich vor. «Schönes Gebäude!»

«Morgen. Zwifka, Peter. Am besten wir gehen mal hoch und gucken uns die Sache an. Nick, kannst du von unten noch 'nen Sack Fugenmörtel holen? Dann können wir die Farben angleichen. Wir warten im Fünften.»

Ich wuchte mir gerade den Sack auf die Schulter, als Klempner Kevin von K+H an mir vorbeiläuft und seinen Werkzeugkoffer an einer Schnur hinter sich herrollt! Ich muss an Janoschs Tigerente denken. Warum hat der Koffer plötzlich vier Rollen?

«Hey Kevin, was soll das jetzt wieder?»

«Montag, ne! Kennst du ja mittlerweile. Die Arschlöcher haben mir übers Wochenende die Dinger druntergeschweißt. Aber ich sag dir, der Kalle wird sich bald wundern. Mir reicht's.»

«Aber du musst das Ding doch nicht ziehen?»

«Och, wenn dat jetz schon Rollen hat, ne.»

Der Fugenfuks und Peter stehen oben im fünften Stock und schauen sich die Fenster an.

«Das ist das beste Material. Ich benutze das in der Schweiz seit Jahren. Kennt man hier noch nicht so. Wenn ich die Fensterfugen ausgespritzt habe, kommt kein Wasser mehr rein, nie wieder. Das ist perfekt», lobt er sich selbst.

Ich rühre etwas Fugenmörtel mit wenig Wasser an und gebe ihn Peter.

«Dat wird die Farbe der Fugen, kriegst du die hin?», so Peter zum Fuks.

«Gar kein Problem, ich kann alles mischen. Das Material lässt sich super verarbeiten, da kann ich dann jeden Sand einmischen. Wird euch gefallen. Danach benutzt ihr nie mehr was anderes.»

«Ja, hm, okay. Wir fangen diese Woche damit an. Also kannst du Ende April loslegen. Und noch wat: Du kannst erst mal nur die untere Fuge machen, bis die Wetterschenkel installiert sind. Danach kannst du einmal ums Fenster fugen.»

«Es ginge schon schneller, wenn ich das direkt machen könnte. Ist ja eigentlich ein Arbeitsschritt.»

«Nee, geht nich anders. Müssen wir so machen. Nur so funktioniert dat.»

«Gut, dann machen wir das so. Also, auf Wiedersehen.»

Und schon braust der Typ wieder davon.

«Ich hoffe, der kriegt nich so 'nen roten Kopf wie sein bescheuerter Fuchs aufm Auto, wenn der anfängt zu arbeiten», sagt Peter trocken zu mir.

«Jaja, der Fugenfuks! Hat aber das beste Material, ne», erwidere ich lachend.

«Ja, das beste! So wat habt ihr in Deutschland noch nich gesehn! Haha!»

In den nächsten Wochen müssen unzählige Säcke Fugenmörtel nach oben. Im fünften Stock muss man nach draußen, um über das Gerüst noch eine Etage höher zu steigen. Nur so erreicht man die Giebelseitenstücke. Als ich mich das erste Mal mit dem 40-Kilo-Sack durch die schmale Öffnung der Treppenluke quetsche, erinnere ich mich an die Zeit vor drei Monaten. Ich denke zurück an die Arbeiter auf der Warschauer Straße. Nun stehe ich selbst auf dem Gerüst und schleppe Säcke nach oben.

Drei Monate, wie im Fluge vergangen.

Das Gewicht der Säcke spüre ich kaum noch. Faszinierend und zugleich erschreckend, wie anpassungsfähig der Mensch ist. Ich blicke von hoch oben über die Spree, und ganz hinten am Horizont schimmert der Alex, thronend über Berlin.

Kevins angekündigte Revanche kam übrigens mit deutlicher Verspätung. Und zwar an einem herrlichen Junitag.

Die Sonne scheint, und Richie leistet mir beim Frühstück Gesellschaft.

«Aberglaube, wat fürn Quatsch. Weißte, der Scheiß mit Freitag dem Dreizehnten oder dat mit der blöden schwarzen Katze …»

«Und natürlich unter einer Leiter herlaufen …»

«Ja, genau dieser Schwachsinn. Wie kann man dat glauben? Gib ma deine Tasse, ich hol noch Kaffee.»

Kevin und Günther gesellen sich an den Nachbartisch.

«Wo isn Kalle heute?», frage ich rüber.

«Kommt bisschen später», murmelt Günther mit vollem Mund.

«Der wird sich heute wundern!», flüstert Kevin mit leuchtenden Augen.

«Wieso, was hast du gemacht? Weil heute Montag ist, oder was?», frage ich.

«Genau, Scheiß Montag, und heute ist er dran. Wirst ja gleich sehen.»

In diesem Moment weiß der arme Kevin noch nicht, was für ein gewaltiges Donnerwetter sich da über ihm zusammenbraut.

Richie und ich stehen auf dem Gerüst und arbeiten an den Fugen, als es unter uns losgeht.

«Hast du se noch alle, oder wat? Du Wichser!», brüllt Kalle. Kevin steht zusammengekauert vor ihm und guckt auf den Boden.

«Dat is kein Spaß mehr! Dat kannst du jetz wieder freimeißeln, Depp du! Dat machst du nicht mit mir. Dat macht keiner mit Kalle, hörst du!»

Kalle schmeißt ihm einen Meißel vor die Füße und haut ab. Ich muss mir die Hand vor den Mund halten, um nicht laut zu lachen.

«Ey, Richie, ich geh runter. Das muss ich sehen. Das glaubt mir niemand, wenn ich das heute in der Kneipe erzähle.»

Als ich neben dem völlig konsternierten Kevin stehe, sehe ich, was ich schon vermutet hatte. Der Kerl hat tatsächlich den Werkzeugkoffer seines Chefs mit flüssigem Zement gefüllt. Und jetzt ist er dabei, sämtliche Werkzeuge wieder freizumeißeln. Mir fehlen die Worte. Alles, was mir einfällt, ist: «Scheiße, ey!»

Aber nicht mal darauf antwortet dieses meißelnde Häufchen Elend.

SCHUTZKLEIDUNG IS NICH!

Richie

«Nee, nich so eins. So 'n kleines Standgerüst, kennste doch. So eins, wat wir hinten am Westgiebel hatten. Ja, genau.

Ich steh also auf dem Standgerüst und verputz die Wand. Bohlen hab ich da nicht druntergepackt, wollt ja nur eben kurz die obere Fläche machen. Dat hatte die ganze Woche lang tierisch gepisst, der ganze Boden war weich, aber da hab ich natürlich nich drauf geachtet. Wer achtet schon auf so wat? Die eine Seite von dem Scheißding muss dann langsam in den Boden gesunken sein, und ich merk dat nich. Na ja.

Und gerade als ich den Arm ganz hoch hab, um die Kante zu verputzen, kippt dat ganze Gerüst plötzlich um! Hier! Die Narbe kannste noch gut sehen.

Siehste, bin mit der Achselhöhle an so 'nem Scheiß Nagel hängen geblieben. Bis zur Brust runter. Zehn Zentimeter lang und zwei Zentimeter tief war die Wunde!

Ja, sehr wahrscheinlich haste recht, mit Bohlen untendrunter wär dat nich passiert. Aber nachher is man immer schlauer, wa?»

Kapitel 5

«Du ju spiek Inglisch?»

Es schüttet wie aus Eimern. Es gießt wie aus Kübeln. Was auch immer. Ein Unwetter hat sich über Berlin festgesetzt, und der Tag beginnt mit Donner und Blitzen in dichter Folge.

Der Sturm wütet schon seit mehreren Stunden, und inzwischen hat sich vor dem Speicher eine riesige Regenpfütze gebildet. Um überhaupt irgendwie zum Haupteingang zu gelangen, legen wir mit Holzbohlen einen improvisierten Steg.

Die Fensterbau-Firma Loos wartet schon. Ausgerechnet an diesem scheußlichen Tag kommen die restlichen Stahlfenster und Glasscheiben für den vierten und fünften Stock. Der Lieferant sitzt missmutig auf seinem offenen Kran und ist dem strömenden Regen schutzlos ausgeliefert. Vorsichtig hebt er das halbe Dutzend vollbeladener Glasständer von der Ladefläche des Lkws. Die Scheiben stehen dicht aneinandergereiht und werden von gummibeschichteten Klemmen gehalten.

«Stell die weg von der Pfütze, hier hin. Stell die neben die Fenster!», schreit Peter den Typen auf dem Kran an und deutet auf ein nicht überschwemmtes Stück Erde. Rüdiger, der Fensterbauer mit dem nikotingelben Schnauzbart, steht parat und untersucht die Scheiben auf Schäden. Peter legt die Stirn in Falten und schielt nach oben.

«Wie kriegt ihr die hoch?»

«Ich glaub, Loos hat uns Leiharbeiter geholt für die Fenster. Die Scheiben machen wir», sagt Rüdiger.

Dann dreht er sich um und brüllt: «Ey, Ami! Komm ma rüber! Wat is mit den Leiharbeitern vom Loos?»

Ein kleiner Mann um die 50 mit einer trendigen Frisur kommt auf uns zu. Die Seiten hat er auf ein paar Millimeter kurzrasiert und das lange Deckhaar leicht seitlich nach hinten gekämmt. Er könnte auch einer der Hipster von der Weserstraße in Neukölln sein, nur dass seine Haare komplett grau sind.

«Wieso Ami?», frage ich Moritz, der hinter mir steht. Seit er kein Stift mehr ist, hat er sehr schnell sehr viel zugenommen. Ob das normal ist? Seine Latzhose beult sich jedenfalls von Woche zu Woche mehr aus.

«Eigentlich heißt der Heinrich, aber weil der so oft nach Amerika reist und dauernd davon quatscht, nennen wir ihn halt Ami.»

Mit einem verschmitzten Lächeln steht der Ami nun da: «Dreckswetter. Bleibt die Woche so. Leiharbeiter kommen. Um acht. Die tragen die Fenster hoch.»

Peter starrt skeptisch auf die Pfütze, die jetzt einem kleinen See gleicht. «Die müssen dann hier über die Bohlen. Geht nich anders, ne!»

«Jaja, dat machen die schon! Sind ja nur die kleinen Fenster für oben!»

Jaja, dat machen die schon, wiederhole ich in Gedanken. Ich blicke kurz auf die durch den Regen glitschigen Bohlen und dann auf die schweren Fenster. Das geht doch niemals gut.

Pünktlich um kurz vor acht kommen zwei junge Männer auf uns zu. Der Magere hat sein glattes, blondes Haar zum Mittelscheitel gekämmt. Es liegt ihm fettig bis über die

Schulter. Der andere trägt eine dickglasige Brille, hat ziemliches Übergewicht und braune, zerzauste Locken. Beide sind nicht gerade kräftig und sehen alles andere als fit aus. Peter steht dicht neben mir. Als er die zwei beobachtet, presst er die Lippen aufeinander und schüttelt leicht mit dem Kopf.

«Ich sach dir, die schaffen dat nich. Die fette Sau bricht doch nach dreimal hochlaufen zusammen, und der dünne Hecht hebt die Rahmen erst gar nicht an. Immer dat selbe mit den Zeitarbeitsfirmen.»

«Was meinst du?»

«Ach, ich hab dat mal gesehn. Die armen Schweine treffen sich morgens zwischen fünf und sechs. Einer von der Firma steht dann auf 'ner Kiste und liest Jobs für den Tag vor. Man meldet sich dann einfach für dat, wat sich gut anhört. Für heute hieß dat bestimmt: Fenster tragen. Punkt. Aber dat die hier in den Fünften müssen, hat bestimmt keiner gesagt. Sonst hätten diese beiden Figuren sich bestimmt nicht gemeldet.»

«Und is scheiße bezahlt, oder? Hab ich ma gehört», frage ich ihn in bester Bauarbeitersprache.

«Soweit ich weiß, bekommen die nur ein bisschen wat von dem eigentlichen Lohn. Is halt Scheiße!»

Der Regen lässt kein bisschen nach, und die beiden Leiharbeiter können einem jetzt schon leidtun, wie sie da ungläubig stehen und von Loos' Jungs eingewiesen werden. Dem Dicken steht das Entsetzen ins Gesicht geschrieben. Der Dünne bläst mit aufgerissenen Augen kurz die Backen auf. «Kein Lift da?», kräht er kleinlaut.

Dabei ist die Frage berechtigt. Warum wurde hier kein Lift angebracht? Darüber habe ich mir nie Gedanken gemacht. Aber wenn ich es genauer betrachte, hätte es sehr viel Zeit und Mühe gespart, wenn wir beispielsweise die Zementsäcke zumindest bis zum dritten Stock hätten hochfahren können. Sind Leih- und Hilfsarbeiter vielleicht einfach billiger als ein Lift?

Peter und ich stehen immer noch mit verschränkten Armen daneben und beobachten den ersten Versuch.

«Der kriegt die Kurve nich!»

«Ich glaub, du hast recht, Peter. Der kriegt die Kurve nicht.»

In diesem Moment verlassen den Schmächtigen die Kräfte und er knickt weg. Der Dicke steht schon auf der Bohle und versucht sich abzufangen, rutscht aber auf dem seifigen Holz aus. Und so liegen Rahmen und Leiharbeiter im Schlamm.

«Ich hab doch gesagt, der kriegt die Kurve nich!», stellt Peter emotionslos fest, bevor er sich vergewissert, dass die teuren Fensterrahmen bei dem Malheur nicht beschädigt wurden.

«Macht nix, Jungs. Nur Matsch dran. Aber jetzt hoch damit!»

Wortlos raffen sich Dick und Doof auf. Der nächste Versuch ist erfolgreicher, wenngleich man das Gefühl hat, die beiden würden sich in Zeitlupe bewegen.

Insgesamt sind acht Fensterbauer zur Montage am Speicher. Am Anfang sind es Moritz und der Ami, die gemeinsam die unhandlichen Glasscheiben nach oben bringen müssen. Moritz klammert sich krampfhaft an den Griff des Saugnapfes und schwitzt wie verrückt.

«Kein Stift mehr und trotzdem schleppen müssen, ne?», werfe ich ihm auf der Treppe entgegen.

«Ach, hör auf, Mann!»

Ich bin ständig zwischen dem vierten und fünften Stock unterwegs und muss die noch zu weit vorstehenden Steine abflexen oder abmeißeln, damit die Fensterrahmen problemlos eingesetzt werden können.

Immer wieder sehe ich Dick und Doof, wie sie abgekämpft und schnaufend am Treppenabsatz stehen und vor jedem Stockwerk neue Kraft schöpfen müssen. Es dauert nicht lange und Peters Prophezeiung, dass die beiden Leiharbeiter nicht lange durchhalten würden, tritt ein. Als ich vormittags zum Fliegenschmidtklo gehe, höre ich drinnen jemanden lauthals würgen. Als die Tür aufspringt, torkelt der dicke Leiharbeiter kreidebleich aus der Plastikkabine.

«Alles gut bei dir?», frage ich, während mir beißender Kotzgeruch entgegenschlägt.

«Ja, geht schon wieder. Denke, ich muss aufhören für heute. Ich kann nich mehr», schnauft er und schaut mich durch seine beschlagene Brille an. Und just in diesem Moment spült der noch immer peitschende Regen einen Teil der Kotze aus den Locken in sein Gesicht. Es ist ein zutiefst trauriges Bild, und ich empfinde ehrliches Mitleid.

Hans kommt dazu und kommentiert: «Boah, wat hatter denn? Mann, geh nach Hause, ey! Du siehst ja zum Kotzen aus.»

Peter ist gerade dabei, die Eisenrahmen der alten Türen im Erdgeschoss zu entfernen. Was nicht so einfach ist: Die Rahmen sind unten im Boden verankert und müssen geflext und herausgebrochen werden. Er kommandiert mich rüber: «Halt mal! Aber pass auf die Funken auf!»

Dies ist eine dieser typischen Situationen auf dem Bau: Halt mal kurz! Okay, eigentlich kein Problem, aber … ich komme gerade vom Klo, meine Handschuhe liegen oben und Brille und Gehörschutz sind natürlich auch nicht parat. Man kann aber trotzdem nicht nein sagen, weil das den Ablauf jedes Mal verzögern würde. Also hält man dann eben mal kurz.

Ich biege den Rahmen nach oben, damit Peter besser ansetzen kann. Ohne Vorwarnung beginnt dieser Hornochse den Rest des Metallrahmens auf dem Boden abzuflexen. Ich drehe mein Gesicht gerade noch weg, damit mir die sprühenden Funken nicht direkt ins Auge fliegen. Und schon rauscht eine rot-orangene Dusche auf mich nieder. Der Trennschleifer frisst sich ins Metall und schreit förmlich auf, sodass es einem in den Ohren zischt. Irgendetwas riecht hier extrem verbrannt. Ich ahne Schlimmes. Das sind meine Haare, verdammt noch mal!

Das Metall bricht, und Peter hört endlich auf zu flexen. Ich lasse los und fasse mir sofort in mein ohnehin schütteres Haar. Als ich in meine Hand schaue, sind da bloß noch die bedauernswerten Überreste von völlig versengten Haaren zwischen meinen Fingern. Und das Arschloch lacht auch noch blöd.

Als ich mich in Peters Hütte im Spiegel betrachte, wird klar, dass ich mir den kompletten vorderen Haaransatz abgebrannt habe. Es bleibt mir nichts übrig, als auch den Rest heute Abend auf einen Millimeter zu rasieren. Der Hump aalt sich auf dem Bett und beobachtet mich mit angelegten Ohren. Ich habe das Gefühl, auch er lacht mich aus.

Nach einem ungenießbaren Hühnerfrikassee in der Kantine fahre ich mit Peter wieder zurück zum Bau. Durch die beschlagenen Scheiben sehen wir von weitem schon ein Rudel Fensterbauer. In der Mitte steht der Architekt und tobt.

Als wir austeigen und näher treten, sehen wir das Unglück oder besser gesagt: den Fehler. Die Frage ist nur, wer hat ihn begangen?

Die insgesamt zehn Fenster am Fahrstuhlschacht sind alle um 20 Zentimeter zu klein. Bevor aber jemand auf die Idee kam, die beträchtliche Lücke mal zu hinterfragen, sind die ersten vier Fenster schon eingebaut worden. Der Architekt, Herr Hessel, ist außer sich vor Zorn. In seinen Mundwinkeln hat sich reichlich Spucke gesammelt.

«Das kann doch nicht wahr sein! Ich habe doch selbst gemessen und die Maße rausgegeben!»

«Der Loos muss her, dat is sein Scheiß!», ergänzt Peter, jetzt auch mal wieder leicht in Rage.

Am nächsten Morgen kommt Fensterbauer Loos mit einem schwarzen Aktenordner unter dem Arm auf das Gebäude zugestürmt. Peter und Architekt Hessel warten schon.

Nach dem üblichen Begrüßungsgeplänkel bricht es sofort aus ihm raus: «Dat is nich mein Fehler! Nachdem ich die Maße bekommen hatte, hab ich sie noch einmal selbst vor Ort nachkontrolliert. Aber als ich dann um Bestätigung gebeten hab, hat Herr Zwifka andere Maße geschickt. Und nach denen hab ich dann gebaut. Is ja der Bauleiter, ne.»

Der Architekt schaut schräg zu Peter rüber: «Wieso haben Sie die Maße geändert, Herr Zwifka?»

«Mir schienen die Angaben von Herrn Loos zu groß, also hab ich noch mal nachgemessen und ihm die korrekten Maße geschickt. Dat is alles.»

«Wie haben Sie denn die Maße genommen, Herr Zwifka?», fragt Loos unruhig.

«Kante Bogenanfang bis unten, wieso?»

«Ja, super! Dat is doch der Fehler! Wir nehmen das Maß

immer Mitte Bogen gerade nach unten. Und natürlich hab ich Ihre Maße auch so angewendet.»

Jetzt habe ich Angst, dass Peter zusammenbricht. Alle zehn Fenster muss er auf seine Kappe nehmen, das wird teuer. Edelstahlrahmen, Pulverbeschichtung, Dreifachverglasung – ein einziges Fenster kostet etwa 2000 Euro.

Aber Peter reagiert komplett anders und faucht zurück, wo er herkäme, würden die Maße eben anders genommen.

«Dat lass ich mir nich in die Schuhe schieben!», stampft er fluchend davon.

Loos und Hessel schauen ihm verdutzt hinterher und zucken mit den Schultern.

«Aber Herr Zwifka, Sie können doch jetzt nicht einfach …»

Doch, er kann. Ich folge ihm durchs Treppenhaus und beobachte, wie er geradewegs auf die Eisenkiste zusteuert, den großen Stemmhammer hervorholt und anfängt wie ein Wahnsinniger Kappendecken zu brechen. Klassische Stressflucht, denke ich mir.

«Nick, bring ma hier den Schutt weg. Machste immer die Eimer voll und dann vom Gerüst die Rutsche runter!», ruft er mir zu, als er den Hammer mal kurz ausmacht.

Ob das Sinn macht, wenn unter der Schuttrutsche gar kein Container steht? Egal, in diesem Moment stelle ich besser keine Fragen. Und so kippe ich Schutt und Steine einfach zu einem riesigen Haufen vor das Gebäude.

«Die bescheißen sich doch sowieso alle gegenseitig», erklärt mir mittags der Ami. «Und wenn es dann so ein Schlamassel wie eben gibt, will es keiner gewesen sein! Zum Kotzen!»

«Ja, so is dat wohl», stimme ich ihm in bestem Richie-Deutsch zu.

In dem Moment fällt mir auch ein, an wen der Ami mich

erinnert: Dennis Hopper in *Der amerikanische Freund* von Wim Wenders.

«Hab gehört, du bist oft in den Staaten?»

«Ich flieg einmal im Jahr nach Amerika zu meiner Tochter, die wohnt da. Hat 'nen Ami geheiratet. Ist affengeil, so Cowboy spielen und Harley fahren. Fürn Ossi wie mich is dat 'n Traum.»

«Wo genau lebt denn deine Tochter?»

«In San Antonio, Texas. Is allet super, nur der Schwiegersohn is 'ne Flasche. Der kann nich saufen, weeßte? Dem gibste zwei große Bier und 'n Schnappes hinterher, da is der hinüber. Und dann sitz ich da allein mit meiner Tochter, die kann nämlich gut einen wegzischen! Liecht inne Familie!», lacht er scheppernd.

Auch heute hat wieder starker Regen eingesetzt, die nächsten zwei Zeitarbeiter geben erschöpft auf, und ich soll «noch mal eben schnell» eine Augenschraube aus der Kappendecke flexen. Irgendwie bin ich nicht bei der Sache. Und dann geht alles blitzschnell.

Mein Ohrenschutz verrutscht, mit einer Hand lasse ich die Flex laufen, während ich mit der anderen die Kopfhörer wieder richte. Als ich wieder ansetze, rutsche ich ab und ramme mir die Flex mit voller Wucht ins mittlere Gelenk des Zeigefingers.

Ich schreie auf und schmeiße den Schleifer reflexartig von mir weg – zum Glück ist sonst niemand im Raum. Der Stecker reißt aus der Kabeltrommel, die Maschine stoppt. Ich ziehe sofort die Handschuhe aus. Kein Blut? Nein, der

Schnitt ist einfach zu tief. Es brennt wie Feuer, und ich kann den Finger nicht mehr bewegen …

Der Unfall ist der Grund, warum meine Freundin mir zum ersten Mal in sehr ernstem Ton sagt, ich solle mir doch mal langsam einen anderen Job suchen. Ihr ist die Baustelle zu gefährlich.

«Ich will nicht, dass unsere Kinder mal einen Vater ohne Finger haben, verstehst du?»

Ja, das wäre auch in meinem Sinne.

Am nächsten Tag kommt ein silbergrauer Oldtimer ganz langsam die Schotterstraße entlanggefahren und wirbelt zärtlich den Staub auf. Was für eine Erscheinung! Die Arbeiter heften ihre Blicke an den Wagen und bekommen den Mund nicht mehr zu.

Die Besitzer entsprechen der Eleganz ihres Autos jedoch nicht. Sein grauer, das Gesicht einrahmender Bart wirkt ungepflegt wie die Kurzhaarfrisur gleicher Länge. Das rot-weiß karierte Hemd ist in die Jeans gestopft, dazu trägt er ein fliederfarbenes Samtjackett. Schwarze Lackschuhe krönen sein Outfit.

Sie kommt hinter dem Auto hervor in einem langen, eng anliegenden Kleid, welches ihren Bauch – der seinem in nichts nachsteht – sehr unvorteilhaft betont. Der umgeworfene Mantel macht den Anblick dann etwas erträglicher, auch wenn der ganz in Pink gehalten ist.

«Jetzt hört auf, so doof zu glotzen, Mann! Bringt endlich die Scheißfenster hoch», schnauzt Moritz mit sichtlicher Freude die Leiharbeiter an, die wie angewurzelt gaffen.

«Nummer fünf und sechs sehen brauchbarer aus als die letzten vier. Vielleicht schaffen die ja mal einen ganzen Tag. Was meinst du?», frage ich ihn.

«Wir werden sehen. Bin nur froh, dat ich kein Stift mehr bin. Sonst würden die mich noch mithelfen lassen, weißte.»

«Jetzt kannst du auch mal rumkommandieren, was?»

«Ja, endlich! Da hab ich Jahre drauf gewartet. Und die Seilwinde lass ich auch im Auto. Die müssen erst mal schleppen so wie wir.»

«Wie? Ihr habt die ganze Zeit eine Seilwinde im Auto, aber lasst die armen Kerle laufen?»

«Sorry, wo kann ich finden Herrn Zwifka?», unterbricht mich der Oldtimer-Fahrer, der jetzt Hand in Hand mit seiner Frau vor mit steht. Sein britischer Akzent ist unüberhörbar.

Aus der Gewohnheit heraus antworte ich ihm auf Englisch: «I think he's upstairs. I will go get him. By the way you have a real beautiful car there.»

«Oh. You speak English!», sagt seine Frau erfreut und zugleich überrascht.

«It's a Jaguar XK140 Roadster. Built in 1955. A very fine piece of engineering», antwortet mir der Mann.

«Beautiful. I'll be back in a second!», verabschiede ich mich nach oben, um Peter zu holen. Der ist gerade bei der Raubtierfütterung. Er drückt den Hump mit dem Knie weg, um den Trog füllen zu können. Die 1-Kilo-Dose Fleisch ist kaum geleert, da quetscht sich das Vieh auch schon mit aller Kraft durchs Peters Beine und fängt an zu schlingen.

«Peter, unten ist ein englisches Ehepaar, die wollen mit dir sprechen. Echt schickes Auto fahren die.»

«Die Morgans, oh Mann. Jetzt? Gut, ich geh runter. Du kannst weiter den Schutt wegräumen.»

Als ich gerade beginnen will, die ersten Eimer auf das Gerüst zu tragen, steht Peter schon wieder an der Tür zum Treppenhaus und winkt mich zu ihm rüber.

«Du ju spiek Inglisch?», lacht er mir entgegen.

«Was ist los?»

«Die Morgans wollen, dass du dazukommst. Du könntest bei der Verständigung helfen, weil du Englisch sprichst, ne!»

Herr Loos ist unterdessen auch eingetroffen. Offensichtlich wollen die Morgans die Türen und Fenster ihrer neuen Wohnung begutachten – und stehen nun vor einem verschlossenen Eingang ohne Türgriff. Als ich dazukomme, herrscht Ratlosigkeit.

«Ah, very nice, Mister …?»

«Grünke.»

«Mr. Grünke, maybe you could help us with this conversation.»

«Wat sacht der?», fragt mich Loos.

«Ich soll bei diesem Gespräch helfen.»

«Pass auf. Es wurden Fenstertüren bestellt. Die sind auch auf den Bauplänen des Architekten eingezeichnet. Und die haben meine Jungs auch eingebaut.»

«Ja? Und was ist jetzt das Problem?»

«Es gibt Türen und Fenstertüren. Fenstertüren kann man nur von innen öffnen. Mir war nich klar, dass dat hier 'ne Eingangstür werden soll. Tja, und jetzt ham wa den Salat! Von außen kommt man nich in die Wohnung.»

Ich muss mir das Lachen verkneifen und übersetze. Als ich fertig bin, guckt Mr. Morgan ziemlich grimmig zu Loos rüber. «Whatever. This is ridiculous. And not my problem!»

«Er sagt, das ist lächerlich und ist nicht sein Problem.»

Die Stimmung ist aufgeladen. Mrs. Morgan läuft zornig im Hintergrund auf und ab, während ihr Mann jetzt Peter ins Visier nimmt. Wie ich erst später erfahre, ist dies nicht der erste Fehler seitens der Bauleitung, der den gesamten Zeitplan verzögert. Die Morgans und andere Mieter wollen bald mit dem Innenausbau beginnen – was natürlich erst geht, wenn Fenster und Türen eingebaut sind und man die Apartments abschließen kann. Logisch.

Moritz ist inzwischen durch die Fensteröffnung gestiegen und hat die Tür von innen geöffnet. So müssen die Fensterbauer wohl auch aus der Wohnung rausgekommen sein, nachdem sie die falsche Tür installiert hatten.

«You better solve it as soon as possible. I won't tolerate any further delay. From now on you will be dealing with my lawyer. It was nice meeting you, Mr. Grünke. Good bye.»

Ohne sich von den anderen zu verabschieden, drehen die Morgans sich um und gehen zügig zu ihrem Auto.

Ich wende mich zu Peter und sage etwas leiser, so dass Loos und seine Leute nicht alles mitbekommen: «Er will, dass das Problem so schnell wie möglich gelöst wird. Er toleriert keine weitere Verzögerung mehr, und ab jetzt kümmert sich sein Anwalt um die Sache.»

«Scheiße», brummt Peter vor sich hin. Und dann, als wir zusammen die Treppen hochgehen: «Du sprichst aber wirklich gut Englisch, wo hastn dat gelernt?»

«Ich habe in London gelebt, hab ich dir doch erzählt.»

«Ja? Kann sein. Ich hab noch weitere Käufer aus dem Ausland, mit denen dat 'n bisschen schwierig ist mit Verständigung und so. Vielleicht kannste mir da helfen. Auch so mit E-Mail?»

«Klar, gerne.»

Und so wurde ich an diesem Tag der inoffizielle Dolmetscher von Bauleiter Peter Zwifka.

Kapitel 6

Peters rechte Hand

Scheinwerfer an!

Das denke ich jedes Mal, wenn ich Jimmy vor der Bäckerei erblicke. Seine grau melierten Haare sind fein säuberlich nach hinten gekämmt, seine Kleidung ist makellos. Die Sonnenbrille steckt oben im Hemd. Die schneeweißen Lederschuhe haben niemals auch nur einen Fleck. Er zieht kräftig an seiner Zigarette, überblickt von seiner dreistufigen Empore aus gebieterisch den Vorplatz und schnipst die Kippe dann lässig weg. All das lässt ihn wie einen Schauspieler wirken, der gerade seine Szene spielt.

Scheinwerfer aus!

Jimmy ist der Vorarbeiter der Tiefbau-Truppe. Er steht meist eine halbe Stunde vor allen anderen in beschriebener Manier vor der Baustelle und zelebriert sich selbst. Bevor er pünktlich um sieben beginnt, seine Leute herumzukommandieren, muss er natürlich erst sein Hollywood-Outfit gegen Arbeitskleidung tauschen. Dafür nutzt er «seinen» Bauwagen, den er im Winter auf gefühlte 35 Grad hochheizt. Auch jetzt im Frühling läuft die Elektroheizung noch.

Peter wirkt heute Morgen gestresst.

«Ich muss jetzt ma wech. Geh du zu Beton-Jimmy und den Arabern und pass auf, dat die keine Scheiße machen. Jimmy weiß Bescheid. Bin vor Mittach wieder da. Gummistiefel stehen neben der Hütte.»

«Okay. Und was mach ich da?»

«Aufpassen, dat die die Wände nich vollsauen mit Beton. Die Fassade muss sauber bleiben, dat is wichtig. Wenn wat schiefläuft, rufst du mich an.»

Seitdem ich für Peter gelegentlich E-Mails übersetze und wir enger zusammenarbeiten, werden meine Aufgaben deutlich angenehmer. Und einfach nur «Aufpassen» hört sich doch sehr entspannt an. Denke ich zumindest in diesem Moment.

Jimmys Crew besteht aus vier Arbeitern, die sich lauthals unterhalten, als ich den dritten Stock betrete. Erfreut entdecke ich in einer Ecke auch Hans, dem ich kurz zuwinke.

Ich gehe rüber zu Jimmy und seinen Leuten.

«Hallo, ich bin Nicholas.»

«Nicholas ist die Vertretung für Peter!», ergänzt Jimmy eilig.

«Hallo, ich heiße Mohammed.»

«Tony.»

«Michael.»

«Und ich bin Joe.»

Wollen die mich auf den Arm nehmen? Dann erinnere ich mich vage, dass Richie das mit den skurrilen Namen mal erwähnt hatte. Trotzdem frage ich nach:

«Tony? Michael? Joe? Ich denke, ihr seid Araber?»

«Ja …», beginnt Michael eine Antwort.

«Wir kommen alle aus Palästina …», redet Tony dazwischen.

Jetzt quasseln alle wild durcheinander, bevor Michael seinen Satz beenden kann.

«Aber hier in Deutschland gab immer Probleme mit mein Name. Also besser Michael. So wie Jackson, weißdu.»

«Wie heißt du denn wirklich?»

«Ali Jawad.»

«JA WAT! Ja, wat hatter denn?», grölt Hans hinter mir.

«Siehs du, immer Probleme», kommentiert Mohammed, der am besonnensten scheint und mir vom ersten Moment an sympathisch ist. Die anderen beiden pflichten Ali Jawad alias Michael bei, ihre Namen wären auch zu kompliziert. Außer Jimmy.

«Ich heiße Jimmy! Das is mein echter Name, kanns du jeden fragen in Berlin.»

«Na klar, aber sicher doch», rutscht es mir raus. Zum Glück bemerkt er die Ironie nicht.

Hans' Telefon klingelt.

«Nick, die Betonpumpe kommt nich durch die Baustraße. Der Fahrer is dran. Da stehtn Auto im Weg. Komma mit runter.»

Ein alter Audi A4 parkt an der Seite. Hinter der Windschutzscheibe liegt ein handgekritzelter Zettel: **Sozialer Notfall. Bin bei Frau Otter. Haus 23. 0163 345 345 29.**

Es nimmt keiner ab.

«Wat machen wir jetz?» Hans guckt ratlos.

«Ich gehe zu der Wohnung und klingel dort. Was sonst?»

Der Lkw-Fahrer hat seine *Bild* rausgeholt und macht es sich hinterm Lenkrad gemütlich. Er wird pro Stunde bezahlt, also ist das hier nicht sein Problem. Dachte ich mir schon. Hier auf dem Bau ist es immer das Problem des anderen.

«Krrrrrrrrrrr … Hallo? … Krrrrrrrrrrrrrrrrr», krächzt es aus der Gegensprechanlage.

«Guten Tag, Ihr Auto versperrt uns den Weg. Sie müssten das kurz wegfahren.»

Statt einer Antwort summt der Türöffner. Ich laufe durch das penibel gesäuberte Treppenhaus, finde den Namen *Otter* auf einem Klingelschild im dritten Stock und klopfe an. Die Tür öffnet sich einen Spalt weit, und heiße, stickige Luft tritt heraus.

Es riecht nach Medikamenten. Ein etwa 45-jähriger Mann steht mit gerötetem Gesicht vor mir. Er hat blaue Plastikhandschuhe übergestülpt, und bei näherer Betrachtung erkenne ich, dass sie braun befleckt sind. Der Typ ist schweißgebadet.

«Entschuldigung, ich hatte Sie an der Gegensprechanlage überhaupt nicht verstanden.»

«Sie müssten Ihr Auto umparken, damit wir mit dem Lkw vorbeikommen.»

«Ach so. Ja, natürlich. Einen Moment. Ich hole die Schlüssel.»

Als der Mann hektisch in der Wohnung verschwindet, wage ich einen Blick hinein. Durch den dunklen Flur kann ich bis ins Wohnzimmer sehen. Ein gelbliches Licht steht im Raum. Alle Gardinen sind zugezogen. Es sind sicher 30 Grad in der Bude.

Er kommt raus und stürmt vor mir die Treppe herunter. Igitt, der hat ja immer noch die ekligen Handschuhe an!

Hans blickt zu uns rüber, als wir aus dem Haus kommen. Ich gestikuliere wild hinter dem Rücken des verschwitzten Kerls, um Hans' Aufmerksamkeit auf die versifften Handschuhe zu lenken. Der Mann startet seinen Audi, und ich sehe nur noch, wie sich die schmierigen Plastikhandschuhe um das Lenkrad krallen.

«Wat war denn?»

«Hast du die Handschuhe nicht gesehen?»

«Nee, wat für Handschuhe?»

«Vergiss es, Hans. Ist vielleicht besser so. Auf manche Dinge kann man verzichten.»

Schließlich parkt der Lkw mit Betonpumpe mittig vor dem Haupteingang. Der Fahrer springt aus seiner Kabine, und seine neonorangene Latzhose reflektiert das Morgenlicht.

«Moin. Wo gehen wa rein?»

Im ersten Moment weiß ich wirklich nicht, was er meint. Dafür weiß Hans es: «Du musst in den Dritten. Dat Fenster, wo der Araber aufm Gerüst steht.»

«Oh Scheiße, mit solchen haste immer nur Theater.» Er fixiert mich durch seine schwarze Sonnenbrille und erwartet Bestätigung. Ich ignoriere ihn. Dann fährt er die Stützbeine des Lkws aus. «Sonst kriegt der nich genug Halt auf dem Scheiß Acker hier.» Als Nächstes deutet er mit seinen Wurstfingern nach oben und plärrt Richtung Hans: «Hol die Araber ma runter, die müssen mir die Schläuche hochtragen. Und dann geben wir mal richtig Vollgas hier.»

Der Typ ist vielleicht Ende 30 und hat ein feistes Gesicht mit speckiger Babyhaut ohne jeden Bartwuchs.

«Hey, Hans, wieso spielt der sich hier so auf? Ist ja widerlich!»

«Dat sind die Betonfahrer und Pumper, die sind alle bekloppt!»

Die Araber haben sich inzwischen mühselig die unhandlichen Schläuche über die Schulter geschmissen und werden von Jimmy zurück nach oben kommandiert. Dann gibt er – die Zigarette im Mundwinkel – dem Pumpenfahrer Anweisungen, wie er seinen Kranarm auszurichten hat. Der verzieht natürlich das Gesicht.

Hans packt der Tatendrang.

«Komm, Nick, nimm ma den Schlauch.»

Zack! Auf einmal habe ich selbst so ein ausgerolltes Fünf-Meter-Ding auf der Schulter und laufe mit Hans, der sich mit seiner freien Hand noch schnell einen Eimer voller Steine greift, durch den engen Treppenaufgang nach oben. Dort liegen die Schläuche schon ausgebreitet wie gigantische Schlangen.

Der Betonpumper stapft uns gemächlich hinterher. Ein Steuerungskasten hängt ihm vor dem mächtigen Bauch. Er verbindet alle Schlauchteile bis hin zum Kranarm mit Metallschellen.

«Dat soll alles vollgepumpt werden, oder wat? Da muss ich erst noch ein Stück höher mit dem Pumparm.» Und zu Hans und mir sagt er dann in kumpelhaftem Flüsterton: «Hoffen wir ma, die Alis kriegen dat hin.»

«Jetzt reiß dich mal zusammen!», erwidere ich sichtlich genervt.

Er reagiert nicht weiter und beginnt an den Knöpfen und Schaltern seines Steuerungskastens herumzuspielen. Langsam fährt der Kranarm vor dem Gerüst nach oben aus.

«Stopp! Scheiße! Das passt nicht!», schreit Hans, der gesehen hat, dass die nächste Lage des Gerüsts im Weg ist.

«Die Bohlen müssen raus», wirft jetzt Jimmy ein.

«Ja, Jimmy, aber darauf stehen die Rahmen, die kannst du nicht einfach rausnehmen.»

«Kein Problem, Nicholas», lacht er mir entgegen. Sein Gesicht ist in Zigarettenrauch gehüllt. «Tony, geh mal in den Bauwagen und hol die Flex!»

Jetzt ist auch der erste Betonmischer eingetroffen. Am Fahrerhaus des Lkws weht eine mit Beton besudelte Deutschlandfahne, und aus meiner Vogelperspektive glänzt die Glatze des Fahrers in der Sonne wie Gold. Da stehen sie nun nebeneinander, die beiden Beton-Jungs in ihren neonorangenen Latzhosen und schwarzen Sonnenbrillen. Gehässig schauen sie mit verschränkten Armen nach oben. Wahrscheinlich reißen sie gerade Witze über die «Alis».

«Gib mal her», greift Hans nach der Flex, die Tony noch in der Hand hält. Ich bin gespannt.

«Und jetzt, Hans?»

«Wir schneiden die Querverstrebung vom Rahmen raus, wat sonst? Die Bohlen müssen doch wech, ne? Machen wir immer so. Nur die Gerüstfirma findet dat nich so gut.»

«Aber ihr könnt doch nicht einfach ... Ach, vergiss es.» Hans grinst und fängt an.

Ich halte mir die Ohren mit den Fingern zu, während die anderen sich von dem krachenden Lärm beinahe angezogen zu fühlen scheinen. Wie auf einem Konzert steckt sich die ganze Truppe genüsslich eine Zigarette an.

Nie wäre ich auf die Idee gekommen, die Verstrebung einfach durchzuschneiden. Aber es spart Zeit und solange es die Gerüstfirma nicht merkt, auch Geld! Man lernt auf dem Bau schnell, gewisse Handlungen einfach nicht zu hinterfragen.

Alles ist ausgerichtet und der Betonmischer bereit. Schläuche in Position. Wir fangen in der hinteren Ecke des Raumes an. Michael hat sich einen Gurt um den Hals gelegt, in dem der Schlauch hängt. Mit beiden Händen biegt er ihn zum Boden. Zwei Meter dahinter steht Joe und packt mit an. Mohammed und Tony haben Abzieher in der Hand, um den Beton direkt zu verteilen und glatt zu ziehen. Jimmy steht rauchend im Türeingang.

«Weiter nach hinten, Michael! Joe, du musst mitlaufen! Und hebt den Schlauch mal richtig hoch!», befiehlt er.

Der feiste Betonpumper hat seine Hände wieder an den Steuerschaltern und steht breitbeinig neben mir.

«So, Jungs. Jetz ma festhalten hier. Jetz lassen wir's spritzen!»

Sein aufgesetztes Lachen nervt mich ungemein. Und das

soll ich noch den ganzen Tag ertragen? Ausländerwitze und schmieriges Sexgequatsche. Oh Mann.

Dann geht ein heftiger Ruck durch den Schlauch, und Michael wird regelrecht nach hinten gestoßen. Eine Beton-Fontäne ergießt sich in hohem Bogen unkontrolliert auf Mohammeds Hose und Gummistiefel.

«Halt fest, Michael!!!», brüllt er panisch.

Jimmy dreht sich in Richtung Pumper: «STOPP! Das muss flüssiger!»

«Wat isn los? Dat war nich mal volle Kanne. Also flüssiger, ja? Ich bin nur der Pumper», heuchelt er seine Unschuld.

«BOAH» ist das Einzige, was ich als Kommentar herauskriege.

Er fummelt an seinen Knöpfen herum und kann so die Mischung anscheinend flüssiger machen. Die Aktion gerät trotzdem zur Katastrophe. Die Truppe verhält sich, als ob sie das zum ersten Mal macht. Der Beton wird in verschiedene Richtungen gepumpt. Mohammed und Tony stampfen unkoordiniert im frischen Beton herum und ziehen ihn nicht schnell genug glatt. Jimmy übernimmt.

«Gib her, Michael. Du musst das anders machen.»

Darauf hat das Pumper-Arschloch nur gewartet.

«Willste auch so 'nen Pussystrahl, oder willste wat für echte Männer?»

«Mach für echte Männer!», lässt sich Jimmy provozieren.

Ich ahne Schlimmes. Jetzt kommt der Beton mit voller Wucht rausgeschossen. Der Strahl knallt mit solch einem Druck auf den Boden, dass er den halben Raum vollspritzt.

«Jimmy, Mann, pass doch auf! Die ganze Wand ist versaut! Peter kriegt die Krise!», versuche ich noch einzugreifen. Aber Jimmy nimmt in seiner Hektik nichts mehr wahr. Es musste ja so kommen. Männlichkeit beweisen, was für ein Scheiß.

In einer Ecke wird langsam schon ein ganzer Haufen Beton hart, während die anderen verzweifelt versuchen, das viel zu schnell herausschießende Zeug zu verteilen. Sie sind völlig überfordert.

«STOPP! Mach dat Ding aus, Mensch!»

«Hans, endlich! Wo warst du denn? Das ist das reinste Chaos hier.»

«Hab mit Lui unten noch wat bequatscht.»

«Lui?»

«Da kommt er.» Hans zeigt mit dem Daumen über seine Schulter. «Dat is seine Firma hier, Jimmy und so.»

Ein extrem fetter Mann nimmt gerade die letzte Treppenstufe und kommt leicht gebückt auf uns zu. Sein blau-grün kariertes Hemd ist bis zur Brust aufgeknöpft. Eine Goldkette funkelt auf seinem dichten Brusthaar. Er japst nach Luft.

«Ah, du … bist Nick … nicht wahr? Hab schon … äch … viel … äch … von dir … äch … gehört», keucht er angestrengt.

Plötzlich herrscht Ruhe im Raum, und wir betrachten das Ausmaß des Beton-Unglücks. Eine halbe Stunde war genug für ein komplettes Desaster. Das hier sieht eher aus wie eine graue Mondlandschaft – und sicher nicht wie der Fußboden einer zukünftigen Luxuswohnung.

Rundherum betretene Gesichter. Nur einer grinst dumm aus der Ecke: Der Mann mit der neonfarbenen Latzhose.

«Wat is dat hier für 'ne Scheiße? *Du* wartest jetzt erst mal! Und hör auf zu grinsen!», befiehlt Lui dem Pumper. Und dann zu Jimmy: «Ah, Jimmy. Junge, wat is denn los?»

«Kein Problem, du weißt, mach ich schon.»

«Von wegen, Jimmy, guck mal, wie dat aussieht! Dat trocknet euch ja unterm Arsch weg. Und jetz dalli, dalli, verteilt dat Zeug. Hans, mach du ma.»

Wenn ich Lui so beobachte, muss ich an Marlon Brando in *Der Pate* denken. Zumindest benimmt er sich ebenso gönnerhaft und latent furchteinflößend. Sein Bauchumfang erinnert allerdings eher an Brando in seinen letzten Jahren.

«Weißte, dat is immer datselbe mit denen», meint Hans zu mir. «Die werden pro Fahrt bezahlt. Also wollen die dat Zeug jedes Mal so schnell wie möglich rauspumpen, damit se wieder abhauen können. Arschlöcher!»

Hans benutzt seinen eigenen Abzieher. Natürlich ein selbstgebautes Ding, das doppelt so groß ist wie die anderen. Mit mächtigen Schwüngen zieht er den Beton glatt. Auch ich stehe jetzt mit meinen Gummistiefeln im kalten Beton und helfe mit.

«Verteilt den Haufen dahinten. Dat is wichtig!», bringt Hans langsam Ordnung in das Chaos.

«Ja, verteilt den Haufen», wiederholt Jimmy in seinem üblichen Befehlston.

«Jimmy, lass mal jetzt!», meckert Mohammed ausnahmsweise mal.

Unten hupt ein Lkw, und der Pumper guckt aus dem Fenster.

«Dat is der Mischer, wir haben noch drei Kubik drin. Lass mich dat auch noch pumpen, dann kann der Fahrer weg.»

«Hier! Nick! Komm ma her», winkt mich Lui mit einer ausladenden Bewegung zu sich rüber. «Halt ma eben den Schlauch und lass den Rest auf die Seite fließen! Joe, fass ma mit an.»

Ich wuchte mir die «Python» über die Schulter, und natürlich knallt die Metallschelle genau auf meinen Knochen. «Ahh! Fuck Ding!» Ein Stück weiter rüber, jetzt liegt das Gummiteil auf meiner Schulter. Erst rieselt es leicht im Schlauch, dann rauscht es, und schließlich knallt der Beton heraus. Ich muss mit aller Kraft dagegensteuern und mit beiden Händen fest zupacken.

«Mensch, fahr den Druck runter! Deswegen sieht das hier auch so aus!», blökt Lui den Pumper an. Der kommt wieder mit seiner Standard-Ausrede.

«Die wollten doch ’nen richtigen Männerstrahl. Ihr müsst mir schon sagen, wie ihrs haben wollt. Ich bin nur …»

«Jaja, du bist nur der Pumper, ne? Jetzt halt mal die Fresse», fällt Hans ihm ins Wort. Der Idiot ist total eingeschüchtert. Jimmy freut sich.

Bei jedem An- und Abschalten der Pumpe durchfährt es den schweren Schlauch ruckartig. Und jeder Stoß reibt sich wie Feuer in meine Schulter. Um dieses Monstrum in eine andere Richtung zu bewegen, müssen Joe und ich kräftig ziehen und zerren. Die Reibung ist nicht weniger schmerzhaft.

Rieseln, Rauschen, *Wuuuuuusch!*, immer wieder. Endlich drückt sich der letzte Rest von dem Zeug heraus. Meine rechte Schulter fühlt sich an, als ob ich mit nackter Haut über einen stumpfen Hallenboden gerutscht wäre. Sollte ich hier nicht bloß aufpassen? Von wegen!

«Ich brauche jetzt dringend einen Kaffee und muss was essen.»

«Nick, bringst du mir einen mit? Ich bleib hier, ansonsten trocknet uns dat alles weg. Frühstück fällt aus. Ich ess nachher schnell ’ne Stulle», sagt Hans und drückt mir zwei Euro in die Hand.

«Ich komm mit, Nicholas, und hol Kaffee für die Jungs.» Immer wenn ich zu Jimmy rüberschaue, zündet er sich eine Zigarette an. Verblüffend.

«Weißdu, ich fliege nächste Woche nach Israel. Habe Häuser gekauft. Ich bin Businessman. Große Geschäfte.»

Melanie, die tätowierte Bäckerin, schaut mich fragend an und zieht die Augenbrauen hoch. Ich zucke mit den Schultern. Unsere Gesichter sind voller Betonspritzer, die Hosen total versaut, die Gummistiefel komplett beschmiert – und was erzählt der da gerade? Großes Business? Wir gießen hier Betondecken auf einer Baustelle in Berlin! Wenn ich mit Immobilien handeln würde, hätte ich sicher Besseres zu tun. Aber seit der Sache mit dem Maria-Tattoo überrascht mich nichts mehr. Und Jimmy erzählt seine Storys so unterhaltsam, dass er einem damit auch nicht auf die Nerven geht.

«Einmal im Monat fliege ich. Muss nachgucken, ob alles okay is. Alle kennen mich, Jimmy, weiß du …» Dabei schlägt er mir so heftig auf den Rücken, dass ich den frischen Kaffee auf den Asphalt spucke. Ein kurzes «Schuldigung», dann setzt er den Monolog fort. «Immer ehrlich gewesen. Wenn ich was sage, dann passiert das auch. Habe hier großes Haus in Berlin, du muss mal kommen.»

Mohammed nimmt sich einen Kaffee von Jimmys Karton und lächelt mich wissend an. Als dieser ein paar Schritte entfernt ist, sagt er leise zu mir:

«Der erzählt nur, nicht glauben.»

«Das habe ich schon gemerkt», zwinkere ich ihm zu.

«… und dann rastet Peter natürlich tierisch aus, als er die vollgespritzte Wand sieht.»

Simon verschluckt sich vor Lachen fast an seinem letzten Stück Sashimi, als die Kellnerin an den Tisch tritt.

«Hat es Ihnen geschmeckt?»

«Ja, sehr lecker wie immer. Könnten wir bitte noch einmal

den Maki-Mix Klassik und noch mal den Nigiri-Mix bekommen? Und ein Bier, bitte. Simon, du auch?»

Er nickt nur, immer noch mit seinem Sashimi beschäftigt.

Tim äugt erstaunt zu mir rüber.

«Noch 'ne Runde? Du bist ja unersättlich heute Abend, Nicholas. Aber wenn das so ist: Ich hätte gerne noch einen Umeshu.»

«Gute Idee, für mich auch bitte einen Umeshu», schließt Caro sich an.

«Since Nicholas arbeitet auf der Baustelle, er isst so much … ähm … so viel.» Grace küsst mich auf die Wange.

«Ja, nach so einer Woche auf dem Bau könnte ich ein ganzes Spanferkel verschlingen.»

«Das glaube ich dir.» Tim nimmt einen mächtigen Schluck Bier. «Also dieser, wie heißt der noch?»

«Jimmy.»

«Ja, Jimmy, der erzählt dir allen Ernstes, dass ihm in Berlin drei Häuser gehören? Unglaublich!»

«Ja, der hört nicht auf mit den Storys. Und eine ist besser als die andere. Die Krönung hat er gestern gebracht: Während Peter also wegen der Betonspritzer rumtobt und wir das Zeug einen Tag lang abkratzen müssen, meint er doch tatsächlich zu mir, er hätte sich an dem Bauprojekt am Speicher mit 50 000 Euro beteiligt.»

«Haha! Und das sagt der dir, während er den Beton von den Wänden kratzt?»

«Ja, so ungefähr. Obwohl er meistens nur danebensteht und raucht.»

Die neue Runde Sushi kommt.

«Ach ja, und dann kommt ‹Michael Jackson›. Er muss natürlich auch mal zeigen, was für ein Mann er ist, und sagt zu dem Pumper: ‹Ey, mach mal wieder Männerstrahl.› Der Beton knallt raus und alles in die Stiefel von Joe …», pruste ich nun selber los, weil ich jetzt Joes dummes Gesicht wieder vor Augen habe. «Und dann ratet mal, was alle vier Fahrer von den Betonmischern getragen haben. Neonorangene Latzhosen und schwarze Sonnenbrillen!» Jetzt fallen meinen Freunden vor Lachen fast die Stäbchen aus den Fingern.

«Oh Mann, Prost!»

Wir lassen die Bierflaschen erklingen, und ein mehrfaches *Cheers* ertönt.

«Ich merke ja selbst, wie absurd das alles klingt, wenn ich euch das so erzähle.»

«Sag mal, wie lange willst du das eigentlich noch machen?»

«Keine Ahnung, Caro. Ehrlich gesagt, im Moment macht es wirklich Spaß! Ich genieße die körperliche Arbeit. Für solches Fitness-Training geben andere Geld aus. Und mit Hans und Richie ist es großartig. Ich weiß es nicht, aber auf jeden Fall den Sommer noch.»

«But … Aber du hörst auf nach dem Sommer, Darling! Ich habe Angst, dass etwas passiert. Ein paar weeks ago hat er sich in den Finger geschnitten. That isn't funny!», sagt Grace plötzlich sehr ernst.

«Ja, das ist nicht witzig. Ist ja auch wirklich nicht ungefährlich auf so 'ner Baustelle. Ich kann Grace verstehen.» Caro löffelt sich etwas Wasabi auf den Teller.

«Solange ich nichts anderes gefunden habe, mache ich den Job. Lasst uns bitte nicht darüber streiten.» Ich nehme Grace in den Arm und küsse sie. «Everything is going to be alright.»

«Promised?»

«Ja, versprochen!» Hoffentlich, denke ich.

SCHUTZKLEIDUNG IS NICH!

Lui

«Hm, 'n Arbeitsunfall wegen fehlender Schutzkleidung? Ach, dat passiert doch ständig. Aber ich hab 'ne bessere Geschichte für dich.

Hatte mal 'n tollen Hund, Hollywood hieß der. War 'ne Mischung aus belgischem Schäferhund und Border Collie. Egal. Als der 16 Jahre alt war, konnte der nich mehr pissen. Hat große Schmerzen gehabt, die ganze Zeit gejault, weißte! Dann ham wa den in meinen Jeep gepackt und sind zum Tierarzt gefahren. Alles war gut, ich hab ihm den Kopf festgehalten, und der Arzt hat ihm die Blase geleert.

Ich lass gerade los, da kommt der Depp von Tierarzt irgendwie an die Wirbelsäule von dem Hund, und dem muss dat so weh getan haben, dat der mir vor Schreck kurz in die Hand beißt. Nichts Schlimmes, kleine Wunde, bisschen Blut. Na ja, denkste!

Wir sitzen noch nicht wieder im Auto, da schwillt meine Hand tierisch an. Meine Frau ruft noch: «Mann, Ludwig, deine Hand!»

Die Hand wird immer dicker und tut saumäßig weh. Ich sag dir, dat isn komisches Gefühl. Scheiße, dat willste nicht erleben! Ne Stunde später bin ich schon im Krankenhaus. Not-OP! Sofort! Ansonsten würde mir die Hand platzen, sagt der Arzt. Und dat glaube ich, denn meine verdammte Haut bläht sich schon auf wie 'n Luftballon. Die ham die Hand dann an drei Stellen eingeschnitten. Um den Daumen herum, hier siehste die Narben noch.

Nein, funktionsfähig ist der nur noch bedingt. Aber wenigstens hab ich ihn noch! Die Arschlöcher wollten den Daumen eigentlich amputieren. Jetzt kann ich immerhin noch wat greifen, verstehste?

Sechs Wochen war ich im Krankenhaus. Musste alles wieder neu lernen mit der Hand, Öffnen und Schließen und der ganze Kram. Aber dat Beste war: Die ham mir die Hand in der Zeit an die Leiste genäht, damit der Daumen mit Blut versorgt wird. Da haste wochenlang deine Hand fest da unten und kannst dich kaum bewegen!

Ja, klar, musste aufpassen. Sonst reißte die Fäden raus, wat denkst du denn?

Der Arzt meinte, Hundebisse sind immer übel. Nur Menschenbisse sind noch gefährlicher. Da muss meistens amputiert werden, wenn sich dat entzündet. Wennde zum Beispiel 'ne Klopperei hast und dabei einem in die Fresse haust, sollteste nicht in die Zähne geraten. Da stecken so viele Bakterien drin! Oder einer beißt dich mit Absicht, passiert ja auch mal, wa?

Du fragst aber auch 'ne Scheiße, Nick.»

Kapitel 7

Negerpause

Mittlerweile stehe ich hüfttief in diesem Erdloch.

Ich muss an die beeindruckende Ausstellung denken, die ich am Wochenende in London besucht habe. Ein Video des belgischen Künstlers Francis Alÿs zeigte 500 Freiwillige, die am Fuße einer 200 Meter hohen und 500 Meter langen Düne in Peru stehen. Sie bilden eine Linie und beginnen langsam, den Sand vor sich herzuschaufeln. So bewegen sie die gesamte Düne um etwa zehn Zentimeter. «Wenn Glaube Berge versetzt» heißt das Werk und beruht auf der Idee von maximalem Aufwand und minimalem Ertrag.

Und genau darum scheint es auch zu gehen, seit Peter zu mir sagte: «Hol ma die Schüppe! Wir müssen 'n Loch ausheben, ungefähr 'n Quadratmeter. Damit die Rohrleger die Kernbohrung durchs Mauerwerk machen können.» *Wir* heißt dann meistens *ich*.

Je tiefer ich mich in den Boden grabe, desto komplizierter wird es, den Sand aus dem Loch zu befördern. Das ständige Bücken ist wahnsinnig anstrengend, und schnell trieft mir der Schweiß nur so herunter.

«Na, schaufelste dir dein eigenes Grab?», höre ich es lachen und schaue nach oben in ein rotes Biergesicht mit fettigen Augen. Die Vorstellung, dieser verbrauchte Mann jenseits der 60 würde eine Uniform tragen und mich jetzt erschießen, ist schauderhaft.

Breitbeinig steht er am Rand der Grube und verschränkt die Arme vor der Brust: «Junge, wo is denn der Zwifka?»

«Oben, glaub ich. In seiner Hütte.» Dabei klettere ich aus dem Loch, um meine Arbeit zu betrachten.

«Dat muss noch viel tiefer.» Er tätschelt mir den Rücken.

«Ja, ich weiß.» Ich gehe einen Schritt zur Seite und löse mich von ihm.

«Junge, hol du jetz ma den Zwifka runter. Kalle! Kevin! Los, kommt! Wir gehn schon ma messen im Technikraum!»

Von Kevins «Tigerenten-Werkzeugkoffer» ist nur noch ein Rad zu sehen, das sich langsam im Wind dreht. Ansonsten trägt er das Ding wieder normal, und ich verkneife mir einen Kommentar.

Zwei Elektriker kommen vorbei. Die Rohrleger bleiben wie angewurzelt stehen. Kalle schlägt Kevin auf den Oberarm: «Ach, nee. Guck ma, 'n Neger!»

Haben die etwa noch nie einen Schwarzen gesehen? Und es kommt noch schlimmer. Als die Elektriker in Hörweite sind, ruft der aufgedunsene Chef: «Ey du, warste am Strand? Schön Farbe gekriegt!»

Alle drei lachen lauthals, und süßlicher Alkoholgeruch weht mir aus den bereits am Morgen angefeuchteten Kehlen entgegen. Während ich noch mit Fremdschämen beschäftigt bin, marschieren die Elektriker unbeirrt an den drei Spaßvögeln vorbei in Richtung Technikraum. Oh nein, wollten die Rohrleger da nicht auch hin? Hoffentlich geht das gut.

«Dat is Franz, der Chef», meint Peter oben in der Hütte zu mir. «Jaja, ich weiß, der macht gerne seine Witzchen. Die Elektriker hab ich eigentlich erst nächste Woche erwartet. Da muss noch 'n Durchbruch gemacht werden. Ich zeig dir dat kurz.»

Während Peter mit mir redet, versuche ich den Hump von meinem Fuß abzuschütteln.

«Aus jetzt, Hump! AUS!» Doch mal wieder wird das riesige Vieh immer wilder, je lauter man es anbrüllt. Ich kann meinen Fuß losreißen, aber schon packt der Hump meinen Arm. Seine Kraft immer noch unterschätzend, zieht der junge Hund daran wie an einem Stock. Langsam gerate ich in Panik. «HUMP!!! AUS!!!», versuche ich es noch mal.

Erst jetzt begreift Peter, dass das hier nicht mehr lustig ist.

«AUS JETZT!», schreit er, dass es mir durch sämtliche Glieder fährt. Dabei hält er Zeigefinger und Daumen in die Luft und macht eine Drehbewegung aus dem Handgelenk. Als der Hump das sieht, lässt er sofort von mir ab und verschwindet mit eingezogenem Schwanz in Peters Bude.

Wow, wie häufig muss er dem armen Hund das Ohr umgedreht haben, dass der so extrem auf eine Fingerbewegung in der Luft reagiert?

«Das hat er sich gemerkt, was?»

«Oh ja. Wenn der nich aufhört, dreh ich ihm dat Ohr um. Dat können die Hunde nich haben. Dein Arm is okay, ja?»

«Ja, ist okay, war nur der erste Schreck. Eine kleine Schürf wunde, sonst nichts. Der braucht ein bisschen mehr Auslauf, glaube ich.»

Im Technikraum herrscht gereizte Stimmung. Die Luft knistert förmlich. Rohrleger und Elektriker stehen auf ein paar Quadratmetern beisammen. Durch den offenen Kabelschacht in der Mitte ist es noch enger. Zwei Scheinwerfer auf dem Boden erhellen den kalten, feuchten Raum nur schwach.

Als ich dazukomme, streiten die Handwerker gerade darüber, wer an welcher Position seinen Kasten anbringen kann. Eine Ecke bedeutet mehr, die andere weniger Arbeitsaufwand.

«Wir müssen oben noch die Kernbohrung machen, und dann kommen wir dort raus. Also muss der Kasten hierhin. Junge, dat muss so», argumentiert Franz. Offensichtlich nennt er nicht nur mich «Junge». Dabei ist der Elektriker vor ihm locker Anfang 40.

«Aber das ist zu eng. Wir brauchen mehr Platz!»

Peter geht klärend dazwischen: «So, dat isn kleiner Raum, dat wissen wir jetzt alle. Also seht zu, dat ihr euch einigt. Die Rohre können nur hier runter, also muss euer Elektrokasten auf die andere Seite, Maik.»

«Dann müsst ihr aber den Durchbruch weiter rechts machen. Mbedege, nimm mal das Maß von der Wand bis zum Schacht.» Als Maik seinen Satz beendet hat und sein Lehrling sich zum Messen in die Ecke kniet, kann ich bereits das gedämpfte Gackern von Franz und Co. hören.

«1,80 Meter.»

«Dann markier mal bei 50. Peter, dann geht ihr da durch.»

Wie aus dem Nichts spüre ich die warme Hand von Franz patschend auf meiner.

«Junge, wann machst du denn dat Loch fertich?»

Ich gehe auf Distanz, weil mir der wiederholte Körperkontakt unangenehm ist. Mein Bruder hat einmal eine passende Bezeichnung für Männer erfunden, die ihre Homosexualität jahrzehntelang unterdrücken, und ihre Neigung erst im Alter ausleben. Er nennt sie «altersschwul». Ist er das vielleicht, dieser Franz? Altersschwul?

«Also Peter, erst den Durchbruch machen, oder erst das Loch zu Ende ausheben?»

«Erst dat Loch.»

«Wir brauchen sowieso noch Zeit, um die Kabel aus Morgans Apartment in den Technikraum zu ziehen», meint Maik zu mir. «Es reicht, wenn du den Durchbruch vor morgen Mittag fertig hast.»

Ich will gerade den Raum verlassen, da tupft Franz Peter auf die Brust und stellt fest: «Alles klar, so machen wir dat. Unser Kasten da hin und die Kernbohrung heute Nachmittag, wenn er dat Loch feddich hat!» Und kurz bevor er sich wegdreht: «Und nich dat ihr den da», dabei zeigt er auf Mbedege, «hier in der Dunkelheit vergesst!»

Maik und ich sind sprachlos, während Franz, Kalle und Kevin beim Rausgehen gellend lachen. Es klingt wie Hundegebell.

Ich warte darauf, dass Peter irgendetwas sagt. Aber zu meinem Entsetzen stelle ich fest, dass auch er ein dummes Grinsen im Gesicht hat.

«Wat macht man eigentlich so als Künstler?»

«Tja, es gibt Künstler, die machen eigentlich das Gleiche wie ihr. Nur dass die Kunstwelt es dann Performance oder Installation nennt.»

«Wat meinste?»

«Wenn du da oben stundenlang die Steine zurechtsägst und das Wasser und der rote Staub sich überall im Raum verteilen, könnte das eine brillante Installation sein. Man müsste dazu nur noch einen theoretischen Text verfassen und das

Ganze in einen White Cube, also eine Galerie, verfrachten. Das ist vielleicht etwas vereinfacht dargestellt, aber so ungefähr läuft das ab.»

«So is dat wohl.»

«Slominski zum Beispiel. Es gibt eine Arbeit, bei der er eine Straßenlaterne ausgraben und von einem Bagger anheben lässt, nur um von unten dann einen Fahrradreifen um den Fuß zu legen. Danach wird die Laterne wieder eingegraben.»

«Also is dat ein Reifen um 'ne Laterne? Is ja toll!»

«Ja, aber von unten gestülpt, verstehste?» Ich blicke in fragende Gesichter. «Der ist auch mal auf die Idee gekommen, eine Leiter horizontal in einen Ausstellungsraum zu tragen. Also lässt er Maurer kommen. Die brechen die Wand auf, so dass er mit der Leiter quer vor der Brust hindurchlaufen kann. Dann mauern sie das Loch wieder zu. Es geht dabei natürlich ums Konzept.»

«Was für ein Scheiß, Mann!» Richie klopft von außen an die Fensterscheibe, um Melanie zu signalisieren, dass sie uns noch Kaffee nachschenken soll.

«Oder in Mexico City kehren ein Dutzend Straßenfeger durch die Stadt, bis der Haufen Müll vor ihnen einfach zu groß wird, um weiterzumachen. Das Video habe ich erst letztes Wochenende in London gesehen.»

«Und mit sonnem Blödsinn verdient man Geld?»

«Ja, Hans. Manche verdienen Millionen.»

«Mann, Richie, wir zwei inner Kunst, wat?»

Am Nebentisch knacken die Kronkorken.

«So, hoch die Tassen! Der Alte is endlich wech», prosten sich Kalle, Kevin und Günther zu.

«Kennste dat ‹King George› in Schöneberg an der Grunewaldstraße?», meint Kalle zu Kevin.

«Nee, Kalle, kenn ich nich. Wat is dat?»

«En Puff! Kevin, da musste ma hin. Dat is wat für dich, Kleiner. Gangbang für 79 Euro! Von 11 bis 15 Uhr, schön übern Mittach. So lange du kannst. Oder nimmst dat All-Inclusive-Paket: 99 Euro mit Saufen!»

«Hast du da in der Nähe nich ma gearbeitet?», fragt Kevin.

«Und? Wat haste genommen? Gangbang oder mit Saufen?», platzt es aus Günther raus, und alle fangen an zu lachen. Richie wiehert neben mir: «Dat is 'ne Welle!»

«Dat geht euch 'nen Scheißdreck an! Los, Kleiner, hol noch ma 'ne Runde!»

Die Sonne brennt mir auf den Kopf, während der Rest meines Körpers von feuchtem Sand umgeben ist. Diesen verflixten letzten halben Meter auszuheben ist äußerst kraftraubend. Das Frühstück aus Riesensandwich, Kuchen und zwei großen Tassen Kaffee liegt mir schwer im Magen. Mein Gesicht befindet sich jetzt auf Höhe der Grasnarbe, und jeder Windstoß treibt mir den Sand in die Augen. Ich spähe aus meinem Schützengraben über den weiten Platz.

Der Friseur-Salon wirkt ungewohnt lebendig, durch die geöffnete Tür sieht man die Kundschaft mit Dauerwicklern auf dem Kopf. Zwei Frisörinnen sitzen aufgeplustert in ihren Liegestühlen und rauchen genüsslich in der Frühlingssonne. Überall gesellen sich Farbtupfer in das bislang so triste Bild dieses grauen Vorplatzes, langsam spielt sich zartes Grün in den Vordergrund. Die ersten Sonnenschirme schmücken die Balkone, und in den Blumenkästen blühen die Tulpen und Narzissen bereits in voller Pracht. Der Sommer rückt näher.

«Richie, kommst du mit zur Kantine?»

«Wat gibt's denn heute?»

«Fisch.»

«Boah, nee! Hab mich am Wochenende überfressen mit Hornhecht. Warn anner Ostsee.»

«Hornhecht? Nie gehört. Schmeckt der?»

«Ess ich immer. Dat is der mit den grünen Gräten. Mann, kennste doch? Da spuckt man 'n bisschen. Hatte aber zu viel davon!»

In der Ferne sehe ich Kalle und Kollegen vor der Bäckerei.

«Die sitzen da schon wieder! Jeder mit einem Bier! Unglaublich, oder?»

«Manche saufen halt immer. Früher haben alle gesoffen. Ich hatte mal 'nen Kollegen, der hat sich ständig so hart einen hinter die Binde gekippt, dass er nach Feierabend gleich auf der Baustelle gepennt hat. Der Chef hat den dann morgens direkt vom Sandberg zum Mauern geschickt! Dat waren noch Zeiten!»

«Da muss man aber schon Alkoholiker sein, um noch arbeiten zu können?»

«Klar, wat denkst du denn! Wir hatten auch mal einen, den Udo, der hat nach der Arbeit vor seinem Haus geparkt und sich im Auto immer erst fünf, sechs große Pils reingezogen, bevor er rein is zu seiner Alten.»

«Ist ja Wahnsinn.»

«Ja, aber dat Beste is», jetzt kichert Richie los, «dat die Alte immer am Fenster stand und beim Warten 'ne halbe Pulle Jägermeister geleert hat! Ach, der Udo! Super Typ! Lebt leider nich mehr, hat sich totgesoffen.»

Schmunzelnd gehe ich zu meinem Fahrrad, um mich auf den Weg zur Kantine zu machen. Blitzartig kommt der Hump aus dem Treppenhaus geschossen und Peter im Laufschritt hinterher.

«Wir kommen mit! Hab mir auch ’n Fahrrad besorgt. Damit die Töle mehr Bewegung kriegt.»

Es dauert keine Minute, da hat der Hump ein neues Spiel gefunden. Meine sich auf den Pedalen drehenden Schuhe scheinen seine bissige Schnauze magisch anzuziehen.

Ich trete den Hund heftig weg, aber er kommt in vollem Tempo wieder von der Seite und stößt mich fast vom Rad. So schnell ich auch fahre, der Hump hält mit. Laut knurrend jagt er neben mir her und attackiert immer wieder meinen Fuß. Die Passanten bleiben entsetzt stehen. Wahrscheinlich sieht es für Außenstehende gefährlich aus. Ich nehme es mit Humor. Erst als wir die Hauptstraße erreichen, lässt der Hump von mir ab und wartet mit heraushängender Zunge auf Peter. Der Depp ist die ganze Zeit seelenruhig hinter uns hergefahren.

«Das musst du dem Hund abgewöhnen, Mann!»

«Ach was, ist doch gut. So wird der seine Energie los.»

Seitdem jagt der Hump Schuhe auf Fahrradpedalen. Manchmal ist er hinter Peter her, aber meistens bin ich das Opfer.

Mit der großen Makita in der Hand betrete ich den Technikraum.

«Nicholas, Hallo», stelle ich mich vor.

«Hi, Mbegede.»

«Ich wollte mich für die Idioten entschuldigen …», erkläre ich, als Mbedege mich in breitem Berlinerisch unterbricht.

«Schon jut, lass ma. Ick bin dat jewohnt. Is überall am Anfang so, dat hört dann wieder auf.»

«Woher kommst du eigentlich?»

«Berlin, hört man dit nich? Bin hier geboren. Meine Eltern kommen aus Ghana.»

In dem Moment knallt oben der Kernbohrer in die Decke, und wir verstehen unser eigenes Wort nicht mehr.

«Willst du auch Kopfhörer?», brülle ich ihn an und deute dabei mit beiden Händen auf meine Ohren. Er nickt. Als ich mit dem zweiten Gehörschutz wiederkomme, laufen Franz und Günther gerade an Mbedege vorbei und unterhalten sich übertrieben laut.

«Ey, Günther. Wat is 'n Neger inner Sauna?»

«Ha, den kenn ich! Kacke am Dampfen!»

«Was für armselige Gestalten», sage ich zu Mbedege, als die beiden verschwunden sind.

Die Wand ist nicht sehr dick, aber die Position unten in der Ecke entnervt mich. Erst das Erdloch ausheben und jetzt auf dem kalten Betonboden knien und den Durchbruch machen. Zudem dröhnt von überall her Lärm. Über mir machen die Schnapsdrosseln ihre Kernbohrung, der Elektriker bohrt die Halterungen für die Sicherungskästen an, und ich hämmere auf die Steine ein. Plötzlich tropft es verdächtig von der Decke.

Mbedege kann sich mit einem Sprung von der Leiter gerade noch retten, da kommt der Kernbohrer geschossen und rammt sich durch alle bereits installierten Kabel. Das rausgebohrte Betonstück kracht auf den Boden, Kühlwasser platscht hinterher.

«Oh Scheiße!», höre ich Kevins Stimme von oben.

«Seid ihr total bescheuert oder wat?», schreit Mbedege.

«Was ist denn los da oben?», schließe ich mich an.

«Wartet. Wir kommen runter», lallt Kevin durch das Loch.

Als Kalle und Kevin den Technikraum betreten, riecht es wie im Schnapsladen. Der unangenehme Gestank macht sich sofort im ganzen Raum breit.

«Da lässt man dich 'ne Minute alleine, Mann!», ranzt Kalle seinen Kumpel an.

«Jiep», antwortet Kevin, der sich nur noch schwankend auf den Beinen halten kann.

«Der ist ja sturzbesoffen!», poltert Peter rein, «seid ihr eigentlich bekloppt?»

«Wat macht ihr Idioten hier?» Jetzt sind auch Franz und Günther hereingeplatzt.

«Scheiße», murmelt Kalle, und Kevin steht stumm mit knallroter Saufbirne daneben.

Dann fingert mir Franz wieder auf der Schulter rum, und diesmal – auch durch die Aktion zuvor – platzt mir der Kragen: «Jetzt hör doch mal auf, an mir rumzufummeln – JUNGE!»

Franz guckt ganz erschrocken, nimmt seine Hand von meiner Schulter, sagt aber nichts. In diesem Moment kommt der Chef der Elektriker dazu und bricht das unangenehme Schweigen.

«Das kann ja wohl nicht sein, dass die beiden hier besoffen rumhantieren und einer meiner Mitarbeiter fast von dem Betonklotz erschlagen wird!»

«Reg dich ab, Junge!», schnaubt Franz zornig. «Is doch gar nix passiert!»

«Unglaublich!», flucht Maik immer noch zu Recht, wie ich finde.

«Dat kommt mit auf deine Rechnung, Franz! Und die Extra-Arbeitsstunden von den Elektrikern auch! Is klar, ne? Und sorg dafür, dat die beiden nich mehr so viel saufen! Sonst passiert noch richtig wat!»

«Is klar, Peter. Wat 'ne Sauerei!»

Niemand geht darauf ein, dass hier zwei tierisch Besoffene um Haaresbreite einen schweren Unfall verursacht hätten. Was mich allerdings kaum wundert, seit Richie mir erzählt hat, dass Peter und Franz alte Kumpels sind.

Günther nimmt Kevin beim Rausgehen ruppig in den Arm: «Mensch, wat machst du denn fürn Scheiß?»

Draußen posaunt Franz halblaut in die Runde: «Wat 'ne Aufregung! Ich mach jetzt erst mal 'ne Negerpause!»

Dann läuft er mit schnellen Schritten aufs Fliegenschmidt-Klo zu.

«Nee, der meint damit doch bitte nicht …?», frage ich Kalle entgeistert.

«Na klar, wat denkst du denn? Scheißen gehen! Nen Neger abseilen! Du kennst ja echt gar nix!»

«Boah, seid ihr kaputt.»

Wo bin ich hier nur gelandet!

SCHUTZKLEIDUNG IS NICH!

Nick

Als ich abends nach der Arbeit aus der Dusche komme und mich abtrockne, sind plötzlich überall Hautfetzen am Handtuch. Leicht panisch schaue ich an mir runter. Meine Hände! Die Haut löst sich nicht nur ein bisschen ab, sondern in ganzen Stücken! Besonders die Fingerkuppen und Handflächen sehen besorgniserregend aus.

Wir hatten – wie seit Tagen – ausschließlich gemauert und verputzt. Nichts Besonderes eigentlich. Am nächsten Morgen sind meine Hände dann gerötet und brennen. Auf der Baustelle frage ich Richie.

«Schau dir mal meine Hände an! Weißt du, was das ist?»

Er wiehert wie ein Pferd.

«Ja, klar! Wir nennen dat Maurerkrätze. Hatten wir alle schon mal. Dat geht wieder wech.»

«Maurerkrätze? Wie jetzt?»

«Deine zarten Händchen sind die harte Arbeit wohl nich gewöhnt, wat? Nee, Spaß beiseite. Hättste besser Handschuhe tragen sollen.»

«Hat doch keiner von euch! Und wir haben alle die gleichen Sachen angefasst.»

«Erstens sind deine Hände dat nicht gewöhnt, und zweitens haste bestimmt nasse Pfoten gehabt.»

«Und woher kommt das jetzt?»

«Mit Zement an den Fingern is ja kein Problem. Aber in

Verbindung mit Wasser reagiert dat Zeuch. Ich hab nie nasse Hände, Hans auch nich. Wenn der Zememt trocken aufer Haut is, kannste den ganz einfach abklopfen. Aber dat lernste noch mit den Jahren, wa? So, und jetzt hol dir Handschuhe!»

Mit den Jahren? Was glaubt der eigentlich?

Kapitel 8

Dachdecker im Rückwärtsgang

Die erste geheimnisvolle Zeichnung fällt mir auf der Steinpalette vor dem Haupteingang ins Auge. Die Folie mit dem blauen UNIKA-Schriftzug ist weggerissen, und seltsame Linien und Kreise sind mit Bleistift auf den weißen Kalksandstein gekritzelt.

Im Laufe des nächsten Tages sehe ich ein schraffiertes Rechteck mit undeutlichen Zahlen und darunter gekreuzten Strichen an dem roten Klinker am Treppenaufgang. Wenig später entdecke ich Wege wie auf einer Landkarte, die mit einem spitzen Gegenstand in den Sand gemalt sind. Das geht seit einiger Zeit so. Ich finde merkwürdige Hieroglyphen auf Holz, Wänden und Fußböden. Sogar an der Innenseite der Fliegenschmidt-Klotür sind tangierende Geraden auf das Plastik gezeichnet.

Derweil herrscht reger Betrieb auf dem Bau. Die Dachdecker Ronny, Eberhart und Hartmut sind angerückt. Sie haben ihren Dachdeckeraufzug an der Südseite des Speichers installiert, um Dämmplatten und die ersten Zinkbleche nach oben zu transportieren. Seit Tagen rattert er auf und ab.

Peter hat auch die Truppe von Lui noch einmal engagiert. Jimmy und seine Leute wuseln jetzt überall herum. Tony und Michael sollen diesmal die Container vor dem Speicher mit Bauschutt füllen. Eine Arbeit, die offenbar permanent zu erledigen ist. Seit ich hier bin, wird auf der Baustelle ständig neuer Schutt produziert. Mir ist nur nicht klar, ob das normal oder Peters chaotischer Organisation geschuldet ist. Die anderen Araber befördern Kalksteine für die Maurer vom Erdgeschoss in die verschiedenen Etagen. Hans hat inzwischen begonnen, die Innenwände der Wohnungen hochzumauern.

Zur großen Erleichterung von Jimmy und Co. hat Boss Lui einen kleinen Lastenlift besorgt. So haben wir nach Monaten ohne Aufzug nun gleich zwei auf der Baustelle. Wäre es nach Peter gegangen, hätten die Jungs die schweren Steine einzeln nach oben schleppen müssen.

Hans und ich arbeiten zusammen im dritten Stock. Ich sorge für ausreichend Nachschub an Mörtelkleber und Steinen, die Jimmy und Mohammed unter größter Anstrengung in der Ecke auf einer Palette gestapelt haben. Wenn nötig, muss ich die Steine an der Säge auf Maß schneiden.

Wir stehen vor der fast fertigen Mauer, und ich reiche Hans die Steinblöcke hoch auf sein improvisiertes Gerüst aus gestapelten Kalksandsteinen und Holzbrettern.

«Was wiegen die Dinger eigentlich?»

«25 Kilo. Und sind genau 25 mal 25 Zentimeter.»

Fachmännisch hakt Hans die Griffhilfe für die Steine in die dafür vorgesehenen Löcher.

«Rühr noch ma ’n bisschen Kleber an für die letzte Reihe», ruft er mir zu, während er den 25-Kilo-Block mit einer Hand kopfüber auf die Mauer hebt.

Ich drehe mich um und sehe im Augenwinkel, wie Eberharts Kopf auf dem Weg nach unten im Treppenhaus verschwindet. Als ich mich wieder dem Kleber zuwenden will, halte ich kurz inne. Moment, irgendetwas war an der Szene eben seltsam.

Ja, klar! Warum schaue ich dem Typ denn in sein bärtiges Gesicht, wenn er die Stufen *nach unten* geht?

Ich renne schnell zur Treppe, lehne mich über das Geländer und beobachte, wie Eberhart tatsächlich rückwärts im Schneckentempo stufenweise herunterhumpelt. Dabei umgreift er fest den Handlauf und rutscht diesen, seinem Schritt folgend, herunter. Er hat etwas von einem angeschlagenen Chuck Norris, der seinen letzten Kampf brutal verloren hat.

Jimmy hat mich beobachtet und kommt dazu: «Was machs du?»

«Schau selber.»

Er blickt nach unten und schüttelt ungläubig den Kopf: «Ach, spinnen alle aufm Bau!» Und dann an Hans und mich gewandt: «Alle Steine für hier sind jetz oben. Hans und du, könnt ihr kurz unten helfen? Wir müssen den Container verschieben!»

«Warte mal. Was meinst du damit? Container verschieben?»

«Der kleine Aufzug für die Steine muss auf die andere Seite. Der Container is im Weg. Kommt mit!»

Dann macht Jimmy mit seinem Arm eine Winkbewegung und läuft voraus.

«Dat hab ich heut Morgen schon gesehn, dat dat 'n Problem gibt. Bestimmt ham die Idioten auch schon Schutt drin», grummelt Hans, als wir fast unten sind.

«Sind dir auch diese Zeichnungen aufgefallen, die hier überall sind?», frage ich den Riesen und deute dabei auf die Striche am Klinker.

«Ach, die Kritzeleien von dem Architekten meinste? Bisschen bekloppt, wa?»

«Vom Architekten? Und wieso sollte der hier überall rumkritzeln?»

Hans kommt nicht mehr dazu, mir zu antworten, denn in diesem Augenblick treten wir aus dem Gebäude und laufen wie vor eine Wand. Die Sommerhitze verschlägt uns den Atem. Wir verstummen. Im Speicher haben wir von den seit dem Morgen rasant angestiegenen Temperaturen nichts mitbekommen. Die dicken Mauern isolieren perfekt, sodass es innen angenehm kühl ist.

Der pechschwarze Container steht in der prallen Sonne. Tony und Michael legen beim Arbeiten auch sonst nicht gerade höchstes Tempo vor, aber wenn man jetzt ihre Bewegungen in sengender Hitze beobachtet, hat man das Gefühl, jemand hätte auf Slow Motion gedrückt. Den beiden steht die Anstrengung ins Gesicht geschrieben. Vor allem Tony ist so durchgeschwitzt, als wäre er eben in voller Montur in die Spree gefallen. Der Container ist zum Glück erst wenig gefüllt.

«Na, dann wolln wa ma. Wo is eigentlich der Yeti, wenn man ihn braucht?», fragt Hans in die Runde.

Seit der Sommer in Berlin angekommen ist, dürfen wir nämlich Peters beeindruckende Körperbehaarung bewundern. Er trägt meistens nur ein Unterhemd, und die grauen Haarbüschel sprießen über Arme, Schultern und den gesamten Rücken. An den ganz heißen Tagen ist seine ultrakurze Hose in Tarnfarben angesagt, und wir haben das Vergnügen mit dem Dschungel an seinen Beinen.

«Habe ihm heute Morgen ein paar unerfreuliche E-Mails übersetzt. Danach ist er direkt abgehauen. Kommt glaub ich erst zum Feierabend wieder.»

Tony, Michael und Mohammed zerren und schieben an der einen, Hans, Jimmy und ich an der anderen Seite des Containers. Bei uns läuft es relativ leicht, während die anderen das Ding kaum von der Stelle kriegen.

«Jimmy, geh ma rüber! Die schaffen dat nicht!», befiehlt Hans, dem dieser Kraftakt Spaß zu machen scheint.

«So und nu ma los! Erst wir und dann ihr! Los, Nick!»

Ich drücke, so stark ich kann, und stoße einen Schrei der Anstrengung aus: «AAAAARGH!» Ich glaube, mir platzen gleich die Adern.

«Jalla, Jalla!», peitscht Jimmy seine Leute auf der anderen Seite an. Als Antwort erhält er nur Stöhnen und Brüllen.

Und so bewegen wir dieses schwarze Ungetüm tatsächlich in Zickzackschritten stückchenweise zur Seite. Wir alle sind erschöpft und starren uns schweißgebadet an. Jimmy steht gebückt, die Hände auf den Knien, und ringt um Luft. Da geht Hans plötzlich wieder in Stellung.

«Da fehlt noch 'n bisschen.» Er streckt seine mächtigen Arme aus, umgreift den Container und verrückt den Koloss noch um einen halben Meter. Dann geht er auf die andere Seite und wiederholt das Ganze. Dabei macht er keinen Mucks.

Jetzt stehen alle, wirklich *alle*, mit offenem Mund da. Sogar die Dachdecker am Lastenzug haben ihr Material fallen gelassen und starren Hans an.

Was war das gerade? Schwarzenegger zu besten Zeiten? Ich bin tief beeindruckt.

«Wow, Hans, Mann! So was habe ich echt noch nicht gesehen!»

«Starke Mann», ergänzt Tony ehrfürchtig.

«Ach wat. Komm Nick, wir gehen wieder rein ins Kühle.»

Vorher lädt Jimmy uns noch zum Mittag ein: «Ich mache frisch Falafel.»

Die drei Dachdecker haben inzwischen die Zinkbleche auf den Lastenzug geladen. Während Hartmut unten bleibt und den vollbeladenen Aufzug langsam nach oben rattern lässt, machen sich Ronny und Eberhart wieder auf den Weg zum Dach.

«Wahnsinn, oder? Da verschiebt der das schwere Ding ganz alleine», sage ich noch immer euphorisiert, als ich die beiden am Haupteingang treffe.

«Ach, dat is doch nix Besondres. Weißte, wir warn ma aufm Bau in Meckpomm, ne, Ronny, da hat 'n Typ auch so 'n Container zur Seite gerückt …»

«… aber der war randvoll mit Schutt! So 'n großer, roter Container war dat», beendet Ronny Eberharts Satz. Dabei streicht er sich mit Zeigefinger und Daumen, von der Nase zu den Mundwinkeln, in einer Halbkreisbewegung seinen Schnäuzer glatt.

«Ja, wie hieß denn der Kerl noch, Mann?»

«Ja, verdammt, liegt mir auf der Zunge. War so 'n Großer, Kräftiger …»

«Irgendwat mit B … Komm schon, Ronny, sach ma!»

Dafür, dass das nichts Besonderes gewesen sein soll, haben die beiden Hans vorhin ziemlich fassungslos angeschaut. Ich glaube ihnen kein Wort. Am besten, ich wechsle schnell das Thema.

«Sag mal, Eberhart, warum gehst du eigentlich die Treppe rückwärts runter?»

«Bin ma von 'nem Dach runtergeknallt, seitdem ist die Hüfte und dat Knie am Arsch.»

«Und wie lange ist das her?»

«Ach, gute zehn Jahre. Wat die Zeit vergeht! Wa, Ronny?»

«Also, entschuldige, dass ich noch mal frage, aber du läufst jetzt seit zehn Jahren Treppen rückwärts runter?»

«Ja.»

«Bist du nie auf die Idee gekommen den Job zu wechseln?»

«Nee, wieso? Ich bin Dachdecker. Wat willste machen?»

Nach dem Kraftakt mit dem Container empfinde ich die 25-Kilo-Steine fast schon als leicht. Für die letzte Reihe muss ich alle Blöcke halbieren, sodass Hans die Lücke zur Decke schließen kann. Das Sägeblatt frisst sich durch den weißen Kalksandstein, dabei spritzt mir das Kühlwasser frontal ins Gesicht. Was für eine herrliche Erfrischung in diesem Moment.

Noch vor der Mittagspause ist die Mauer fertig. Jetzt muss nur noch die letzte Ritze mit Steinwolle ausgestopft und dann verspachtelt werden. Als ich am Ende der Wand angekommen und alles fein säuberlich ausgefüllt habe, juckt meine Haut an den Händen und im Gesicht.

«Dat is die Steinwolle, musste mit klarem Wasser abwaschen. Isn Scheißzeug», erkennt Hans sofort das Problem.

«Darum hast du mich auch spachteln lassen, was?», werfe ich ihm augenzwinkernd entgegen. Das Jucken wird immer stärker. «Ich gehe mal runter zum Schlauch und danach was essen bei Jimmy und den Jungs. Frische Falafel, hört sich doch gut an. Kommst du auch?»

«Nee, lass ma. Falladingsda is nix für mich. Ich mach Mittach mit Richie, wie immer. Hab Stullen und frisches Gemüse dabei. Muss auf meine Ernährung achten.»

«Jetzt verarschst du mich, oder? Gemüse? Auf deine Ernährung achten?»

«Wieso? Ich hab immer Kohlrabi, Paprika und Möhren

dabei. Dat fettige Essen is nich gut. Und zu viel Fleisch auch nicht. Hab damit früher echt übertrieben.»

Eine leichte Brise weht den Sand unter dem verbeulten Bauwagen hindurch. Jimmy steht davor und zündet gerade mit einem Streichholz den Campingkocher und sich eine Kippe an. Ich kann die Gasschwaden aufsteigen sehen, wie sie die Realität in ein verschwommenes Bild verwandeln.

«Hey, Jimmy, also ich würde dann gerne mit euch essen. Ich geh mir nur schnell die Hände waschen.»

Ich klemme den Schlauch zwischen die Beine und versuche meine Hände und mein Gesicht mit dem lauwarmen Wasser sauber zu spülen.

«Komm, ich halt ma», steht Ronny auf einmal neben mir und nimmt mir den Schlauch ab. Endlich kann ich die juckenden Fasern richtig abwaschen.

«Was für ein unangenehmes Material, diese Steinwolle. Das juckt ja bestialisch», fluche ich und schüttele mir mit den Fingern das Wasser aus dem Haar.

«Ach wat, dat is noch gar nix. Wir mussten ma bei 40 Grad 'n ganzes Dach mit dem Zeug abdecken, weißte. Und dann immer so mit dem ganzen Arm reindrücken. Da hab ich dat Brennen noch tagelang gespürt! Aber dat Husten war noch schlimmer!»

«Wieso Husten?»

«Na, man atmet den ganzen Scheiß doch auch ein! Zwei Monate lang hab ich gehustet wie die Sau! Und dat war zu 'ner Zeit, da war die Steinwolle noch aggressiver, weißte.»

«Und die Schutzmasken haben dann auch nichts genutzt?»

«Masken? Wir sind doch keine Memmen.»

«Hm, ja, ich mach dann mal Mittag.»

Es riecht köstlich, als ich dem Bauwagen näher komme. Jimmy schwenkt eine mit knusprigen Falafeln gefüllte Pfanne über der Flamme. Aus der geöffneten Tür dringt leise arabische Musik.

Drinnen werde ich von der ganzen Truppe herzlich begrüßt, und Tony klopft mit der Hand auf einen freien Platz neben sich auf der Bank: «Komm rein.»

Der Tisch ist reichlich gedeckt. In kleinen Schälchen befinden sich Hummus, eingelegtes Gemüse und Couscous mit Tomaten, Koriander und Minzsoße. Mohammed reicht mir Fladenbrot: «Hier, nimm! Schön, dass du mal mit uns isst.» Jimmy kommt rein und lädt mir gleich die ersten drei Falafel auf den Teller.

«Gib den anderen doch auch erst mal.»

«Nein, nein. Du bist Gast. Du bekommst zuerst.»

Alle anderen nicken und reichen mir fast alle Schälchen gleichzeitig entgegen.

Jimmy macht erwartungsfrohe Augen: «Du musst das Couscous probieren. Selbstgemacht von meine Frau. Das Beste von der Welt!»

Ich genieße die herzliche Atmosphäre und bemerkenswerte Gastfreundlichkeit. Für einen Moment vergesse ich, dass ich in einem Bauwagen in Berlin sitze. Die Hitze, die Musik, das Essen – all das lässt Bilder von einer Reise nach Marrakesch vor meine Augen treten. Ich sehe das Minarett der Koutoubia-Moschee, wie es stolz über die Dächer ragt. Ich habe wieder die verführerischen Gerüche vom Marktplatz Djemaa el Fna in der Nase, und ich fühle den warmen Sand Nordafrikas auf meiner Haut.

«Schmeckt's dir?», werde ich aus meiner Fata Morgana gerissen.

«Ja, echt lecker!»

«Hier, nimm noch mehr», klatscht Tony mir noch einen Löffel Couscous auf den Teller.

«Nick, weiß du, warum Peter die Rechnung für die Bodenplatten immer noch nicht bezahlt hat?», fragt Jimmy irgendwo zwischen Paprika und Minzsoße.

«Die hat er noch nicht bezahlt? Hm, davon weiß ich leider nichts.»

«Ja, hat immer noch nicht bezahlt.»

«Tja, das ist komisch. Die Bodenplatten liegen ja wirklich schon lange.»

«Is Scheiße, weiß du. Wir kriegen kein Lohn von Lui, solange der das Geld von Peter nicht hat. Und wir brauchen Lohn, weiß du. Kannst du Peter mal fragen?»

«Klar, mach ich. Ich werde mal nachfragen.»

Am Ende der Woche finde ich mich in 25 Meter Höhe auf dem Dach des Speichers wieder. Die Aussicht auf Berlin und den Alex ist faszinierend, nur ist es immer noch zu heiß. Viel zu heiß. Die Hitze stemmt sich förmlich auf uns. In der Sonne sind es fast 40 Grad, und ich komme mir hier oben vor wie unter einem Brennglas.

Während Ronny und Eberhart auf der Halbschräge die Zinkbleche montieren, sind Peter und ich auf der sogenannten Laterne, die zweieinhalb Meter höher liegt. Niemand außer Peter weiß, warum die Dachpappe der Laterne nicht gleich zusammen mit dem Hauptdach entfernt wurde. Ich vermute, das hat er bei seiner Planung einfach mal wieder vergessen.

Jedenfalls stehen wir nun mit Schaufeln bewaffnet dort

oben und schlagen die alte Teerpappe runter. Und weil in den letzten 100 Jahren immer wieder neue Schichten aufgebracht worden sind, müssen wir uns mühsam von Lage zu Lage kämpfen. Und als ob das nicht schon ätzend genug wäre, weicht die Teerpappe in der Sonne auf und wird zu einer zähflüssigen, widerlich stinkenden Masse.

Wir schlagen die Schaufeln wuchtig unter die Pappe und biegen sie dann nach oben. Dabei knalle ich immer wieder mit der Schaufelspitze gegen unzählige Nägel, und der Rückstoß saust mir jedes Mal schmerzhaft durch meine Hand in die Gelenke. Das kann auf Dauer nicht gut sein.

Mein Blick schweift über das langgezogene Dach, auf dessen Schwarz die Hitze in Dämpfen hochsteigt wie auf einer kochenden Asphaltstraße. Bei diesen Temperaturen wirken die Farben der Welt erschöpft, wie mit einem weißen Tuch aus Licht überdeckt. Übrig bleiben nur noch matte Pastelltöne.

Nach zwei Stunden tritt meine Befürchtung ein. Ich spüre ein unangenehmes Kribbeln bis zum Ellbogen, und meine Hände sind total verkrampft. Auch der Rest meines Körpers schmerzt. An der Kante der Laterne richte ich mich auf und drücke den Rücken kerzengerade durch. Alles verspannt.

Direkt unter mir, nur wenige Meter entfernt, faltet Eberhart das Zinkblech mit einer Zange. Ich stütze mich auf dem Holzstiel der Schaufel ab, strecke meinen Kopf über den Rand und frage neugierig:

«Hey, Eberhart, da platzt ja dauernd der Lack an den Kanten ab, wenn du das faltest. Muss das so?»

Dabei rinnen mir die Schweißperlen über die Stirn bis zum Kinn und fallen von dort bedächtig, die Welt reflektierend, auf das heiße Blech, wo sie als klitzekleine Dampfwolken wieder aufsteigen.

«Ach, dat is okay. Dat sieht man nich von unten!»

Dann entdeckt Eberhart meine Schaufel, und es geht los: «Mit so Schüppen mussten wir ma auf so 'ner alten Fabrikhalle in Dresden die Teerpappe runterholen. Da warns sicher 50 Grad, und das Dach war so groß wien Fußballfeld. Da sind einem die Füße im Teer festgeklebt. Ronny war auch dabei, der hat …»

Ich lasse ihn einfach weiterquasseln und gehe zurück zur Mitte des Daches. Unfassbar, dass der immer noch einen draufsetzen muss. Und wirklich egal auf was. Wenn ich ihm erzählen würde, ich hätte gestern ein UFO gesehen, käme wahrscheinlich wie aus der Pistole geschossen: «Ach wat, dat is doch gaaaar nix. Mich ham die letztes Jahr mal entführt. Und Ronny hamse auch erwischt …»

Peter wütet neben mir mit der Schaufel. Er schlägt wie wild auf die Nägel ein und biegt große Stücke nach oben, die er dann mit bloßen Händen ruckartig abreißt. Seine fellartige Körperbehaarung schimmert durch sein klatschnasses Unterhemd. Vielleicht sollte ich heimlich ein Foto von diesem Sommer-Yeti machen und es der *Bild* als sensationelle Aufnahme von Big Foot unterjubeln.

Wir sammeln und stapeln die großen Fladen Teerpappe am Rand der Laterne und schnaufen durch. Zeit für eine kurze Pause. Peter und ich setzen uns auf die Giebelmauer und schauen auf die Spree, wo kleine Boote gemächlich vorbeiziehen. Der friedvolle Augenblick scheint mir die passende Gelegenheit, um ihn etwas zu fragen, das mich schon seit Monaten beschäftigt.

«Kann ich dich mal was fragen, Peter?»

«Klar, wat is?

«Schläfst du eigentlich jede Nacht in der Holzhütte da unten?»

«Ja, schon 'ne ganze Zeit lang.»

«Und warum? Hast du keine Wohnung oder so?»

«Ach, lange Geschichte. Letztes Jahr hat mich meine Alte rausgeschmissen. Und dann bin ich halt erst mal in die Hütte.»

«Das tut mir leid, das mit deiner Frau.»

«Drauf geschissen! Weißte, die Hütte war von Anfang an da, als Bauwagen sozusagen. Dann hat die Security-Firma gekündigt, und einer musste nachts Wache halten. Und so hat sich das halt ergeben. Irgendwann hab ich die Bude dann wohnlicher gemacht … So, jetzt lass uns aber ma lieber runter, sonst kriegen wir noch 'nen Hitzschlag.»

Wir laufen am Rand der Laterne entlang zur Leiter, die runter aufs Hauptdach führt. Das Zinkblech unter mir glänzt silbern wie die Meeresoberfläche, und wie auf einer Insel sitzen Ronny und Eberhart in ihren schwarzen Dachdeckerhosen auf der Schräge und kritzeln etwas auf die Schutzfolie. Eberhart streicht mit einem Bleistift große Kreise durch. Seine Löwenkopf-Gürtelschnalle blinkt im gleißenden Sonnenlicht, dazu weht Ronnys Matte im Südwind. Ein beinahe idyllisches Bild. Dann zeichnet Ronny etwas dazu, und beide nicken einvernehmlich.

«Ihr beide seid das also mit den Kritzeleien!», rufe ich nach unten.

«Äh, ja. Wieso? Wat is?», fragt Ronny unsicher.

«Nur so …» Und in diesem Moment verpasse ich die letzte Stufe der Leiter und rutsche ab.

«PASS AUF!», brüllt Peter noch hinter mir.

Reflexartig kralle ich mich mit einer Hand an einer gefalteten Falz des Daches fest und bekomme wieder Halt. So stürze ich zwar nicht das Hauptdach runter, aber dafür brennt sich das kochend heiße Blech in meine Handfläche.

«FUCK!»

«Musste vorsichtig sein, hier kannste Spiegeleier drauf braten. Wat meinste, warum wir hier die dicken Hosen anhaben? Ohne könnten wir gar nich arbeiten», hilft Ronny mir hoch.

Eberhart kommt dazu und hält mir seine rechte Hand vors Gesicht: «Bin auch ma abgerutscht, dat war aber viiiiel schlimmer. Da hing ich anne Kante. Bin fast bei draufgegangen. Hier, dat erinnert mich da dran.» Eine dicke Narbe verläuft in gerader Linie über seine Finger.

Ich schaue auf meine Handfläche und erkenne kleine Brandblasen. Es hätte schlimmer kommen können, aber jetzt muss ich die Verbrennung dringend kühlen. Das warme Wasser aus dem Schlauch hilft kein bisschen. Aber schon taucht Peter auf und hat eine Handvoll Eiswürfel dabei. Keine Ahnung, wo er die so schnell herhat, aber es ist eine Erlösung.

Jimmy steht an der Ecke im Schatten und raucht genüsslich seine Zigarette.

«Nicholas, was is passiert?»

«Schon okay, hab mir die Hand verbrannt oben auf dem Dach.»

«Ja, is zu heiß. Ich fliege nächste Woche nach Moskau, weiß du? Da is schön kühl.»

«Moskau?» Ich bin wirklich gespannt, was er sich nun wieder ausgedacht hat. Abgesehen davon, dass auch in Moskau gerade Hochsommer ist.

«Großes Business, Ölgeschäft. Ein Schiff nach Rotterdam bringen. Ich hör hier auf.»

«Wie? Du bringst ein Schiff von Moskau nach Rotterdam?», versuche ich ihm eine Fangfrage zu stellen.

«Nein, willst du mich verarschen? Moskau hat doch keinen Hafen, aber die Geschäftspartner sind da. Ich muss nur organisieren.»

Tony kommt dazu und ist verärgert: «Jimmy, komm jetz! Ich kann nicht alles allein machen. Der Container wird heute noch abgeholt. Los!», dann dreht er sich zu mir: «Der steht die ganze Zeit da und raucht.»

«Wo sind die anderen eigentlich?»

«Die dürfen freitags nicht arbeiten, wegen ihrer Religion. Die sind doch nie hier am Freitag.»

«Ach so. Ich dachte immer, die würden bloß eine Vier-Tage-Woche machen oder wären freitags auf einer anderen Baustelle.»

«Ich hab dir doch gesagt, ich bin Christ und Tony auch», sagt Jimmy zu mir wie ein Lehrer, der einen Schüler ermahnt. Hoffentlich zeigt er mir jetzt nicht wieder sein Tattoo!

Genervt drückt Jimmy die Zigarette an der Hauswand aus, und beide schlurfen langsam in Richtung Container. Da geht er nun, der russische Ölmilliardär!

Am Lastenaufzug der Dachdecker steht wie immer Hartmut und brüllt nach oben: «Wie viel? Wat brauchst du denn noch?»

Das ist typisch für die Dachdecker am Speicher. Sie schreien sich über die unsinnigsten Distanzen Informationen zu, die dann natürlich nie richtig ankommen. Ich möchte nicht wissen, was die Anwohner denken, wenn sie morgens um sieben dieses Gegröle ertragen müssen. Warum benutzen die keine Funkgeräte oder ihre Handys?

Etwas ist heute anders an Hartmut, aber auf den ersten Blick komme ich nicht drauf. Hatte er nicht noch vor ein paar Tagen komplett graue Haare? Warum sind Haare und

Bart jetzt so schwarz, als ob er sie mit Schuhcreme eingerieben hätte? Das ist es! Der hat sie sich gefärbt! Ich nicke ihm zu und gehe ohne Kommentar nach oben. Auch Bauarbeiter scheinen vor einer Midlife-Crisis nicht gefeit.

«Dat sieht doch von unten keiner.»

«Dat is mir scheißegal. Ihr könnt doch nicht einfach graues Silikon benutzen, obwohl ich ausdrücklich transparent gesagt hab. Guck ma, wie die Kante aussieht!», schimpft Peter mit seiner üblichen Zornesröte im Gesicht.

«Ja, aber das Transparente wird so schnell dreckig. Darum hat Cheffe uns dat Graue mitgegeben», windet sich Eberhart.

«Auf der ganzen Nordseite habt ihr das transparente Silikon verwendet. Und jetzt erzählt ihr mir auf einmal, dass dat zu dreckig wird?»

Wenn Peter so in Wallung ist, nimmt man sich besser zurück und reizt ihn nicht zusätzlich. Das hat Ronny aber offenbar noch nicht begriffen.

«Reg dich doch nicht auf, Mann. Dat sieht man echt nich von unten.»

Jetzt habe ich Angst, dass Peter ihn vom Dach tritt. Ich sehe Ronny schon mit wehender Matte fünf Stockwerke nach unten rauschen.

Und wie erwartet, rastet Peter komplett aus. Er zieht sein Cutter-Messer aus der Tasche und schneidet unter der Dachrinne entlang das ganze Silikon raus. Die Arbeit eines halben Tages.

«Ihr macht dat jetz neu und ordentlich in Transparent, sonst ruf ich euern Chef an! IS DAT KLAR?»

«Is ja gut, Mann», versucht ihn Eberhart etwas zu beschwichtigen, und ganz leise, dass ich es gerade so erahnen kann, sagt er zu Ronny: «Hauptsache, der sagt dem Alten nix.»

Die Klappe der Treppenluke hinter mir wird mit einem Knall aufgeschlagen. Der Architekt Hessel steigt langsam und sehr vorsichtig durch die Öffnung, damit sein Anzug nicht beschädigt wird.

«Hallo, Nicholas, wie geht's? Danke übrigens für die weitergeleitete Mail gestern.» Er gibt mir die Hand und steuert dann auf Peter zu.

«Was ist los hier?»

«Die ham einfach graues Silikon benutzt. Schau dir dat an.»

«Das geht auf gar keinen Fall», pflichtet er Peter bei und macht zwei Schritte nach vorn. «Und was ist das?» Er zeigt auf den Mauervorsprung und wendet sich an Eberhart und Ronny. «Das kann man da nicht so hinschmieren. Und Sie beide kommen mir jetzt nicht damit, dass man das von unten nicht sieht.» Da kennt aber jemand das Dachdeckergeschäft, denke ich mir. Die beiden gucken wie zwei kleine Jungs, die der Vater beim Rauchen erwischt hat. «Ich habe Sie beide sowieso gesucht. Haben Sie bereits einen Plan erhalten für die Abdeckbleche an den Giebelseiten?»

«Der Plan ist im Auto, aber ich kann Ihnen dat eben aufzeichnen», und auf der Stelle fängt Eberhart an, seine magischen Striche zu ziehen. Ein Parallelogramm. Zwei Senkrechten. «Also, wenn wir dat da ansetzen und an der anderen Kante falten …»

Noch können wir alle folgen. Aber als dann eine Winkelhalbierende und Kreise dazukommen und er noch Zahlen an die Seiten schreibt, verlieren wir alle den Überblick.

«Was soll das bitte? Ich werde aus Ihrer Zeichnung nicht schlau!», runzelt Hessel die Stirn.

«Wieso, is doch logisch, wir müssen genau an dieser Stelle einknicken», entgegnet Ronny dem Architekten und tippt auf die beiden Kreise in der Zeichnung.

«Okay, dat reicht jetzt. Einer von euch beiden holt jetz die Pläne», mault Peter unruhig.

«Besser, wir gehen zusammen zum Auto und entgehen der Hitze hier oben. Unten haben wir dann vielleicht alle einen kühleren Kopf», widerspricht der Architekt Peter.

Und plötzlich bin ich ganz alleine. Das dunkle Zinkdach reflektiert das Licht so stark, dass mich nur noch Schatten und Umrisse umgeben. Einzig die wirren Hieroglyphen neben mir kann ich erkennen, aber immer noch nicht verstehen.

Kapitel 9

Wüste Gobi

Ich werde genau im richtigen Moment wach, um das rote Blinken des Alex über diesem Meer aus Lichtern zu sehen und die Aussicht zu genießen. Egal wie häufig ich schon nachts über Berlin geflogen bin, jedes Mal bin ich fasziniert von den Ausmaßen dieser Stadt.

Doch so schön es hier oben ist, so ernüchternd ist die Landung in Schönefeld. Dieser Flughafen ist eine Katastrophe! Weil er so trostlos ist, aber noch viel mehr, weil er einfach zu klein ist. Vor allem beim Abflug gibt es nie genug Sitzplätze vor den Gates, die Leute sitzen und wälzen sich auf dem Boden. Aber die Flughäfen in Berlin sind ein Thema für sich.

Ich sitze im Flieger aus Brüssel. Hinter mir liegt ein ereignisreiches Wochenende mit einer Theaterpremiere und zwei Ausstellungseröffnungen. Bei einer Gruppenausstellung in Antwerpen hatte ein befreundeter Künstler eine Mauer quer durch die Galerie gezogen. An einem Ende der Mauer befand sich ein etwa 80 mal 80 Zentimeter großes Loch, durch das man hindurchklettern konnte, um auf die andere Seite zu gelangen.

Nach über einem halben Jahr auf der Baustelle sah ich diese Installation nun mit anderen Augen.

«Warum hast du an der Oberkante einen Schlitz gelassen? Und warum legst du die Steine nur aufeinander, wenn du eine Mauer darstellen möchtest?», frage ich Robin.

«Es ist doch klar, was ich meine. Außerdem hätte ich die Steine zertrennen müssen, um ganz bis zur Decke zu stapeln.»

«Ja, stapeln! Das ist genau, was mich stört. Eine Mauer braucht Mörtel. Ich könnte dagegentreten, und sie würde einbrechen. Dadurch verliere ich das Gefühl, wirklich abgetrennt zu sein. Weißt du, was ich meine?»

«Hm, vielleicht hast du recht.»

«Das nächste Mal helfe ich dir, das richtig zu mauern.»

«Du? Woher kannst du das denn?»

«Ich arbeite in Berlin seit über einem halben Jahr auf einer Baustelle. Ach, das weißt du noch gar nicht?»

«Du? Aufm Bau? Das ist ja witzig. Aber okay, dann versuchen wir das mal. In sechs Wochen geht die Ausstellung nach Gent, dann hilfst du mir. Was kostet denn das Material?»

«Der Mörtel kostet so gut wie nichts, und die kleinen Steine können wir mit 'ner Flex schneiden. Dann sparen wir uns die Miete für 'ne richtige Steinsäge. Falls du mal in Berlin ausstellst, können wir alles von der Baustelle bekommen. Kein Problem.»

Die Maschine setzt ruppig auf, und schon wenige Momente später wird die Meute hektisch. Die Leute springen auf, rempeln sich gegenseitig weg und zerren alle gleichzeitig an ihrem Handgepäck.

Immer wieder frage ich mich, was die Menschen in dieser Situation nur reitet. Es dauert noch mindestens zehn Minuten, bis die Türen sich öffnen. Und durch diese kollektive Panikattacke geht es nicht schneller. Also immer mit der Ruhe.

Ich hasse diese Billig-Fluggesellschaften. Besonders wegen diesem albernen System mit der freien Platzwahl und den sogenannten «Priority-Fluggästen». Wie die hinter der Absperrung in ihrem Extra-Wartebereich stehen und sich tatsächlich für etwas Besseres halten, weil sie zehn Euro mehr bezahlt haben. Das Beste daran sind die hochnäsigen Blicke auf die «normalen» Passagiere, während sie zuerst in den kleinen Billigflieger einsteigen dürfen. Sich einmal im Leben als VIP fühlen.

Die S-Bahn fährt mal wieder nicht. Der wievielte Streik in diesem Jahr ist das? Also schnell in den Bus Richtung U-Bahn Rudow. Vor mir in der Menge, die sich in den Bus drängelt, stehen ein paar Business-Typen, die ich aus dem Flugzeug wiedererkenne. Ich setze mich in den hinteren Teil des mit Touristen und Koffern vollgepackten Busses. Plötzlich klopft jemand von außen gegen die Glastür. Ich schaue rüber. Ach du Scheiße! Der Busfahrer wird den Kerl doch wohl nicht rein... In diesem Moment schiebt sich schon die Tür direkt vor meiner Nase auf. Und spätestens jetzt weiß ich, dass ich wieder in Deutschlands Hauptstadt bin.

Herein kommt ein vollkommen versiffter Typ, der klimpernd und klirrend einen Einkaufswagen randvoll mit leeren Pfandflaschen in den Bus drückt. Sofort macht sich ein fauliger Gestank im Bus breit. Eine Mischung aus saurem Bier und tagealtem Schweiß. Ein ranziger Flaschensammler mit seiner Tagesbeute. Die Anzugträger versuchen sich angewidert in die andere Ecke zu drängen, aber in dem kleinen und vollbesetzten Bus ist das schwierig. Und dann fängt der auch noch an zu betteln: «Ey, haste vielleicht 'n bisschen Kleingeld übrig, Alter?»

Flaschensammler sind ein ziemlich neues Phänomen. In Berlin kann man eine leere Pfandflasche ohne schlechtes Gewissen irgendwo an den Straßenrand stellen. Es dauert nie länger als ein paar Minuten, und das wertvolle Gut landet bei einem der Menschen, die wie Schatzsucher durch die Hauptstadt ziehen. Eine Glasflasche bringt acht, eine PET-Flasche 25 Cent. Oder kurz gesagt: Soziale Not entlastet die städtische Müllentsorgung.

Dabei habe ich drei verschiedene Typen von Flaschensammlern ausgemacht. Es gibt die Obdachlosen, denen man das jahrelange Leben auf der Straße schon aus hundert Metern ansieht und die meist mit großen Plastiksäcken bewaffnet die Mülleimer durchwühlen. Unscheinbarer sind jene, die sich für ihre Jagd nach ein paar Cent schämen. Sie sind durchschnittlich gekleidet und greifen erst dann in den Papierkorb oder zur Flasche im Dreck, wenn sie sich unbeobachtet fühlen. Und dann gibt es noch die Profis, wie den Typ, der mit einem umgebauten Fahrrad und einem Schild *King of Bottles* durch Kreuzberg und Neukölln cruist. Er klappert mit zwei riesigen Kisten und einem Anhänger die Szeneviertel ab und spielt dabei über einen Kassettenrecorder Musik.

Endlich erreichen wir Rudow, und ich komme raus aus dem Mief. Noch ein paar Minuten länger, und mir wären die belgischen Pommes frites von heute Mittag wieder hochgekommen.

Massenweise drängen sich Touristen aus aller Welt die Treppen runter zur U7. Zwei zierliche Japanerinnen stehen vor dem Kiosk an den Gleisen, der Verkäufer reicht ihnen zwei 0,5-l-Bierflaschen. Die Buddeln wirken riesig in den winzigen Händen der beiden jungen Frauen. Momente später rattern wir schon Richtung Hermannplatz, und ich beobachte, wie sie in zaghaften Schlückchen unser Volksgetränk schlürfen.

Ein paar Sitzreihen weiter palavert eine Gruppe Italiener laut und viel. Auch hier darf der halbe Liter natürlich nicht fehlen. Die Jungs haben schon mächtig einen sitzen, prosten sich und allen anderen im Abteil lauthals zu, rülpsen und verschütten Bier. Das ist dann wohl die vielgepriesene Berliner Liberalität, die es zu feiern gilt. Mir scheint, dass sich die Menschen in keiner europäischen Hauptstadt so gehenlassen wie in Berlin.

Station Neukölln. Mir ist heiß, ich bin todmüde, genervt und will nur noch nach Hause. Aber wie könnte es anders sein, steigt jetzt eine fünfköpfige Balkan-Kombo samt Trompeten, Saxophon und Verstärker ein.

Sie krächzen etwas Abscheuliches, das von Schnapsfahnen umweht wie *Hit the Road, Jack* klingt. Als einer der Jungs mit einem Kaffeebecher herumgeht und um Lohn für diese Belästigung bettelt, schauen die meisten verlegen aus dem Fenster. Nur die besoffenen Italiener sind happy und fangen an zu tanzen.

Ich steige am Kottbusser Tor in die U1 um und freue mich auf mein Bett. Jawohl! *Bett*, nicht Couch! Nach Monaten bei meinem Bruder habe ich nun endlich eine eigene Bude. Zur Zwischenmiete. Erst mal für zwei Monate.

Zunächst muss ich mich auf dem Weg zur Haustür aber noch durch Horden von Sauf-Touristen auf der Schlesischen Straße quetschen. Es ist die Endphase der Fußball-Europameisterschaft, überall vor den Kneipen ist Public Viewing, und es herrscht ein kollektiver Rauschzustand. Hoffentlich kann ich bei dem Lärm halbwegs schlafen. Nach einem langen Wochenende ist der Montag umso brutaler, und Peter hatte letzten Donnerstag irgendetwas von Sandstrahlen gequatscht. Na ja, ich lasse mich überraschen.

Die Sonne glitzert auf dem Wasser der Spree, dahinter liegt der Westgiebel des Speichers noch in Schatten getaucht. Zwei Autos parken davor, ein blauer Porsche 911 Cabrio mit Dresdner Kennzeichen, der aussieht, als komme er gerade frisch aus dem Werk. Daneben steht ein roter Haufen Schrott. Oder, milder gesagt, ein rostiger Opel Kadett, zugelassen in Polen.

Als ich mein Fahrrad am Ufergeländer abschließe, steigt ein dicklicher Mann in einem weißen Overall aus der Rostlaube.

«Der frühe Vogel fängt den Wurm, nich wahr? Ich bin der Rainer», begrüßt er mich und macht dabei mit Zeige- und Mittelfinger das Peace-Zeichen. Auf seiner umgedrehten schwarzen Baseball-Kappe prangt ein roter Kommunistenstern, darunter quellen ziemlich verwahrloste Dreadlocks hervor. Das gibt ihm zwar eine jugendliche Note, seinem verlebten Gesicht nach zu urteilen hat er die 40 aber wohl längst geknackt.

Teile des Bauzauns sind entfernt worden, offenbar muss da heute schweres Gerät durch. Es herrscht ein aufgeregtes Treiben, wie ich es hier auf der Baustelle noch nicht erlebt habe. Ein riesiger Kompressor wird gerade von dem Lkw, der quer vor dem Speicher steht, abgekoppelt. Zwei Arbeiter mit qualmenden Kippen im Mundwinkel laden Schläuche und Helme aus einem uralten Ford-Bus. Beide tragen den gleichen weißen Overall wie der Kerl mit den Dreadlocks. Ein giftgrünes Logo auf dem Laster zeigt drei Buchstaben: «KSD». Darunter steht in Großbuchstaben «Kietzel Sandstrahlarbeiten Dresden».

«Śpiesz się Tommasz. I przynieś wąż!»

Außer Tomasz verstehe ich kein Wort von dem, was da aus dem Walkie-Talkie krächzt. Das kleine Funkgerät baumelt an einer Kordel um seinen Hals, als er im Laderaum des Lkw verschwindet.

Rainer taucht neben mir auf: «Kurwa, Tomasz! Nicht diesen! Den Luftschlauch sollst du mitnehmen!» Dann dreht er sich lachend zu mir: «Der versteht manchmal seine eigene Muttersprache nich.» Dabei gibt er Tomasz einen Klaps auf den Arm.

Peter kommt mit einem hochgewachsenen, kräftigen Herrn aus dem Haupteingang. Der Mann trägt Bluejeans und ein weißes Jackett mit Camp-David-Emblem auf der Brusttasche.

«Das ist Nick, mein, äh, Assistent», stellt Peter mich vor.

«Hallo, Volker Kietzel.»

Das ist also der Boss. Jetzt weiß ich auch, wem der 911er gehört. Dafür hätte mir nicht einmal das dezente Porsche-Logo auf seiner aerodynamischen Brille auffallen müssen.

«Wir müssen mal eben ein bisschen Platz schaffen in der Einheit fünf am Ostgiebel, für die Kessel und den Sand von Volker. Räum ma alles in eine Ecke und deck dat gut ab mit Plane. Dat wird 'n bisschen staubig heute. Ne, Volker?»

Mal eben ein bisschen Platz schaffen? Jaja, Peter! Wie stellt der sich das vor? Die Wohneinheit fünf im Erdgeschoss steht voll. Die noch nicht eingebauten Fensterrahmen lehnen an der Mauer zur Wasserseite. Wo ich sie auch stehen lassen werde. Holzbretter und -reste liegen überall verstreut herum. Auch noch okay. Da wären eben bloß noch die 30-Kilo-Konsolen für die Balkone, die sich mitten im Raum zu einem Berg türmen. Das ist das Problem.

Als ich gerade beginne, die Konsolen in die Ecke zu den Fensterrahmen zu tragen, rollt auch schon der Lieferant für den Strahlsand an. Palettenweise lädt er die 25-Kilo-Säcke vor den Eingang am Ostgiebel. Rainer überwacht das Ganze in seinem Raumanzug, kratzt sich an den Dreadlocks und zündet sich eine Kippe an.

Am Lkw von Kietzel mühen sich derweil Rainers Kollegen – inzwischen habe ich erfahren, dass sie Adam und Pawel heißen – mit den Kesseln ab. Mit ganzer Kraft rollen sie die schweren Geräte auf die Laderampe und ziehen sie langsam über die unebene Fläche ins Hauptgebäude.

«Aaahhh, Kurwa!», flucht Pawel als sie vor dem Eingang an die Stufe stoßen.

«Soll ich helfen?», frage ich, aber Pawel guckt mich nur blöde an.

«Ja, bitte», antwortet mir dafür Adam höflich. «Entschuldige, der kann kein Deutsch.»

Deswegen muss er mich ja trotzdem nicht so dumm-grimmig anglotzen. Wir bugsieren das Ding zu dritt ins Innere.

«Da ist noch Strahlsand vom letzten Mal drin, deshalb ist der so schwer», erklärt Adam, «aber der zweite Kessel ist leer, den schaffen wir alleine. Danke.»

Der Berg aus Konsolen lichtet sich langsam. Zum Glück sind die Fenster hier noch nicht eingebaut, und so bringt der über das Wasser hereinwehende Wind angenehme Abkühlung.

Das hohe Arbeitstempo der Truppe aus Dresden ist beeindruckend, verglichen mit all den anderen Firmen der letzten Monate. Aus dem dritten Stock werden bereits die Schläuche abgeseilt, wo Adam und Pawel sie direkt mit den Kesseln verbinden.

Zu meiner Überraschung erblicke ich Volker am Fenster, wie er mit kräftigen Bewegungen die Schläuche nach unten lässt. Aha, der Porsche fahrende Chef packt also mit an. Er trägt jetzt Arbeitskleidung und hat sich ein Tuch um den Kopf gebunden.

Als ich dazustoße, steht Volker vor dem Kompressor und füllt den Tank aus einem dieser olivgrünen Benzinkanister, die ich eigentlich nur aus Kriegsfilmen kenne, wo sie meistens hinten an den offenen Militär-Jeeps hängen. Dazu passend fällt mir jetzt erst auf, dass auf seinem Kopftuch die amerikanische Flagge prangt.

Adam und Pawel tragen Sandsäcke herein und füllen damit die Kessel. Ich bin neugierig und halte kurz die Hand in den herausfließenden Sand. Grobe, schwarze Körner stauen sich in meiner Handfläche. Sie schimmern wie Kohle im hereinfallenden Sonnenlicht.

«Ganz schön grobkörnig, oder?», frage ich Adam.

«Ja, das ist ein Millimeter. Wir strahlen heute nur Stahl, dafür brauchste das.»

Während wir miteinander reden, quasselt ständig eine aufgebrachte Stimme aus den Walkie-Talkies der beiden. Es klingt, als wenn jemand auf Polnisch flucht. Plötzlich kriegen Adam und Pawel sich vor Lachen kaum noch ein. «Kurwa!», antwortet Pawel in sein Funkgerät und fügt noch ein paar Sätze hinzu, die ich nicht verstehe.

Ich schaue Adam an: «Was ist denn los? Was ist so witzig?»

Adam nimmt sein Funkgerät an der Kordel und streckt es zu mir rüber. «Das ist Rainer. Ist auf dem Klo und sagt die ganze Zeit ‹ekelhaft, ekelhaft›.» Dann drückt er die Sprechtaste und wendet sich an Rainer: «Nicht hinsetzen, hörst du? Sonst bringst uns noch Parasiten in die Wohnung!» Es folgt lautes Gelächter.

«Wohnt ihr alle zusammen, oder wie?»

«Ja. Chef hat eine Wohnung besorgt hier in Berlin. Da sind wir während der Woche. Und Freitag dann zurück. Dresden und Polen.»

«Polen? Ich dachte ihr kommt alle aus Dresden?»

«Nicht alle. Tomasz und Pawel leben in Polen. Rainer und ich wohnen in Dresden, und Cheffe ist da geboren.»

«Hey, ihr müsst dat Scheißhaus mal leeren lassen! So wat hab ich ja noch nie gesehen!», kommt Rainer angewidert in den Raum.

«Wie? Ist das immer noch nicht sauber gemacht geworden?» Ich bin schockiert.

«Nee, Mann! Die Scheiße kommt schon hoch! Und Klopapier is auch nich da. Dat geht nicht!»

«Ich habe Peter das schon vor einer Woche gesagt. Er wollte sich darum kümmern. Werde ihn gleich mal erinnern.»

«Ja, mach dat unbedingt. Ich hätt fast gekotzt eben. Dat riecht da drin ja wie bei Omma unterm Rock!»

Ich will mir gar nicht vorstellen, wie es in dem Klohäuschen jetzt aussieht. Es war vor einer Woche eigentlich schon unerträglich.

Der Kompressor startet. Die Schläuche gehen direkt auf Spannung, und ein Zischen erfüllt den Raum.

«Dat is kein Kinderspielzeug. 12 Bar is wat!» Beim Rausgehen sagt Rainer noch zu seinen beiden Kollegen: «Also passt auf eure Hände auf, sonst passiert der gleiche Scheiß wie in Cottbus.»

«Was meint er, Adam?»

«Ach, wenn die oben einschalten, zieht sich hier», dabei zeigt er auf das Innere des Kessels, «der Gummizylinder nach oben. Na ja, und in Cottbus hat ’n Kollege die Hand dazwischen gehabt. Drei Finger gebrochen.»

Dann übersetzt er für Pawel Rainers Warnung noch mal auf Polnisch. Zumindest interpretiere ich seine Gesten so.

Und zack, kippen beide den nächsten Sack in den Kessel. Ich trage unterdessen endlich die letzten Konsolen in die Ecke und betrachte mein Werk: Der Berg ist erfolgreich versetzt. Jetzt noch eine Ladung Holz wegschaffen, und ich bin fertig.

Ein unverständlicher Befehl schnarrt aus den Walkie-Talkies, und ein Sauggeräusch ertönt. Hastig werden die Deckel auf die Kessel geschlagen. Es brummt, man kann förmlich die 12 Bar im Raum spüren.

Auf einmal gibt es einen lauten, durchdringenden Knall, sodass ich vor Schreck das gerade aufgesammelte Holz in hohem Bogen fallen lasse.

«Fuck, was ist das denn? Da kriegt man ja Angst, dass einem der ganze Kessel um die Ohren fliegt!»

«Ist normal. Wenn die oben die Schaltung loslassen, entsteht da drin ein Druckausgleich», erklärt mir Adam. Und schon saugt sich der Gummizylinder wieder an, und der Druck schießt durch die Schläuche wieder nach oben.

Ich stehe draußen und hantiere mit dem Holz, da knallt es wieder unglaublich laut. Sogar hier draußen schmerzt mir der Schlag in den Ohren – und die beiden stehen direkt neben dem Kessel! Dann knallt es drinnen in kürzester Zeit zum dritten Mal. Und jedes Mal wenn sich der Druck durch ein Ventil unten am Kessel entlädt, bläst die herausgestoßene Luft auch den ganzen Sand umher. Jetzt verstehe ich auch, was Peter meinte mit «Es staubt ein bisschen». Idiot!

Ich gehe rein zu den beiden. Zumindest fragen kann ich ja.

«Ey, ihr macht euch ja das Gehör kaputt. Habt ihr keine Ohrenschützer?»

Adam reckt den Kopf vor.

«Was? Was is?»

«Ohrenschützer! Ob ihr keine habt? Ich kann euch welche holen.»

«Ach so. Nee, is schon gut. Brauchen wir nicht.»

Wieso habe ich nur gewusst, dass diese Antwort kommt?

«Whatever guys! Ich hol mir welche und schau mir den Spaß da oben mal an!»

Staubwolken schießen durch die Dachlaterne in den stahlblauen Himmel. Der Speicher wirkt von außen betrachtet wie ein Teekessel auf einer heißen Herdplatte. Es pfeift und zischt im Gebäude, und durch jede undichte Ritze tritt feiner Staub. Die Fenster im Treppenhaus fehlen noch immer, sodass große dichte Wolken herauswehen. Das muss ich fotografieren! Ich laufe auf den Vorplatz, um einen besseren Winkel für das Foto zu haben. Das Schauspiel ist wirklich beeindruckend, als ob der Speicher gleich aus allen Nähten platzen würde.

Erst jetzt wird mir bewusst, dass der gesamte Sand in Richtung Wohnkomplex weht. Ein Rentner steht fluchend auf seinem Balkon und schreit irgendetwas zu mir runter. Ich verstehe kein Wort, denn neben dem Staub verursacht das Sandstrahlen einen Höllenlärm, der den gesamten Platz beschallt. Dazu kommt, dass die Wohnungen unglücklicherweise in einem langgezogenen Halbkreis um den Speicher liegen. So wird aus dem Komplex eine Art riesiger Resonanzkörper, der den Baustellenlärm verstärkt. Man kann sich das wie ein Pingpong-Spiel vorstellen. Der Krach wird vom Speicher abgegeben und knallt gegen den Wohnkomplex, von dort wird er wieder zurückgeschleudert. Und so weiter.

Je weiter ich mich vom Speicher entferne, desto lauter nehme ich den Hall der Sandstrahlgeräusche wahr. Und ich sehe deutlich, wie die Staubwolken mehr und mehr den gesamten Vorplatz verschleiern.

Ich gehe zurück. Im Treppenhaus ist der feine schwarze Sand einfach überall. Als ich in Peters Hütte meinen Gehörschutz suche, bemerke ich den Hump, wie er sich ängstlich am Fußende des Bettes in die Ecke drückt. Das Rauschen und Grollen wird immer lauter, und ab dem dritten Stock kann ich nichts mehr sehen. Überall sind Schläuche im Weg. Kein Wunder, dass die Dachdecker diese Woche nicht auftauchen. Das hier ist ein Ausnahmezustand.

Auf einmal spüre ich feine Nadelstiche auf meiner Haut. Die Sandpartikel schießen unkontrolliert durch die Luft. Jemand packt mich von hinten grob am Arm und zerrt mich die Treppe nach unten.

«Die sehn dich nich, dat is saugefährlich, wenn du da in den Strahl kommst! Die strahlen dir ma eben dat Auge raus! Wat willste denn da oben?»

Peter hat mich in eins der Apartments gezogen und die Tür zum Treppenhaus geschlossen.

«Okay», sage ich erst mal geschockt, «Ich hab dich gesucht. Der Vorplatz ist eine einzige Staubwolke, und die Nachbarn fluchen.»

«Wat? Scheiße! Ich hab die Laterne noch nicht dicht, und die strahlen schon los.»

«Was?»

«Die Abdeckfolie in den Fensteröffnungen! Ist doch alles offen, Mann! Geh runter und stell den Kompressor aus. Ich sag Volker Bescheid. Dat müssen wir erst dicht haben!»

Mächtig steht der Generator vor mir, und die Nadel auf dem Tacho vibriert bei 12 Bar. Alles dröhnt, und die Schläuche sind bis zum Bersten gespannt.

Ich sehe zwar den Ein/Aus-Knopf, aber aus irgendeinem Grund habe ich kein gutes Gefühl, da jetzt einfach draufzudrücken. Adam sieht mich und hebt fragend die Arme. Ich zucke mit den Achseln und winke ihn zu mir rüber.

«Peter sagt, dass der Kompressor sofort abgestellt werden soll!»

«Wieso?»

«Der Staub auf … ach, mach einfach aus!»

Adam legt die Hebel an den Schläuchen um, der Druck weicht heraus, dann erst stoppt er den Kompressor.

«Unglaublich. Peter sagt einfach zu mir, geh runter und mach das Ding aus.»

«Um Gottes willen! Nee, niemals! Immer erst den Druck vom Schlauch. Sonst fliegt dir das Ding noch um die Ohren und das ist lebensgefährlich, wennde davorstehst!»

Stille. Die Vögel zwitschern. Eigentlich ist es ein wundervoller Sommertag.

Die Nebelschwaden lichten sich langsam. Der Staub sinkt zur Erde. Alles, wirklich alles ist mit einer Sandschicht überzogen. Ab dem vierten Stock ist der Steinboden nicht mehr zu erkennen. Ich gehe auf einer schwarzen Fläche aus Sandkörnern.

Die gestrahlten Stellen des Treppengeländers glänzen silbrig, und die Oberfläche ist rau, als ich mit der Hand darüberstreiche.

Die 600 Quadratmeter im fünften Stock verlieren durch die Staubentwicklung ihre Weite. Das Atmen fällt mir schwer in der sandigen Luft. In dem weißen Nebel tauchen die Silhouetten von Rainer und Tomasz auf. Sie haben ihre

Helme abgesetzt und zünden sich Zigaretten an. Ein Gewirr aus unterschiedlich dicken Schläuchen liegt auf dem Boden. Dutzende Schlangenlinien ziehen sich durch den Sandteppich.

«Wo ist Peter?»

«Der ist mit Cheffe auf der Laterne. Müssen besprechen, wer dat jetzt zumacht da oben. Immer das Gleiche. Nichts is vorbereitet.»

«Was meinst du?», frage ich Rainer durch mein vor den Mund gehaltenes T-Shirt.

«Wir waren schon letzten Herbst hier. Da gab's auch nur Probleme. Wir ham die Fenster abgeklebt und Öffnungen verbarrikadiert. Aber als Cheffe dat dann in Rechnung gestellt hat, hat deiner nich bezahlt. Deswegen will Volker dat jetzt vorher klären.»

Sie einigen sich darauf, dass Volkers Jungs die Fensteröffnungen im Treppenhaus schließen und Peter und ich auf dem Dach herumbalancieren und eine dicke Plastikplane entlang der Laterne nageln.

«Der Sand is sogar hier.» Richie zeigt uns die Kuppe seines Zeigefingers, mit dem er über die Fensterleiste der Bäckerei gestrichen hat.

Der Lärm, der vom Speicher herüberdröhnt, macht das Frühstücken nicht sonderlich angenehm. Und wenn man nicht aufpasst, hat man in Sekundenschnelle eine Staubschicht auf seinem Brötchen und im Kaffee. Aber um drinnen zu sitzen, ist es einfach zu heiß.

«Entschuldigen Sie, wie lange dauern diese Arbeiten denn

noch?», fragt ein älterer Herr, der mit einem Brot unter dem Arm aus der Bäckerei kommt.

«Nich sicher. Ne Woche, vielleicht zwei», lügt Peter den Mann an. Denn es ist klar, dass die Sandstrahlarbeiten noch mindestens einen Monat dauern werden.

«Zwei Wochen lang erträgt das hier keiner mehr. Bei dem Dreck und Lärm kann niemand mehr auf seinen Balkon. Das geht doch nicht! Da müssen Sie sich was einfallen lassen!»

Verärgert zieht er ab Richtung Wohnkomplex.

Die Staubwolken hängen nicht mehr so dicht über dem Vorplatz, aber eine wirkliche Verbesserung haben unsere Schutzmaßnahmen vor einer Woche nicht gebracht. Zu allem Überfluss ist es noch heißer geworden. Meiner Vermieterin hatte ich versprochen, mich um die Blumen auf ihrem Balkon zu kümmern. Daraus ist leider trotz ehrlichem Bemühen und unzähligen Litern Wasser nichts geworden. Ganz Berlin ächzt unter tropischen Temperaturen. Daher kann ich die Anwohner verstehen: Bei diesem Wetter den eigenen Balkon nicht nutzen zu können, ist sicher nervig.

«Ach, diese Scheiß Anwohner. Ich hab auch schon ein Schreiben von der Hausverwaltung gekriegt. Die drohen mit dieser Rechtskacke», regt sich Peter auf.

Und dann, nach kurzem Nachdenken: «Weißte wat, Nick? Du probierst dat Sandstrahlen heute ma! Volker hat seinen Jungs noch 'n Extrahelm mitgegeben. Und wir können an den einen Kessel mit dran.»

«Warte mal! Wie jetzt? Ich? Ich hab das doch noch nie gemacht!»

«Sind nur die Säulenfüße, dat muss nicht so hundertprozentig. Dat machst du schon!»

«Na dann viel Spaß, Nick! Schön mit Helm bei der Hitze

und noch 'n Anzug über die Klamotten! Da haste dir dein Feierabendbier richtig verdient», vergnügt sich Richie.

«Haha, sehr witzig!»

«Dat wird schon, Nick. Wir wechseln uns ab, so können wir acht Stunden durchstrahlen. Dann ist dat zwar noch staubiger hier, aber wir werden viel schneller feddich!», gibt Peter stolz von sich.

Welch brillante Idee. Ich bin begeistert. Durchstrahlen! Ja, das würde dem passen. Am liebsten wäre es ihm wahrscheinlich, es gäbe im Helm eine Art Extraschlauch mit Flüssignahrung, dann bräuchte man überhaupt keine Pausen mehr machen.

«Okay, dann versuch ich das mal. Und Peter, bevor ich es wieder vergesse, du musst echt mal das Klo sauber machen lassen. Da kann man so nicht mehr drauf.»

«Jaja, kümmer ich mich drum.»

Volker ist diese Woche nicht da. Rainer hat das Kommando.

«Dat is kein Kinderspielzeug, da kommen 12 Bar rausgeschossen», sagt er wieder einmal, während ich mir den Overall überstreife. Und um die Warnung zu untermauern: «Wir spielen hier ja nicht Mau-Mau im Mädchenpensionat.»

Nach ein paar Tagen ist klar, dass Rainer eine Handvoll Sprüche hat, die er liebend gerne wiederholt. Und noch etwas fällt mir auf: Er und seine Kollegen riechen nicht mehr nach Schweiß. Vergangene Woche nahm der Gestank von Tag zu Tag zu. Am Freitag war es dann kaum noch auszuhalten, da habe ich mich vor den Sandstrahlern geradezu geekelt. Meine Vermutung ist, dass die in ihrer Berliner Behausung keine Dusche haben. Oder was könnte sonst der Grund sein?

«In den Helm kommt Sauerstoff, dat is der hier.» Rainer

hält den Schlauch hoch, der hinten am Helm angeschlossen ist. «Hier vorne haben wir den Schalter mit Kabelbinder festgemacht. Du musst den roten Bügel umlegen und dann den Schalter zusammendrücken. Sobald du loslässt, hört das Ding auf. Totmannschaltung nennt sich dat. Dient als Sicherheit, falls du mal umkippst. Damit dann der Schlauch nicht wild durch den Raum schießt und ein Unglück anrichtet. Also am besten hältste mit einer Hand vorne die Düse und mit der anderen den Schalter fest. Wenn du den Schalter zusammendrückst, kommt der Druck, dann musste die Düse schon aufs Ziel gerichtet haben. Und konzentrier dich, dat is kein Kinder…»

«Ist gut, ich hab's verstanden», unterbreche ich seinen Endlosmonolog.

«Okay, dat sind deine Handschuhe und Ohrstöpsel.»

«Ohrstöpsel?»

«Is verdammt laut unter dem Helm. Ach ja, und falls die Sicht nicht mehr gut ist: Hier vorne am Visier haste Plastikscheibchen, die kannste abziehen. Dahinter ist noch 'ne Glasscheibe. Sach Bescheid, wenn die Plastikdinger aufgebraucht sind. Dann geb ich dir neue. Und immer dran denken – keine Panik aufer Titanic!»

Hoffentlich geht das gut. Ich versuche mir die weichen Ohrstöpsel reinzustecken, aber sie drücken sich immer wieder raus.

«Die Dinger halten ja gar nicht!», rufe ich Rainer zu, der gerade den Raum verlassen will.

«Musste vorne zwischen den Fingern platt drehen und dann ganz tief reinschieben.»

Das funktioniert, und das Dröhnen im Raum wird sofort gedämpft.

Nun der Helm. Aber auch das ist komplizierter, als es

scheint. Am Helm hängt eine Art Latz, der Brust und Rücken bis zur Hälfte schützen soll. Um in den Helm zu gelangen, muss ich ihn tief nach unten halten, damit der Latz beim Überstülpen nicht im Weg ist.

Als ich mich samt Helm wieder aufrichte, fühle ich mich total abgeschottet von der Welt. Alles ist wie hinter einem Schleier. Mein Sichtfeld ist nun begrenzt auf ein 15 mal 10 Zentimeter großes Rechteck. Der Sauerstoff rauscht sanft im Innern des Helms. So muss sich ein Astronaut fühlen. Nur dass der jahrelang für seinen Job trainiert und höchstwahrscheinlich nicht beim ersten Einsatz in leichte Panik verfällt. Und dessen Helm riecht bestimmt auch nicht wie eine alte Gießkanne.

Meine Handschuhe liegen auf dem Boden, doch als ich sie aufheben will, reißt es meinen Kopf nach hinten. Verwirrt drehe ich mich um. Scheiße, der Schlauch hängt an einer Mauerecke fest. Langsam und vorsichtig steige ich über die anderen Schläuche und befreie mich. Zurück muss ich exakt die gleichen Schritte machen, sonst verheddert sich hier alles.

Die dicken Lederhandschuhe reichen fast bis zu meinen Ellbogen. Jetzt ist auch der letzte Rest Bewegungsfreiheit dahin. Die erste Säule in meinem Blickfeld, lege ich den roten Bügel mit dem linken Zeigefinger um und drücke mit der rechten Hand den Schalter zusammen. Es zischt, und ich kann den Druckaufbau fühlen. Ein kurzer Ruck geht durch den Schlauch, es rauscht enorm, und der Sand schießt heraus.

Sekunden später sehe ich nichts mehr. Staub überall. Als ob mich eine Wolke geschluckt hätte. Ich erkenne einzig den klitzekleinen Bereich der Säule, auf den der Sandstrahl trifft.

Den Überblick zu behalten ist mir in diesem Moment nicht möglich. Der Sand rieselt heftig aufs Visier, und die Sicht wird merklich schlechter.

Ein verrücktes Gefühl. Es erinnert mich an einen Sandsturm, den ich vor Jahren in der Wüste Gobi miterlebt habe. Dem wirbelnden Sand völlig ausgeliefert sein, orientierungslos im Nichts. Die Chinesen nennen diese Stürme Xibu de baofu («Rache des Nordwestens»). Der Unterschied ist, dass ich hier diesen komischen Astronautenhelm trage, der mich mitten im Sturm mit frischem Sauerstoff versorgt. So einen hätte ich mir damals in der Gobi auch gewünscht.

Ich konzentriere mich auf die Säule, die ich mit den Sandkörnern bearbeite. Die alten Farbschichten blättern mit Leichtigkeit ab, darunter tritt blanker Stahl hervor.

Plötzlich kommt kein Sand mehr aus der Düse. Es zischt zwar noch, aber es stößt nur noch Luft raus. Oh je, hoffentlich hab ich nichts kaputt gemacht!

Ich lasse die Totmannschaltung los und setze ohne nachzudenken den Helm ab. Verdammt, das hätte ich nicht tun sollen! Sofort setzt sich der herumschwirrende Sandstaub in Mund, Augen und Ohren. Ich kann kaum atmen und werde leicht panisch. Mit geschlossenen Augen ertaste ich mir den Weg zum Ausgang, stürze keuchend ins Treppenhaus und schlage die Tür hinter mir zu. Endlich raus aus diesem surrealen Vakuum aus Sand und Rauschen. Ich bin nassgeschwitzt. Das ist anstrengender, als ich dachte. Adam kommt die Treppe herunter.

«Was ist denn mit dir los?»

«Ich kriege überhaupt keine Luft mehr! Wie haltet ihr das aus?»

«Du musst kurz warten, bis der Staub sich gesenkt hat. Erst dann den Helm absetzen.»

«Das hättest du mir auch mal vorher sagen können», raunze ich ihn an. «Außerdem kam da auf einmal kein Sand mehr raus.»

«Hast du mal kurz aus und dann wieder angemacht? Der Sand unten im Kessel muss nachrutschen können. Dafür musst du die Schaltung einmal loslassen und dann wieder anfangen. Könnte aber auch ein kleiner Stein sein, der die Düse verstopft. Ich komm mal mit.»

Tatsächlich hat sich der Staub inzwischen gelegt. Das Atmen ist noch immer unangenehm, aber wesentlich erträglicher als vorhin. Adam kontrolliert die Düse und schüttelt den Kopf.

«Musst du einfach an und aus machen, okay?»

Gesagt, getan. Nachdem ich die Schaltung mehrmals drücke und wieder loslasse, kommt wieder Sand herausgeschossen.

Adam steht an der Seite und hält mir seinen nach oben gestreckten Daumen entgegen. Bei dem Krach und mit diesen klobigen Handschuhen bleibt mir nichts anderes übrig, als die Geste zu erwidern. Ich fand dieses «Thumbs up» eigentlich immer etwas stupide, doch hier, ähnlich wie beim Tauchen oder im All, macht es wahrscheinlich Sinn. Wie anders soll man sich auch verständigen bei diesem ohrenbetäubenden Lärm, verkleidet als Space Cowboy?

In den nächsten Stunden gewöhne ich mich langsam an das Sandstrahlen. Die Vorstellung, dass ich mich hier durch einen Wüstensturm kämpfen muss, gefällt mir. Das monotone Strahlen auf das immer gleiche Ziel mache ich mir unterhaltsamer, indem ich Muster male und sie dann wieder ausradiere. Das Resultat bleibt eine blanke Fläche, nur habe ich mehr Spaß dabei.

Irgendwann, ich habe mein Zeitgefühl inzwischen völlig verloren in diesem Sandgetöse, muss ich auf die Toilette. Das Dixi-Klo stinkt schon aus der Ferne bestialisch. Ich traue mich kaum, die Tür zu öffnen. Und dann ist es tatsächlich noch schlimmer, als ich erwartet hätte: Die Scheiße türmt sich bis kurz unterm Deckel. Im Urinal steht braune, dickflüssige Brühe. Der Name Fliegenschmidt ist jetzt mehr Programm denn je, es wimmelt von dicken, grünen Schmeißfliegen. Es ist einfach unfassbar widerlich. Nein, da kann ich nicht reinpinkeln. Womöglich spritzt die Suppe sonst noch hoch.

Jetzt kann ich auch die Luft nicht länger anhalten, stoße die Tür auf und mache einen weiten Satz nach draußen. Nachdem ich als Alternative einen Baum am Ostgiebel gewählt habe, winkt Rainer mich zu sich rüber. Er steht an seinem Opel unter der geöffneten Kofferraumtür.

«Ganz schön anstrengend dat Strahlen, wat? Willstn Schluck? Macht einen wieder munter.»

«Ah, der gute alte Unicum. Nee, danke.»

«Den kennst du, den Schnaps?»

«Klar, das Zeug haben wir damals in Budapest getrunken wie Wasser», und für einen Moment verliere ich mich kurz in einer süßen Erinnerung.

«Donnerwetter! Wenn du den auch so gern trinkst, dann müssen wir unbedingt mal zusammen einen kippen. Was haste denn da gemacht?»

«Freunde besucht, ein bisschen gearbeitet und diese herrliche Stadt genossen. Ein paar Wochen lang.»

«Hab da auch gearbeitet, drei Monate. Stimmt, is echt 'ne geile Stadt. Und wat für scharfe Weiber! Da drehste am Rad! Tomasz war damals auch dabei. Weißte wat, komm doch einfach ma mit zu unserer Wohnung. Und dann heben wir einen und reden über dat schöne Budapest!»

Nebenbei plärrt die ganze Zeit sein Autoradio. Es geht um das Halbfinalspiel Deutschland gegen Italien, das in drei Tagen stattfindet. «Elf kleine Italiener …», schrillt es aus den Lautsprechern. Unfassbar, da hat wirklich jemand das alte rassistische Kinderlied von den «Zehn kleinen Negerlein» für dieses Spiel umgedichtet. Und die spielen das auch noch im Radio!

Ich verspreche Rainer, dass ich in der folgenden Woche mal «auf einen Unicum» bei ihnen in der Bude vorbeischaue, und gehe – immer noch leicht fassungslos wegen dieser Fußball-Idiotie – zurück ans Werk.

«Da waren es nur noch zwei … Zwei kleine Italiener …», höre ich noch ganz leise, als ich im Treppenhaus verschwinde. Danach gibt es nichts Schöneres, als in meinem Sandsturm zu verschwinden und die Welt auszublenden.

Am Abend nehme ich trotz der Hitze ein heißes Bad, denn der Sand hat sich bis in die letzte Pore eingenistet. Die Fenster weit geöffnet, döse ich langsam in dem verdreckten Wasser ein. Und da war es nur noch einer.

Deutschland hat verloren. Die elf kleinen Italiener waren eine Nummer zu groß.

Am nächsten Morgen ist die Stimmung auf der Baustelle schlecht, und verkatert sind wir auch noch. Zu allem Überfluss hat jemand in der Nacht fast alle Stromkabel gekappt. Peter, der selbsternannte Security-Mann, hat nichts mitbekommen. Jetzt ist er stinksauer abgezogen, um neue Kabel und Kabeltrommeln zu besorgen. Die alten wurden mehrfach mit einem Bolzenschneider zertrennt, da ist nichts mehr zu retten.

Wir sitzen vor dem Bäcker und warten.

«Da wusste jemand, was er tut. Peter vermutet, dass es die Nachbarn waren», erzähle ich.

«Da hat bestimmt einer die Schnauze so voll von dem Lärm und Dreck, dat er sich hier abreagiert hat», mutmaßt Hans.

«Ach, drauf geschissen. Wir ham gegen die Itaker verloren, dat is viel schlimmer!»

«Hast recht, Richie, peinlich war dat», bestätigt Hans, «da ist der Kater am nächsten Tag irgendwie doppelt so schlimm.»

«Jammert doch nicht rum. Immerhin Halbfinale. Wir ham kein einziges Spiel gewonnen. Und das als Gastgeber. Dat konnte man sich auch nicht schönsaufen», wirft Rainer in die Runde und sieht dabei ernsthaft traurig aus.

«Ach, die Polen. Wen interessiert dat?»

«Der Löw hätte einfach offensiver spielen lassen müssen, das ist seine Schuld.»

«Stimmt, Nick. Wie kann man nur den Reus auf die Bank setzen? Der Löw versaut einem den ganzen Fußball! Ne dumme Schwuchtel is dat.»

Richie ist jetzt richtig in Rage. Der Restalkohol ist allen deutlich anzumerken. Auch Hans kommt in Fahrt:

«Scheiß Weicheier sind dat alle! Immer wenn's um wat geht, verlieren se. Weil se Schiss haben! Ganz einfach!»

«Vielleicht hat ja ein Nachbar auch einfach nur aus Frust über das Spiel die Kabel durchgeschnitten?», denke ich laut.

«Nee, nee», sagt Rainer und kramt in seiner Tasche, «es gibt immer Probleme, wenn wir anrücken. Manchmal tauchen sofort die Bullen auf. Aber dat is halt unser Job. Die Leute leben in ihren fertigen Häusern und vergessen, dat die auch mal durch dreckige und laute Arbeit gebaut wurden.»

«Ihr armen Sandstrahler», grinst Hans.

«Jaja, macht euch nur lustig. Wie wär's für alle mit 'ner Runde Unicum gegen den Kater?»

Heute sagt keiner nein.

«Prost!»

«Na zdrowie!»

Als Peter zurückkommt, hat jeder drei Schnäpse intus. Es hilft ein wenig. Zumindest ist das Schwindelgefühl weg.

Bis der Strom wieder fließt und wir anfangen können, ist es bereits Mittag. Wir quälen uns durch den Tag. Kater plus Hitze plus Sandstrahlen ist eine fatale Kombination.

Zum Glück erinnert uns der Schweißgeruch von Rainer und Co. daran, dass Freitag ist und wir es bald geschafft haben.

Wochenende.

SCHUTZKLEIDUNG IS NICH!

Peter & Nick

«Immer stellen diese Idioten die Fensterrahmen an die falsche Wand! Komm, Nick, eben auf die andere Seite tragen, dann können die hier mit dem Putzen anfangen! Guck ma, da hinten in der Ecke liegen noch ’n paar Holzlatten rum. Die legen wir drunter!»

Widerrede zwecklos. Peter und ich tragen die großen Metallrahmen quer durch den Raum.

«Da ist noch eine lose Glasscheibe dazwischen. Willst du dir keine Handschuhe holen?»

«Ach wat, dat geht auch so», winkt Peter ab.

Wenn ich für den Satz «Ach wat, dat geht auch so» doch nur jedes Mal einen Euro bekommen würde … Vorsichtig nehmen wir die Scheibe hoch und kippen sie waagerecht. Damit keiner rückwärtsgehen muss, tragen wir sie seitlich durch den Raum. Alles geht gut. Vorerst. Denn als wir die Glasscheibe absetzen wollen, stolpert Peter ein kleines Stück nach hinten. Er versucht die Balance wiederzufinden, dabei rutscht die Scheibe ab. Wir können sie zwar noch abfangen, aber sie schneidet in Peters Handfläche. Binnen Sekunden läuft das Blut in Strömen das Glas herunter.

«SCHEISSE!», schreit Peter auf.

«Oh verdammt! Alles gut?», starre ich auf das Blut.

«Mach! Mach!»

Loslassen kann er in diesem Moment ja auch nicht. Also

reißt er sich zusammen und verdrängt den Schmerz. Wir setzen die Scheibe behutsam vor die Rahmen.

Eine riesige Blutpfütze hat sich auf dem staubigen Boden gebildet.

«SCHEISSE, MANN! Ich geh ma schnell in die Hütte und verbind dat. Sonst blute ich hier noch aus wie so 'n Schwein!»

«Soll ich dir helfen?»

«Ach wat, dat ...»

«... geht auch so. Ist klar.»

Kapitel 10

Berlin ist nicht L. A.

«Schmeiß dein Fahrrad hinten in den Bulli und dann los», treibt Rainer mich zur Eile.

Nachdem ich wochenlang noch Ausreden gefunden habe, gibt es nun kein Zurück mehr. Und ehrlich gesagt bin ich auch neugierig, wie Rainer und die Jungs hausen. Haben die nun eine Dusche oder nicht? Diese Frage stellen sich inzwischen so ziemlich alle auf der Baustelle.

Der alte Ford-Bus ist total überladen. Egal, irgendwie quetsche ich mein Fahrrad zwischen Bierkisten, Schläuche und Werkzeug und dränge mich zu Tomasz und Pawel auf die enge Rückbank. Rainer hockt hinterm Lenkrad, neben ihm sitzt breitbeinig Adam. Es ist Mittwoch, was bedeutet, dass der Schweißgeruch der vier so langsam ins kaum Erträgliche kippt.

Rainer nimmt eine Hand vom Steuer und streckt sie über die Rückbank.

«Tomasz, gib mal 'n Bier rüber.»

Der glotzt aber nur aus dem Fenster und reagiert nicht. Also wird Rainer deutlicher.

«TOMASZ! PIWO!»

Jetzt zuckt er kurz zusammen, greift nach hinten und reicht Rainer ein Bier rüber. Es dauert nicht lange, da hat jeder von uns so eine pisswarme Flasche in der Hand.

«Ja, dann: Na zdrowie!»

«Na zdrowie!», ertönt es um mich herum, und die Glasflaschen stoßen klirrend aneinander.

Boah, wie widerlich! Ich hasse warmes Bier, und das hier ist kurz vorm Kochen. Kein Wunder, der Bus stand den ganzen Tag in der sengenden Sonne. Hoffentlich haben die wenigstens einen Kühlschrank in der Bude.

Es geht in Richtung Friedrichshain, vorbei am neuen Ostkreuz-Bahnhof, der in Metall und Glas funkelt. Rainer stoppt den Kleinbus schließlich in der Neuen Bahnhofstraße. «Wir holen noch was zu fressen von der Dönerbude da an der Ecke.» Rainer deutet mit dem Finger auf das Ende der Straße. Von weitem kann ich das Schild *Döner Paradies* erkennen, darunter dreht sich hinter der Scheibe ein kolossaler Fleischberg.

Weil ein Freund hier lange gewohnt hat, kenne ich den Kiez gut. «Macht das, Jungs. Ich gehe dann kurz zu dem Falafel-Laden da vorne. Der ist wirklich super. Will einer mit?»

«Nee, lass ma. Wir brauchen Fleisch. Wir treffen uns hier wieder.»

Rainer ist schon losgelaufen und richtet sich seine Kappe. Pawel und Tomasz nicken die ganze Zeit nur.

Aus unseren Plastiktüten duftet das warme Essen und übertüncht das muffig riechende Treppenhaus. Adam und Pawel sind zusätzlich bepackt mit zwei weißen Plastiktüten, in denen etliche Flaschen klimpern. Bier vom Späti gegenüber.

Ich betrete eine dieser typischen unsanierten Altbauwohnungen in Berlin: Ein langgezogener Flur, von dem die Zimmer nach links und rechts abgehen. Hohe Decken, rötliche Holzdielen und alte Doppelflügel-Fenster, deren Lack abblättert.

Sofort erkenne ich den widerlichen Geruch, der mir in die

Nase steigt. Und diesmal geht es ausnahmsweise nicht um die Ausdünstungen der Jungs. Was so stinkt, ist die elende Ochsenblutfarbe, mit der früher die Dielen versiegelt wurden. Das Zeug riecht so unangenehm, dass ich mich sofort an einen Berlinbesuch vor einigen Jahren erinnere. Nach zwei Tagen in der Wohnung einer Freundin hatte sich der Mief bereits so stark in sämtlicher Kleidung breitgemacht, dass sogar die Leute in der U-Bahn Abstand zu mir hielten. Zumindest habe ich mir das damals eingebildet.

Am Ende des Flurs liegen aufgerollte Schläuche und Werkzeug auf dem mit Ölflecken besudelten Boden verteilt. Die winzige Küche ist zugestellt mit Leergut. Zwei große blaue Müllsäcke lehnen zugeschnürt an der Spüle. Der dritte ist noch offen, aber prall gefüllt. Oben quellen Pommes-Schälchen voller getrockneten Ketchups und Burger-Kartons mit ranzigen Salatfetzen heraus.

Das Spülbecken ist durch die Säcke versperrt, aber es scheint sowieso nicht in Gebrauch zu sein. Ich sehe weder Töpfe noch Teller, und der Gasherd ist auch noch auffällig sauber. Der kleine Tisch ist bedeckt mit auseinandergeschraubten Düsen und unzähligen kleinen Schrauben und Gummiringen. Eins scheint klar: In dieser Küche wird weder gekocht noch gegessen.

Dies also ist die Arbeitswochen-Behausung von Rainer und den Jungs. Eine minimalistische Ferienwohnung, die ausschließlich mit IKEA-Produkten eingerichtet ist. Nach Urlaub sieht es hier aber nicht aus. Die Jungs haben offenbar ganze Arbeit geleistet. So kann man eine kleine Wohnung in wenigen Wochen komplett abranzen.

Zum Essen gehen wir ins Wohnzimmer, wo ein ausgeklapptes Sofa steht, das von Bierflaschen umrandet ist. An der Wand stapeln sich Pizzakartons und DVD-Hüllen zu kleinen Türmchen. Zentral steht der Fernseher, den Adam auch prompt einschaltet. Ich stelle mir bildlich vor, wie die vier hier jeden Abend nach der Arbeit vor der Glotze hocken und sich ein Pils nach dem anderen reingießen.

Zwei schwarze Beistelltischchen werden mit der Hand leergefegt, und Rainer bringt aus der Küche noch einen Stuhl für mich. Tomasz und Pawel setzen sich aufs Sofa-Bett, packen drei Döner aus und holen aus der zweiten Tüte dann noch für jeden Pommes mit Currywurst. Die scheinen Kohldampf zu haben, die Jungs.

Meine Hoffnung erfüllt sich: Das Bier – wir trinken ganz standesgemäß polnisches Tyskie – ist eiskalt und die Falafel schmeckt vortrefflich.

Während wir uns über das Essen hermachen, flimmert eine Live-Übertragung von den Olympischen Spielen in London über den Bildschirm. Es läuft ein Schwimmfinale der Frauen.

Rainer steckt sich den letzten Bissen vom Döner in den Mund und sagt dann schmatzend: «Bei den Chinesinnen musste erst in den Pass und dann in die Badehose gucken. Da weißte nie.»

Dann beugt er sich über den Tisch, stößt beinahe ein Bier um und zieht eine Schale Pommes-Currywurst zu sich rüber.

«Gib mir auch ma meinen Mantateller rüber!», rülpst Adam.

«Also der Döner ist sozusagen eure Vorspeise? Nicht schlecht», werfe ich amüsiert in die Runde. Seit der Fernseher läuft, hat niemand mehr etwas gesagt. Ich wische mir den Mund mit einer Serviette ab und suche nach einem Gesprächsthema. Am besten die Arbeit, das ist leicht.

«Was sandstrahlt man eigentlich alles? Seid ihr immer auf solchen Baustellen wie hier?»

«Ach, wir machen eigentlich alles. Ihr seid ein kleines Projekt. Wir haben auch schon 8000-Quadratmeter-Hallen gestrahlt. Und das läuft dann nicht so chaotisch wie bei euch, das sag ich dir.» Dabei wedelt Adam mit einem kleinen blauen Plastikgäbelchen in der Luft. Ein bisschen Mayonnaise tropft auf den Teppich, ohne dass es jemand bemerkt.

«Was meinst du denn *damit*? Chaotisch? Bei uns?», lächle ich, aber Adam bemerkt die Ironie nicht.

«Na ja, dass die Fenster vorher drin sind. Oder dass die Innenwände jetzt schon gebaut werden. Dat kostet uns ein paar Tage zusätzlich. An der Stelle vom Cheffe hätt ich das abgelehnt. Zum Schluss gibt das bestimmt wieder Probleme mit dem Sand in den Scharnieren. Wir strahlen sonst immer vorher.»

«Jaja, Cheffe! Der nimmt jeden Job an, wenn für ihn genug Kohle rausspringt», mault Rainer.

«Und da scheint ja 'ne Menge für ihn rauszuspringen. Fährt immerhin einen 911er Cabrio.»

«In Dresden fährt nur seine Alte mit dem Porsche. Da hat er nichts zu melden. Der hat die Proll-Karre auch nur gekauft, weil die Alte ihn dazu gedrängt hat.»

Adam wiederholt seine Bemerkung schnell noch auf Polnisch, und erst jetzt scheinen Tomasz und Pawel begriffen zu haben, worüber wir reden. Zumindest deute ich ihr schelmisches Grinsen und das bejahende Kopfnicken so.

«Bevor wir nach Berlin gekommen sind, haben wir einen alten Benzintank gestrahlt. Das war der beschissenste Job, den ich je gemacht habe.»

«Benzintank? Was meinst du?»

«Na, Depots. Riesige Tanks. Da mussten wa rein, die Wände von innen abstrahlen. Zentimeterdick Rost war da drauf und dahinter hat sich das scheiß Benzin gesammelt.

Weißte, das Zeug ist in Bächen aus den Wänden geflossen. Gegen solche giftigen Dämpfe nutzt dir auch der dickste Sandstrahlhelm nix.» Rainer öffnet sich gekonnt ein Bier am Kronkorken einer verschlossenen Flasche.

«Und der Tank ist natürlich geschlossen. Der Benzingeruch zieht kaum ab und das Sandstrahlen war auch 'ne Katastrophe», ergänzt Adam.

«Klingt furchtbar. Mir reichen die Umstände auf dem Speicher schon.»

Langsam treibt das viele Bier. Inzwischen steht das vierte große Tyskie vor meiner Nase.

«Wo finde ich denn eure Toilette, Jungs?»

«Der Schacht ist erste Tür links an der Eingangstür.»

Es knirscht unter meinen Füßen. Erst jetzt fällt mir der Sand auf, der in der ganzen Wohnung verteilt liegt.

Ich habe Hans' Worte in den Ohren: «Und guck ma ins Badezimmer, ob die wirklich keine Dusche haben!»

Die alte Holztür knarrt beim Öffnen, und die matte Glasscheibe auf Kopfhöhe wackelt in ihren Leisten. Zwei vermutlich ehemals weiße Läufer auf dem Boden sind grauschwarz getreten. Die weißen Overalls der Jungs liegen zusammengedrückt hinter der Tür.

Links steht eine alte Badewanne, in deren Mitte braune Sandspuren bis zum Siphon eingetrocknet sind. Ein mit dämlichen bunten Fischen bedruckter Duschvorhang ist zur Seite gerafft und gibt die Sicht auf die nur bis Brusthöhe geflieste Wand frei. Die Tapete darüber blättert ab und ist übersät mit schwarzen Schimmelflecken.

Mit gerümpfter Nase, die Mundwinkel tief nach unten gezogen, greife ich mit weit gestrecktem Arm vorsichtig nach der Klobrille und kippe sie mit Zeigefinger und Daumen langsam nach oben.

Wer kennt nicht das Gefühl, wenn man schon weiß, dass nichts Gutes kommt. Und dann kommt auch nichts Gutes. Nasse Schamhaare! Dunkelgelbe Pissflecken! Und ausgerechnet jetzt ruft Grace an! Ich klemme das Handy zwischen Ohr und Schulter.

«Hey, ich kann im Moment n...»

«What? Verstehe dich sehr schlecht. Listen, Robert Wilson's *Einstein on the Beach* is playing in Amsterdam in December. Willst du mitkommen?»

«Ja, auf jeden Fall! Besorg Tickets.»

«Okay, super. Muss weiter. Kiss! Bye!»

«Bye.»

Das Ganze geht so schnell, dass ich ihr nicht mal diese filmreife Szene schildern kann.

Ich riskiere einen weiteren Blick. Schwarze Kackspuren ziehen sich lehmartig bis tief ins Spülwasser. Langsam, aber sicher kommt mir die Falafel hoch. Ich werfe meinen Oberkörper ruckartig nach hinten, um etwas Abstand zu wahren.

«Bäh!»

Auf der Heizung trocknet ein fleckiges Badetuch. Ich will gar nicht wissen, was die damit abgewischt haben. Am Waschbecken liegt die Seife völlig verschmiert und festgetrocknet am Rand. Nach dem Kontakt mit der Klobrille würde ich mir die Hände am liebsten fünf Minuten mit Kernseife einreiben – aber so bleibt mir nur warmes Wasser. Das einzige Handtuch neben dem Becken war wahrscheinlich auch mal weiß. Jetzt hängt es dunkelgrau und klatschnass am viel zu niedrig angebrachten Bügel, ein Zipfel liegt auf dem siffigen Boden.

Bevor ich das Zimmer verlasse, mache ich noch den ultimativen Test. Kurzer Dreh am Hahn der Badewanne, und tatsächlich – oben aus dem Duschkopf strömt ein satter Wasserstrahl. Hm, Duschen könnten sie hier also.

Rainer hat eine Flasche Unicum herausgeholt, und als ich zurück ins Wohnzimmer komme, stehen schon fünf randvoll gefüllte Schnapsgläschen auf dem Tisch.

«So, Nick! Komm her! Auf Budapest!»

In den nächsten Stunden finden wir unzählige Gründe, um anzustoßen.

Wir trinken auf das Sandstrahlen, auf die hübschen Frauen in Polen, auf Fußball und gefühlte hundertmal auf Budapest und unsere großartigen Erinnerungen – so lange, bis zwei Flaschen Unicum leer sind und ich total voll bin.

6:30 Uhr.

Drei Krähen fressen Fast-Food-Reste zum Frühstück. Sie picken in einer Burger-King-Schachtel herum, die neben einem orangenen Mülleimer liegt. Es gibt Ecken in Berlin, da müsste man die Dinger stündlich leeren. Sie sind einfach immer zugestopft. Und jeder weitere Abfall wird mit großem Geschick entweder noch irgendwie hinein- oder in ein anderes Müllstück, das schon aus der Luke ragt, gesteckt. Oder man platziert ihn einfach obendrauf. Das ist ein bisschen wie beim Spiel Jenga. Solange der Unrat am Ende irgendwo in der Nähe des Eimers landet, hat man ja seinen guten Willen bewiesen.

Mein Kopf brummt, und ich versuche mein Fahrrad durch den Scherbenteppich zu manövrieren, ohne einen Platten zu bekommen. Die unermüdlichen Sauf-Touristen können sich kaum noch auf den Beinen halten, und ich muss aufpassen, dass sie mir nicht ins Fahrrad torkeln. Alltag am «Schlesischen Ballermann».

Jeder Ort hat seinen eigenen Rhythmus. Ein Tempo, in dem sich die Tagesabläufe ereignen. Das hat auch mit lokaler Identifikation zu tun. Albert Camus nannte das «die Heimat der Seele, wo wir uns dieser Welt verwandt fühlen, wo das Blut in unseren Adern im gleichen Rhythmus pocht wie der glühende Puls der Mittagssonne».

So gesehen hat Berlin das passendste Wahrzeichen von allen Städten, die ich jemals besucht habe – den Fernsehturm! Wie eine riesige Diskokugel thront er über Berlin und dreht sich im Schneckentempo um die eigene Achse. Als ob sich die Stadt dieser Kugel angepasst hätte, dreht sich in Berlin alles um Berlin. Und der ewige Hype existiert in erster Linie auch nur in der Metropole selbst, in den Hipster-Kasernen Neukölln, Friedrichshain und Kreuzberg.

Berlin ist billig, und man kann 24 Stunden am Tag saufen. Man findet immer eine offene Bar oder einen Club. Und das 365 Tage im Jahr. Für den Weg holt man sich die obligatorische Bierpulle beim Späti. Diese Halbliter-Flaschen sind für mich inzwischen das eigentliche Symbol Berlins geworden. Denn egal zu welcher Jahres- oder Uhrzeit: Man trifft immer Menschen, die krampfhaft an ihrer Bierflasche nuckeln. Sogar im tiefsten Winter bei Minustemperaturen schlurft man eins geworden mit der Buddel durch die Straßen. Die Touristen übernehmen das wie einen geheimen Code, den man ihnen bereits zu Hause zugeflüstert hat. Schnell zum Kiosk und schon gehört man dazu. So wie Fußballfans stolz den Vereinsschal tragen, so huldigt man in Berlin der Bierbuddel.

Der Hump sitzt am geöffneten Fenster und jault, als er mich anrollen sieht. Das geht nun schon seit Wochen so. Er tut mir leid, wie er da im zweiten Stock sein stumpfsinniges Dasein fristet. Deshalb habe ich zuletzt immer mal ein bisschen mit ihm gespielt, wenn es die Zeit zuließ. Und das hat der Hump sich gemerkt.

Hans und Richie sind oben auf dem Gerüst und winken mich zu sich hoch.

«Jetz erzähl, Dusche oder nich?», platzt es sofort aus Richie heraus.

Hans mustert erst mal meine Augenringe.

«Boah, siehst du scheiße aus. Ging lang oder wat?»

«Also duschen können die da. Aber ob sie das auch tun? Gestern jedenfalls nicht, und keiner hat die Drecksmontur abgelegt. Und so sieht die Bude dann auch aus: Als wenn die da gesandstrahlt hätten!»

«Wat für Siffköppe!», schüttelt Richie den Kopf.

«Ich vermute ebenfalls, dass die nur eine einzige Garnitur Kleidung für die ganze Woche haben. Ich habe weder Taschen noch Koffer gesehen und auch keine herumliegenden Klamotten.»

Hans verzieht das Gesicht: «Die ziehen immer wieder die gleiche Unterhose an? Boah, diese Drecksschweine! Mann, Mann, Mann.»

«So is dat wohl!»

«Nein, das weiß ich nicht. Ich sag ja nur, dass ich keine Kleidung gesehen habe. Aber das heißt ja nicht …»

«Ist doch egal, auf jeden Fall stinken die wie die Sau», werde ich mitten im Satz von Hans unterbrochen.

«Ich fühl mich zum Kotzen, echt zu viel von diesem Unicum.»

«Dann gehste heute besser nich aufs Klo», rät Richie.

«Wieso? Sag nicht, das ist immer noch nicht geleert worden?»

«Wenn Peter sich nicht bald darum kümmert, dann stecke ich ihn mit dem Kopf zuerst da rein.» Und so wie Hans guckt, meint er das ernst.

Zwei Frauen in Sportkleidung joggen am Wasser entlang und kommen langsam näher.

Die Strecke ist bei Joggern sehr beliebt, vor allem im Sommer hecheln die Menschen hier von morgens bis abends über die Wege. Da der Speicher direkt am Wasser liegt, müssen die Läufer immer einen Bogen darum machen. Direkt am Bauzaun vorbei.

«Siehste die aufgetakelten Joggerinnen da? Wetten, die werden langsamer, wenn se bei uns vorbeikommen? Die warten nur da drauf, dass wir denen wat hinterherbrüllen. Weil wir ja Bauarbeiter sind, verstehste?»

Hans hat recht. Tatsächlich werden die beiden langsamer und schauen ganz kurz nach oben.

«Und wennde dann nichts sachst, sind se beleidigt, weil se keine Bestätigung bekommen. Als wenn jeder Bauarbeiter der letzte Prolet wär. So 'n Schwachsinn», beendet Hans seinen Satz, und nur eine Sekunde später reckt Rainer seinen Kopf mit den schmierigen Dreadlocks aus dem Fenster des Ford: «Hey, ihr süßen Schnecken! *Ihr* habt ja Glocken! Da wär ich gern mal der Glöckner!» Und dann pfeift er noch auf seinem gekrümmten Zeigefinger.

Ich schaue Hans an, und wir beide müssen lachen.

«Tja, Hans, ich sage dazu mal gar nichts.»

In seinem grünen Gärtneranzug nähert sich der Hausmeister des Wohnkomplexes von gegenüber. Er kommt über den Platz auf den Speicher zu, neben ihm laufen eine Frau und zwei Männer mit Notizblöcken in der Hand.

Ich weiß, dass Peter und der Hausmeister sich nicht ausstehen können. Immer wieder gibt es hitzige Diskussionen, vor allem um falsch geparkte Autos, Lärm, Müll und Staub.

Peter nennt den Hausmeister «den Gartenzwerg», und er glaubt, dass die Baustelle für den Typ die passende Gelegenheit ist, um sich vor den Mietern aufzuspielen und seine Minderwertigkeitskomplexe zu kaschieren.

In jedem Fall: Der Hausmeister in Gesellschaft von Leuten mit Notizblöcken bedeutet nichts Gutes.

«Nick, komm ma mit runter. Dat is besser, wenn ich 'nen Zeugen hab. Und macht sowieso mehr Eindruck zu zweit», sagt Peter, der hinter mir ein Fenster zum Gerüst geöffnet hat.

«Guten Morgen, Herr Zwifka», heuchelt der Hausmeister freundlich.

«Heyn, von der Bezirkswache. Das ist mein Kollege Marowski.»

Die Frau in der pinken Blümchen-Bluse stellt sich nicht vor.

Wortlos gibt Peter den Leuten die Hand, und als die Frau an der Reihe ist, sagt sie: «Wir kennen uns ja, ne?»

«Und wer sind Sie?», blafft Heyn mich an.

«Assistent der Bauleitung», antwortet Peter für mich.

«Grünke, Guten Morgen.»

Na super. Ich habe bestimmt noch eine heftige Alkoholfahne. Das macht sicher einen hervorragenden Eindruck. Und meine Kopfschmerzen sind auch nicht besser geworden.

Polizist Heyn ist schmal gebaut und hat meine Körpergröße. Ein schmaler Oberlippenbart schmückt sein Gesicht. Er sieht ein bisschen aus wie Clark Gable alias Rhett Butler in *Vom Winde verweht*.

Sein Kollege Marowski hat weißes Haar und in seltsamem Gegensatz dazu einen buschigen pechschwarzen Schnäuzer. Sein rot-weiß kariertes Hemd spannt unter seinem enormen Bauch. Beide tragen blaue Jeans und schwarze Ledergürtel.

«Wir unterstützen heute Frau Engelbert vom Tiefbauamt, damit das hier alles geregelt wird. Es geht um die Baustellenzufahrtsstraße, wie Sie sicherlich wissen, Herr Zwifka. Und um die beschädigte Straßenlaterne. Die sollten wir uns zuerst ansehen.»

Die Laterne steht keine zehn Meter vor dem Speicher an der Ecke zur Feuerwehrzufahrt. Sie ist eine aus Beton gegossene viereckige Säule mit einem Aufsatz aus geriffeltem Glas. Im unteren Teil zieht sich ein etwa 20 Zentimeter langer Riss quer durch den Beton. Und bei genauerer Betrachtung ist die Laterne leicht schief.

«Wie gedenken Sie das Problem zu beheben?», fragt Heyn oberlehrerhaft, während sein fetter Kollege Kaugummi kauend irgendetwas in seinen DIN-A4-Notizblock schreibt.

Beide Polizisten tragen braun getönte Sonnenbrillen der Marke Police. Natürlich, was auch sonst! Die Straßen-Cops in Los Angeles tragen diese Brillen – und so treten die zwei Figuren hier auch auf. Ich komme mir vor wie in einer schlechten Polizei-Serie aus den Achtzigern.

«Dat is eine Angelegenheit zwischen mir und dem Tiefbauamt. Ich weiß nich, wat Sie von mir wollen. Ich hab Frau Engelbert mehrmals geschrieben, dass keines meiner Baufahrzeuge diese Laterne angefahren hat. Und dat ich Fotos habe von dem Lieferanten der Bäckerei, wie der im Winter bei Schnee und Eis hier eine halbe Stunde lang versucht hat zu wenden.»

«Dass das schon mal klar ist, Herr Zwifka: Was hier wessen Angelegenheit ist, das haben Sie nicht zu bestimmen», sagt Heyn ruppig.

«Es gibt klare Beweise, dass ein Bagger die Laterne gerammt hat», murmelt Frau Engelbert ganz kleinlaut und versteckt sich dabei hinter den Polizisten. Dabei streicht sie sich vorsichtig ihre rotgefärbte Haarsträhne aus dem Gesicht.

«Wo?! Zeigen Sie mir die Beweise! Ich lass mich doch hier nicht verarschen!»

Ich kann spüren, wie sich die Aggression in Peter immer weiter anstaut. Und die kennen ihn noch nicht, wenn er auf 180 ist. Oder vielleicht doch, und das ist der Grund, warum Frau Engelbert diese Möchtegern-Sheriffs mitgebracht hat?

«Jetzt beruhigen Sie sich mal!», brummt Marowski los. Normalweise hätte er jetzt der «good cop» sein müssen. «Wir werden Ihnen einfach die Baustraße schließen, wenn Sie weiterhin so unkooperativ sind!»

«Auch dat hab ich mit Frau Engelbert schon tausendmal diskutiert! Ich habe keine andere Möglichkeit, als die Laster da durchfahren zu lassen! Als die Stadt die Wohnungen da hingesetzt hat, wurde die Straßenzufahrt für den Speicher einfach vergessen! Das wissen Sie so gut wie ich, Frau Engelbert!»

«Berichten zufolge fahren Ihre Laster dort mit überhöhter Geschwindigkeit und gefährden damit Kinder und Fußgänger!»

«Dat is doch absoluter Quatsch! Dat sind 12-Tonner, die können da gar nicht schnell durchfahren, weil die so gar nicht um die Kurve kämen! Lassen Sie uns ma rübergehen, dann zeig ich Ihnen, dat man da nich rasen kann.»

«Wollen Sie behaupten, dass wir hier lügen, Herr Zwifka?», fragt Heyn, während wir zur Zufahrtsstraße laufen.

Die Beamten haben während der gesamten Diskussion kein einziges Mal ihre Sonnenbrillen abgesetzt, und es ist deutlich zu merken, dass sie ihre Machtposition genießen.

Wir stehen vor den ersten beiden Pollern.

«Ich habe das selbst beobachtet, wie die Laster hier durchrasen!», behauptet der Hausmeister-Gartenzwerg.

«JETZT IST ABER MAL GUT! Wat reden Sie denn da für eine Scheiße? Wenn die Laster ankommen, müssen die anhalten, um die ersten zwei Poller am Anfang der Straße rauszunehmen. Dann müssen sie hier noch mal stoppen und wieder die Poller rausziehen. ALSO WO SOLL MAN HIER VERDAMMT NOCH MAL DURCHRASEN?»

Peter kocht vor Wut. Seine Halsschlagader pocht, und in seinen Mundwinkeln hat sich Geifer gesammelt.

«Aber … aber … die Fahrer lassen die Poller immer auf der Straße liegen», jammert der Hausmeister fast.

«Hör doch auf zu heulen!»

«So geht das hier nicht!», greift Marowski ein. «Die Baustellenzufahrtsstraße ist ab sofort geschlossen. Außerdem bezweifeln wir, dass die Traglast des Weges für das Gewicht Ihrer Fahrzeuge ausgelegt ist. Wir verlangen von Ihnen den Bericht eines Gutachters, der uns die Traglast bestätigt. Sollten Sie die Straße dennoch weiterhin benutzen, schließen wir die Baustelle. Und glauben Sie mir, Herr Zwifka, das geht ganz schnell.»

«Die Straße wird seit über einem Jahr benutzt, und jetzt auf einmal soll die Traglast nich reichen? Pah! Damit geh ich zu meinem Anwalt. Ich lass mir doch von euch Sesselfurzern nich auf der Nase rumtanzen!»

Genau in diesem Moment kommt ein mit Sandsäcken

beladener Lkw an. Der Fahrer steigt aus und will gerade die Poller vor der Zufahrtsstraße herausnehmen, da rennt Heyn mit gezücktem Ausweis auf ihn zu und weist ihn wie einen Schwerverbrecher zurecht. Fehlt nur noch, dass er ihn mit gespreizten Beinen an den Laster stellt und nach Waffen durchsucht.

Jetzt macht die Engelbert wieder ihren Schnabel auf:

«Herr Zwifka, die Genehmigung zur Benutzung der Baustellenzufahrtsstraße ist bereits seit zwei Monaten abgelaufen. Sie haben mir nicht Bescheid gegeben. So geht das nicht! Die Erlaubnisse für Baustellenzufahrtsstraßen erteile immer noch ich!»

Peter sieht aus, als würde er jetzt explodieren. Stattdessen dreht er sich einfach um und verschwindet, ohne ein Wort zu sagen. Das kenne ich ja mittlerweile. Und nun stehe ich mit diesen beiden Beverly Hills-Cops für Arme, dem Gartenwerg und der alten Meckerziege alleine da. Der fürchterliche Kater macht mir auch noch zu schaffen.

«Erinnern Sie ihn noch mal dran. Wenn die Baustellenzu…»

«Baustellenzufahrtsstraße, jaja, ich denke, das ist verstanden!»

«Wissen Sie, der Zwifka soll uns mal entgegenkommen bei der Laterne. Dann sind andere Dinge auch einfacher zu besprechen.»

Ein widerliches Grinsen zieht sich über das speckige Gesicht des Hausmeisters.

«Ja, der soll sich mal ein bisschen zusammenreißen, ansonsten müssen wir hier andere Saiten aufziehen.» Das Kaugummi muss mittlerweile fad und bitter schmecken, so wie Marowski es malträtiert. «Sie hören von uns, bis dahin ist die Straße dicht!»

Jetzt reicht's auch mir: «Wollen Sie uns drohen? Und dann bietet er hier», ich nicke kurz mit dem Kopf in Richtung Hausmeister, «so komische Deals an und Sie decken das? So läuft's ja nicht. Und jetzt gehe ich wieder an die Arbeit. Was Vernünftiges tun, wissen Sie? Schönen Tag noch.»

Ich bin nur ein paar Meter entfernt, da höre ich Heyn: «Wer anderen eine Grube gräbt, ist Bauarbeiter!» Und dann lacht er dämlich. Jetzt legt sein Kollege los und beginnt einen Bauarbeiterwitz. Irgendwas mit einer Säge und einem Finger. Als er zur Pointe ansetzt, bin ich glücklicherweise schon außer Hörweite.

Meine Blase drückt, aber die Polizisten plus Anhang stehen wieder um die Laterne herum. Verdammt, jetzt kann ich nicht zu dem üblichen Baum, der in Sichtweite steht. Es hilft nichts, ich muss wohl oder übel zum Fliegenschmidt-Klo.

Noch mal tief Luft holen und rein. Ich stelle mich mit gespreizten Beinen an das abscheuliche Urinal, damit ich mit einer Fußspitze die Tür einen Spalt offen halten kann. Das hier ist widerlicher als alle Klos, die ich vor zehn Jahren auf einer fünfmonatigen Indienreise erlebt habe. Und das will was heißen!

Obwohl mir der Ekel aus allen Poren kommt, muss ich in diesem Moment lachen. Die Scheiße quillt hoch und breit aus dem Klo heraus und läuft bereits über die Brille. In diesen gigantischen Haufen hat jemand bis zur Hälfte ein Pornoheft gesteckt. Man kann noch den Titel *MILF – Pralle Ärsche* und den Teil eines riesigen Hinterns erkennen.

Ich wundere mich darüber, dass sich seit Wochen alle über den menschenunwürdigen Zustand des Dixi-Klos aufregen, das Ding aber weiterhin tagtäglich benutzen. Dabei müssen meine Kollegen erstaunlich kreativ gewesen sein, um noch ihr Geschäft zu verrichten, ohne wortwörtlich selbst in der Scheiße zu sitzen.

Etwas später sitze ich mit Peter beim Bäcker. Er hat sich beruhigt.

«Dat mit der Laterne, dat nervt schon seit vorigem Winter. Schreiben über Schreiben. Die behaupten einfach, wir wären dat gewesen. Aber ham keine Beweise.»

«Und du hast ein Foto von einem Lieferanten, der dagegenfährt?»

«Nee, dat nich. Aber 'n Foto von oben, wie er versucht zu drehen. Und von 'ner Spur im Schnee. Dat beweist auch nix, ich weiß. Aber solange die mir dat nich hundertprozentig nachweisen können, zahl ich dat nich. Weißte, wat dat kosten soll?»

«Nein, keine Ahnung. 1000 Euro vielleicht? Ist ja nur Beton und ein bisschen Glas.»

«Genau. Beton und bisschen Glas. Aber weißte wat, die Scheiße kommt aus Spanien, und man kann so 'n Teil auch nur da wieder bestellen. Dat Scheiß Ding kostet mit Transport fast 10 000 Euro!»

«Was? Ist ja unglaublich. Wieso stellt man nicht Laternen von einer deutschen Firma auf?» Das frage ich mich bis heute.

Eine Woche später. Es ist das erste Mal, dass ich in Hans' weißem Mercedes mitfahre. Wir transportieren Stahlträger.

Früher im Münsterland, wo ich aufgewachsen bin, haben wir uns immer über die Niederländer lustig gemacht, die in der Sperrmüllwoche zu Hunderten mit Bullis und Kleinlastern durch die Wohngebiete fuhren und alles mitnahmen, was auch nur ein Fünkchen Metall an sich hatte. Vor allem Kühlschränke, Fahrräder und Kabel häuften sich auf den Ladeflächen.

25 Jahre später sitze ich nun hier und fahre Metall zum Schrottplatz. Nur dass die ganze Angelegenheit etwas professioneller wirkt, in Hans' blitzeblankem Sprinter mit den mächtigen Stahlträgern im Gepäck. Die kleinen Stücke haben wir in den Bus gehievt, die langen liegen gestapelt auf dem Anhänger, den wir hinter uns herziehen. Neukölln kommt näher, wenn auch ganz langsam, denn wegen der immensen Last fährt Hans nicht schneller als 40 Stundenkilometer.

Peter hatte die Träger im Winter eigenhändig rausgeschnitten, und seitdem lagen sie monatelang auf der Baustelle rum. Ich wäre nicht auf die Idee gekommen, dass dieses abgeflexte Eisen bares Geld bedeutet. Für mich war das einfach nur Abfall für den Container. Bis Hans eines Tages meinte, ich solle Peter mal fragen, ob wir den Stahl abfahren können. Da würde was bei rausspringen.

Peter war's egal. Alle paar Wochen kam ein seltsamer Kerl vorbei, der alle herumliegenden Metallreste einsammelte. Und ob der die Träger nun wegbringen würde oder wir: Hauptsache, die Dinger waren endlich verschwunden. Als Arbeitszeit würde er uns den kleinen Ausflug aber nicht anrechnen. Also Feierabend um 12 Uhr, und dann los.

«Mittach können wir nich machen. Der Schrottplatz macht um halb fünf zu, wir schaffen dat sonst nich. Gleich 'ne Stulle unterwegs, dat muss reichen.»

Ich stutze kurz, aber dann fällt mir ein, dass wir die ganze Aktion ja zweimal durchziehen müssen. Der Rest der Stahlträger liegt noch oben im vierten Stock. Deshalb wird es zweifellos knapp, alles rechtzeitig abzuliefern. Und wie wir die schweren Kolosse von da oben runterkriegen, ist mir zu diesem Zeitpunkt auch noch ein Rätsel.

Hans hingegen ist wie immer zuversichtlich.

«Gibt's was Neues vom Flughafen?»

«Ach, ich hab jetz gelesen, dass der sogar erst im Sommer 2013 fertig werden soll. Aber wahrscheinlich brauchen die noch viel länger, diese Idioten.»

«Ja, Hans, das könnte gut sein. Diese Inkompetenz ist wirklich unglaublich!»

«Ich kenn da 'n paar Firmen, weißte, die zocken da alle ab! Da sind so viele Bauleiter und Verantwortliche, da kriegt keiner wat mit. Niemand weiß, wat da wirklich verbaut wird und so.»

«Und ich hatte mich schon gefreut, dieses Jahr endlich mal einen anständigen Berliner Flughafen zu erleben.»

Wir passieren das Hotel Estrel und biegen kurz vor der S-Bahn-Station Sonnenallee rechts ab. Welch seltsame Lage für ein Fünf-Sterne-Hotel, so am Rande von Neukölln und nur wenige hundert Meter von einem Schrottplatz entfernt.

Hinterm Tor fahren wir direkt auf eine riesige Metallwaage auf dem Boden. Überall türmen sich Metallreste in mehreren Buchten. Ein kleiner Gabelstapler hat einen Haufen Kabelwirrwarr aufgeladen und wird von seinem Fahrer in Schlangenlinien über den Platz gejagt. Jeder hier auf dem Gelände ist ausnahmslos mit schwarzem Metalldreck verschmiert. Hände, Gesichter, Arbeitskleidung, alles trieft vor Schmutz. Die gesamte Szenerie wirkt irgendwie zwielichtig.

Wir steigen aus und gehen zu der zusammengezimmerten Bude neben der Waage. Hinter einer kleinen rechteckigen Fensterscheibe sitzt ein unglaublich fetter Kerl im Blaumann, pafft eine stinkende Zigarre und guckt verschlagen aus der Wäsche.

Hans tritt an das schäbige Häuschen.

«Wir haben sauberen Stahl drauf.»

Er hatte mir vorher schon erklärt, dass die Träger vom Speicher allerbeste Qualität hätten und wir deshalb einen guten Preis erzielen würden. Oder wie er es formuliert: «Die sind echt Asche wert.»

«Hier», ist alles was der Typ sagt und schiebt einen fleckigen Zettel durch den Schlitz unter seinem Fenster. Offenbar hat der Fette da irgendeine Zahl draufgekritzelt.

Den Wisch reichen wir direkt weiter an den Gauner, der schon dicht hinter uns wartet. Mit seinen verdreckten Händen grapscht er nach dem Papier und nuschelt: «Ladet dat Zeuch da hinten in Bucht drei ab. Und dann kommter wieder her.»

Mir ist das alles nicht geheuer. Als wir wieder ins Auto steigen, frage ich Hans: «Ey, wieso können wir die Anzeige der Waage denn nicht sehen? Der Dicke kann ja sonst was eingetragen haben. Ist ja vollkommen undurchsichtig. Und die Typen hier sehen alle aus, als wären sie gerade aus dem Knast gekommen.»

«Kannste nix machen. Is halt so. Jeder bescheißt hier jeden. Früher hatt ich immer ’nen vollen Wassertank im Auto. Den ham die Idioten mitgewogen und beim Abladen hab ich das Wasser dann heimlich rauslaufen lassen. Hat nie einer gemerkt, und ich hatte immer einige Kilo extra. Bares Geld, weißte.»

Erst laden wir den Bus aus, und dann sind die schweren Stahlträger dran, die wir gemeinsam aus dem Anhänger heben und dann mit großem Schwung nach und nach auf einen Haufen schmeißen. Dann zurück auf die Waage.

Der Gabelstaplerfahrer macht gerade Pause, steht rauchend in einer Ecke voller Mülltonen und schielt niederträchtig zu uns rüber. Seine dünnen Haare kleben fettig an der Kopfhaut und glänzen im Sonnenlicht. Der Schrottplatz mit diesen schaurigen Gestalten könnte auch einem Horrorfilm entsprungen sein. Fehlt nur noch ein durchgeknallter Hinterwäldler mit Schrotflinte, der uns in seinen Keller lockt. Gerade stelle ich mir Hans vor, wie er mich in Schwarzenegger-Manier heldenhaft aus den Fängen der irren Killer befreit, da ertönt wieder die Stimme vom Fettsack: «Hier.»

Der Zettel wandert wieder durch den Schlitz und Hans nickt.

Auf einem vergilbten Plastikteller wird uns das Geld hingestellt. Der aufgedunsene Typ hinter der Plastikscheibe verzieht seinen Mund zu einem verlogenen Lächeln. Er hat kaum noch Zähne im Mund, und der kümmerliche Rest sind schwarze Stumpen. Was für ein Scheusal!

Der grässliche Anblick ist jedoch schnell passé, als Hans neben mir das Bündel Scheine aufteilt. 300 Euro für jeden!

«Wow! So ein Batzen für nicht mal zwei Stunden Arbeitsaufwand. Kein schlechter Stundenlohn!»

«Hab ich ja gesagt. Und die zweite Fuhre wird ähnlich. Kannste dir 'n schönes Wochenende machen. Ordentlich innen Puff gehen oder so.»

«Puff, äh, lass ma, aber ein schönes Wochenende mache ich mir auf jeden Fall.»

Wir sitzen wieder im Bus auf dem Weg zurück zur Baustelle. Das Geld kann ich wirklich gut gebrauchen: Am Wochenende kommen Freunde aus London, und die Whisky-Bar im Hyatt steht mal wieder auf dem Programm. Das ist immer eine wunderbare, aber kostspielige Sache. Was die Preise angeht, gibt es dort nach oben kein Limit. Ein Gläschen vom ältesten Whisky aus dem Jahr 1890 kostet bloß schlappe 500 Euro.

Hans reißt mich aus meinen Gedanken: «Viele Ausländer hier, ne? Überall Araber und Türken.»

«Ja, sicher.»

«Hier in der Stadt is dat normal. Bei uns draußen, da findeste keine Ausländer. Dat gibts da nich. Hab ich dir eigentlich ma erzählt, dat ich Bodyguard war von so 'nem rechten Politiker?»

«Nein, das wusste ich nicht. Aber du warst da nicht in der Szene oder so was?»

«Ach wat, war einfach 'n gut bezahlter Job, sonst nix. Aber ich war da öfters bei so Versammlungen dabei. Die ham da schon 'n paar korrekte Sachen erzählt, aber dat ganze radikale Zeug, dat is nix für mich. Sind eh zum Kotzen, die ganzen Nazi-Idioten. Brüllen hier ‹Scheiß Ausländer› und fliegen dann nach Thailand und ficken die jungen Mädchen. Da isses dann egal, ob dat Schlitzaugen sind.»

Ich weiß nicht, was ich erwidern soll. Da entfährt mir unwillkürlich ein «So is dat wohl», und ich erschrecke ein wenig vor mir selbst.

«Weißte, mit Jimmy und Konsorten, dat war dat erste Mal, dat ich mit Ausländern so Hand in Hand gearbeitet hab. Und hat ja geklappt, ne! Ach, Probleme haste eh überall, egal ob mit Arabern, Russen oder Deutschen. Am liebsten arbeite ich ganz alleine, da geht dir keiner auf die Eier.»

Wir liegen gut in der Zeit. Auto und Anhänger stehen schon wieder ladebereit vor dem Speicher, und wir begutachten die Lage im vierten Stock.

«Ist ganz einfach, Nick. Du holst von unten die zwei Hunde aus dem Sprinter, und ich bau hier 'ne kleine Rampe.

Dann ziehen wir die Träger vors Fenster und schmeißen sie runter in den Sand.»

Hm, ob das so funktioniert? Was Hunde sind, muss ich ausnahmsweise nicht nachfragen. Ich habe als Student häufig auf Messen gejobbt, und da sind die Teile ständig in Gebrauch. Gemeint ist schlichtweg eine kleine Holzplatte mit vier Rädern, auf der man schwere Gegenstände schieben kann.

Wir heben drei Stahlträger nacheinander auf die Hunde und schieben sie vorsichtig bis zur Fensteröffnung im Treppenhaus. Hans hat dort zwei Bohlen übereinandergelegt und sie ein Stück aus dem Fenster geschoben. Damit sie vorne nicht rauskippen, hat er sie mit zwei Baustützen an der Kappendecke verkeilt.

Obwohl Hans wie immer grenzenlose Zuversicht ausstrahlt, ist mir nicht wohl bei der Sache. Die Stahlteile wiegen locker 150 Kilo, und ich sehe uns schon samt Bohlen und Trägern aus dem Fenster segeln.

«Meinst du, das hält, Hans? Nicht, dass wir da runterknallen?»

«Klar, dat geht. Wir müssen nur aufpassen, dat da unten keiner steht. Dat wär schlecht.»

Heute ist Freitag, das heißt, Rainer und die Jungs sind schon auf dem Heimweg nach Dresden. Peter macht Papierkram in seiner Hütte.

«Was macht Richie?»

«Der mauert auf der Wasserseite die Löcher in der Wand zu. Aber geh ma besser runter und guck, dat da keiner rumläuft. Da ham wa echt 'n Problem, wenn dat einer auf die Birne kriegt. Heb mit mir die Träger auf die Bohlen, den Rest kann ich schieben.»

15 Minuten später stehe ich unten und blicke hoch zu Hans. Der hat einen Fuß auf die Fensterbank gestellt und zieht einen der Stahlträger über das Holz. Dieses gewaltige Stück Eisen ragt jetzt einen guten halben Meter über die Kante, und ich hoffe inständig, dass Hans mit dem Ding nicht vorne rüber kippt.

Angstschweiß steht mir auf der Stirn. Ich kann das kaum mit ansehen.

«ALLES FREI, NICK?», brüllt Hans.

«JA! OKAY! JETZT!»

Er packt den Träger am hinteren Ende und katapultiert ihn weg von der Hauswand. In hohem Bogen fliegt das Eisen lautlos durch die Luft und taucht Sekunden später mit einem dumpfen Schlag in den Sand ein.

An die Hauswand hatte ich überhaupt nicht gedacht. Wenn der Träger da irgendwo einschlägt, brechen ganze Stücke raus. Und dann wäre hier die Hölle los! Unser cholerischer Leprechaun würde sich wie Rumpelstilzchen in der Luft zerreißen.

«OKAY! JETZT!»

Und schon fliegt der zweite Koloss durch die Luft. Er bohrt sich senkrecht in den Sand und kippt dann in Zeitlupe um. Hans stößt auch den dritten mit unglaublicher Kraft heraus. Wieder schwingt das Eisen geräuschlos durch die Luft, nur diesmal gibt es unten einen fürchterlichen Knall, der einem durch alle Glieder fährt. Es scheppert mir in den Ohren. Metall auf Metall! Hans hat einen der beiden schon am Boden liegenden Träger getroffen.

«VOLLTREFFER, JAWOLL!», schallt es stolz von oben herab.

Noch drei weitere Stahlteile sausen herab. Alles geht gut, und ich bin begeistert von Hans' Pragmatismus. Wie sehr hätte ich mir so jemanden manchmal in der Kunstwelt gewünscht, wo ständig abgewogen und gezweifelt wird. Wie erfrischend, Hans zu sehen, der nicht lange zaudert, sondern anpackt.

Wir haben gerade den letzten Träger auf den Anhänger gestemmt und ich bin am Ende meiner Kräfte, da kommt die Fliegenschmidt-Pritsche angefahren.

Ich bedeute dem Fahrer, sein Fenster runterzukurbeln.

«Wird aber auch Zeit. Was war denn los?»

«Is nie bezahlt worden, Mann. Wir ham noch nicht einen Pfennig gesehn. Mein Chef hat geschrieben, aber nie 'ne Antwort gekriegt. Ich soll dat Ding nur abholen und den Rest weiß ich nich.»

Warum macht Peter das? Ich glaube, dieses blöde Klohäuschen kostet zehn Euro pro Monat, also wo ist das Problem?

Stunden später streife ich mir meine verdreckten Arbeitsklamotten ab und setze mich nur in Unterhose mit einem kühlen Bier auf den Balkon. Zufrieden schaue ich auf den Tisch, wo in zerknüllten Scheinen 490 Euro liegen. Hans und dem Stahl sei Dank.

Die Hyatt-Whiskybar kann kommen.

Ein Jazz-Quartett spielt Duke Ellingtons *In a sentimental mood* in dezenter Lautstärke.

«Dinieren Sie heute Abend?», fragt mich die Dame am Empfang.

«Nein. Die Bar, bitte.»

Die reizende, wohlduftende Frau führt mich hinein.

«Kann ich Ihnen das Jackett abnehmen?»

Ich deute ein Kopfschütteln an und sage zum Tusch der Becken: «Danke.»

Ich sehe Sophie und Sasha schon von weitem. Sie sitzen ganz am Ende der Bar, vor dieser beeindruckenden Wand aus Spiegeln und Dutzenden Whiskyflaschen.

Wir umarmen uns herzlich.

«So wonderful to see you again, Nicholas.»

«How are you doing, mate?»

Tja, wie geht es mir eigentlich? Ich erzähle von den letzten Monaten und kann an ihren Gesichtern ablesen, wie unglaublich das alles klingen muss. Sie wussten, dass ich auf einer Baustelle arbeite, aber meine Anekdoten übertreffen offensichtlich doch ihre Vorstellungen. Als ich erwähne, dass ich einen Tag zuvor Stahl zum Schrottplatz gefahren habe, erhebt sich Sasha plötzlich von seinem Barhocker, umarmt mich noch einmal und klopft mir mitleidig auf die Schulter.

«That's why the next drinks are on me», lächle ich und bestelle drei Banff 1979. Das Jahr meiner Geburt – und ein hervorragender Tropfen.

Frank Sinatras *Strangers in the Night* erklingt, wir stoßen an und schwelgen in der Vergangenheit.

«Nicholas, do you remember old Lance? The dude with the gallery in Hackney. He wants to open a second one somewhere around Portobello Road. And he was asking for you.»

«That's great!», antworte ich, als mein Bruder plötzlich von hinten an die Bar tritt.

«Hi, Simon! Long time ago», freut sich Sophie. Küsschen links, Küsschen rechts.

«Hör mal», gebe ich gleich die Neuigkeit weiter, «Sasha hat gerade erzählt, dass der Galerist, mit dem ich damals die allererste Show in London gemacht habe, eine neue Galerie eröffnen will und nach mir gefragt hat.»

«Klingt großartig. Wenn das was wird, könntest du ja endlich auf dem Bau aufhören. Darauf trinken wir.»

Die nächste Runde Whisky wird bestellt.

«Hab dich eigentlich nicht so früh erwartet. Kein Glück gehabt im Casino?», wende ich mich an meinen Bruder.

«Doch, lief ganz gut. Ich mache eine kleine Pause. Kommt doch gleich mal mit rüber. Das ist leichter verdientes Geld, als Stahlträger zu schleppen», lacht Simon, und nach ein paar weiteren Whiskys hat er uns tatsächlich überzeugt, unser Glück am Roulette-Tisch zu versuchen.

«Das wird unsere Nacht!», rufe ich, als wir über den Marlene-Dietrich-Platz auf die Berliner Spielbank zusteuern. Tatsächlich meint es Fortuna zu Beginn gut mit uns. Nach einer Stunde beulen die Jetons unsere Taschen aus, und wir ziehen wieder rüber ins Hyatt. In diesem Rhythmus peitscht uns der Rausch durch die sternenklare Nacht: *Roulette-Tisch + Gewinnen = Hotelbar. Roulette-Tisch + Verlieren = Roulette-Tisch.*

Als das alkoholgestützte Spielfieber seinen Höhepunkt erreicht, steht beim Roulette plötzlich ein Araber in weißem Anzug neben uns und legt jede Menge 1000-Euro-Jetons auf diverse Zahlenfelder. Dann hält er den letzten Chip hoch und schaut zu Sophie rüber:

«Wohin?»

«17», sagt sie trocken.

«Rien ne va plus.»

Der Croupier dreht das Rad und alle starren wir gebannt auf die kleine weiße Kugel.

Ich überfliege das Spielfeld und zähle die Jetons von dem Typen. Ich komme auf 16 000 Euro. Und der steht ganz entspannt da, als ginge ihn das alles nichts an.

Das Rad wird langsamer, die Kugel beginnt zu tanzen.

«17. Schwarz.»

Ein Raunen geht durch die Menge. Es ist unfassbar. Nur der Araber verzieht keine Miene. Auch nicht, als ihm der Croupier jetzt einen riesigen Berg Jetons zuschiebt. In aller Ruhe steckt er die Jetons ein, zögert dann kurz, blickt auf und sucht offenbar nach Sophie. Und dann tut er es: Ohne Kommentar drückt er ihr väterlich einen der rechteckigen 1000-Euro-Jetons in die Hand!

Bang! In diesem Moment fliegen uns alle Sicherungen raus. Leider sollte dieser Gipfel der Euphorie gleichzeitig auch das Ende unserer Glückssträhne bedeuten. Mehrmals tauschen wir noch Roulette-Tisch mit Whiskybar und umgekehrt, nur das Geld geht jetzt an beiden Fronten flöten.

Als Sophie und Simon dann auch noch beim Blackjack hängenbleiben, ist alles zu spät. Wir vier im Whiskyrausch und vom Spielteufel besessen – eine fatale Kombination. Am Ende kommt es knüppeldick. Sophie und Simon sind vollkommen blank. Sasha hat Schulden bei Sophie. Und ich habe nicht nur das schöne Stahl-Geld komplett verzockt, sondern noch weitere 500 Euro, die mein Bruder mir geliehen hatte.

Am späten Sonntagnachmittag krieche ich aus meinem Bett und habe kurz die Hoffnung, dass alles nur ein böser Traum war. Mein zweiter Gedanke: Wo liegen noch Stahlträger?

Montag. Der bittere Geschmack der Niederlage liegt mir noch aschfahl auf dem Gemüt. Der Hump wuselt zwischen meinen Beinen herum und wirbelt den Staub vom Boden auf. Peter sitzt am Schreibtisch, als ich in seine Hütte trete.

«Morgen, Peter, hast du neue Handschuhe für mich? Meine sind total zerlöchert.»

«Guck ma hinter dir im Regal. In der Holzbox sind 'n paar alte, die tun's noch.»

Irgendwelche ranzigen alten Handschuhe. Vollgeschwitzt von anderen Leuten. Ich kaufe mir heute Abend für fünf Euro selbst ein Paar. Geizhals!

«Nick, hör ma. Dat hier is 'n Schreiben von den Bullen und dieser Frau Engelbert. Dat is echt nicht zu fassen.»

«Was wollen die denn?»

«Es soll den ganzen Tach einer von uns an den Pollern stehen und den Lkws die Durchfahrt freimachen, wenn die kommen. Und noch besser: Dann soll derjenige vor dem Lkw herlaufen bis zu den nächsten Pollern, damit der Schrittgeschwindigkeit fährt. Welcher Sesselfurzer denkt sich so 'ne Scheiße aus? Und wat denken die, wer den Mann bezahlt, der da 'n ganzen Tach rumsteht?»

«Ist ja lächerlich.»

«Und dann wollense noch 'ne Traglastangabe haben für den scheiß Weg. Ich hab bei der Stadt nachgefragt, da wissen die nich mal mehr, wer die Straße gebaut hat! Dat is doch Kokolores! Die Alte spielt sich nur auf, weil ich se nich um 'ne neue Genehmigung gefragt hab. Jetzt machtse auf Prinzessin.»

«Prinzessin, das trifft's. War wirklich unangenehm, diese Engelbert.»

«Die Kacke verzögert wieder alles! Dabei wollen die doch selbst, dat dat hier fertig wird, besonders der Gartenzwerg und die Hausverwaltung. Pissen sich selber ans Bein, die Arschlöcher.»

Ich höre irgendwann nicht mehr zu, sondern denke daran, dass ich die ganze verdammte Woche eigentlich umsonst arbeiten werde, um Simon das Geld zurückzuzahlen.

«Come back to London», das hat Sasha am Wochenende ständig wiederholt.

Ja, vielleicht wird es Zeit, wieder aufzubrechen nach London. Ich werde mal mit Lance, dem Galeristen, sprechen.

Kapitel 11

«ZIIIIÖÖÖÖÜÜÜH!»

Die Wellen der Ostsee rollen sanft Richtung Strand, und die Sonne lacht vom wolkenlosen Himmel. Die Kurtaxe ist bezahlt, der Strandkorb gemietet, die Kinder tollen vergnügt im Sand, und seine Frau reicht ihm ein eiskaltes Bier aus der Kühltasche. Was für ein erholsames Wochenende fernab der stressigen Arbeit: Hans ist zufrieden mit sich und der Welt.

Auf einmal plärrt laute Musik aus einem Radio und stört die Idylle. Hans richtet sich auf und blickt über die Schulter. Ein Typ in weißen Tennissocken, Badelatschen, abgeschnittenen Jeans und Achselshirt mit AC/DC-Aufdruck flaniert in bester Macho-Manier die Strandpromenade entlang. Richie! Wer sonst! Seine lange Matte weht im Wind. Mit dem rechten Arm umklammert er eine spindeldürre Blondine, die seine Mutter sein könnte, und in der linken Hand schwingt er sein Makita-Radio.

So stelle ich mir die Szene vor, als Hans mir am Montagmorgen von seinem Kurztrip mit Richie erzählt. Wir sitzen vor der Bäckerei und blicken auf den Speicher. Die Vögel zwitschern sanft, es herrscht fast vergessen geglaubte Ruhe.

Endlich sind die Sandstrahlarbeiten abgeschlossen. Anwohner und Arbeiter sind gleichermaßen erleichtert. Auch mir hatte der ständige Staub schwer zu schaffen gemacht. Nase und Ohren waren wochenlang entzündet.

Zwei Tische weiter hocken mal wieder die zwei abgeleckten Yuppies, die ihren Bootsverleih genau gegenüber haben. Wie immer bestellen sie entkoffeinierten Latte macchiato mit Sojamilch.

Nach über acht Monaten sind die beiden die Einzigen in der Nachbarschaft, die uns nicht grüßen. Guten Morgen zu einem Bauarbeiter zu sagen ist vermutlich unter ihrer Würde. Ein amüsantes Erlebnis vor wenigen Wochen legt das zumindest nahe.

Künstlerfreunde aus Hamburg waren zu Besuch, und ich beschloss, ihnen an einem Samstagmittag den Speicher zu zeigen. Gerade schlossen die beiden Yuppies ihr Büro zu, um Mittag zu machen, und kamen uns direkt entgegen. Ich trug eine schwarze Stoffhose, ein schwarzes Jackett und meine Prada-Sonnenbrille. Und siehe da, mit größtmöglicher Freundlichkeit grüßten sie mich. Auf ihren Gesichtern war deutlich zu lesen, dass sie mich zwar erkannten, in diesem Moment aber partout nicht einordnen konnten. Später muss es ihnen dann eingefallen sein, denn als ich zwei Tage danach in zugestaubter Arbeitskluft vor der Bäckerei stand, schauten diese zwei peinlichen Figuren verlegen zu Boden.

«Kannste dir dat vorstellen? Der führt da sein Makita-Radio spazieren.» Hans schüttelt den Kopf. «Weißte, wenn Richie da rumläuft, dann is dat sein Strand. Dann murmelt der immer so dunkel vor sich her und bläst sich auf. Die Arme so breit, weißte wat ich meine, als wenn er Rasierklingen unter den Achseln hätte. Dann is er König.»

«Ich kann's mir lebhaft vorstellen.»

«Und die Alte! Scheiße, Mann! Die hatte der irgendwo ausm Internet, die konntste nich ma in tiefster Nacht angucken, so hässlich war die!» Hans setzt seine Kaffeetasse an und schlürft hastig. «Aber dat Beste ist, Nick», jetzt fängt er an zu lachen, «die Alte war Alkoholikerin und hat ihm den ganzen Schnaps weggesoffen.»

Melanie kommt mit unserer Frühstücksplatte nach draußen. Sie hat Folie um ihr Handgelenk gewickelt.

«So, die Herrschaften. En großes Frühstück. Den Brotkorb bring ich sofort.»

«Hast du dir was Neues stechen lassen?», frage ich und deute auf die Folie.

«Ja, am Wochenende. Den Namen meiner kleinen Süßen.»

Dann streckt sie ihren Arm zu mir rüber, und ich kann unter dem Plastik in geschwungenen Lettern *Mandy* entziffern. Viel schlimmer geht's nun wirklich nicht. Aber natürlich lüge ich: «Schön, wirklich schön.»

«Und dann», Hans hat offenbar noch was auf Lager, «hatten die ihr Haus auch noch direkt neben unserem. Da konntste die Alte quietschen hören. Ich sach dir, nie wieder so 'n Wochenende!»

«Kommt Richie heute eigentlich?»

«Nee, erst morgen. Und ich bin froh, dat ich die Fresse heut ma nich sehen muss. Stell dir vor, am Sonntag kommt der zu mir und erzählt, dat die Alte nicht gut ficken könnte, aber datse dat Makita-Radio echt gut geputzt hätte. Dat würd ihm wat bedeuten.»

Ich verschlucke mich an meinem Brötchen. Langsam huste ich mich ins Lachen: «Scheiße, Hans, die putzt ihm das Radio? Fucking hell!»

Auf den Treppen vor uns tummeln sich ein paar Spatzen und hoffen auf unsere Krümel.

«Ah, diese Scheiß Spatzen! Die sind bei mir aufm Hof 'ne

echte Plage. Die fressen den Hühnern dauernd das Futter weg. Ich knall die alle ab!»

«Wie? Du knallst die armen Vögel ab?»

«Ja, ich hab noch ’n altes Gewehr zu Hause, dat geht wunderbar. Aber die Viecher sind echt komisch. Haste einen abgeknallt, kommt der Rest angeflogen, um zu gucken, wat dem Kameraden passiert ist. Und dann *bam, bam, bam*! Einer nach dem anderen! Übrig bleibt da nix, dat fressen die Hühner.»

«Die Hühner fressen die toten Spatzen? Igitt.»

«Klar! Hühner, Alter, die fressen alles!»

Fünf Minuten später stehen wir im Erdgeschoss. Während Hans die Wand zum Fahrstuhlschacht zu Ende mauert, soll ich den Gemeinschaftsraum zum Verputzen vorbereiten. Erst mal schneide ich mit einem Cuttermesser den Rest der Folie entlang der Wand ab, damit sie nicht mehr über den Estrich ragt. Jimmy und seine Jungs hatten den letzte Woche gegossen, aber danach alles stehen- und liegengelassen.

Dann ziehe ich den Wasserschlauch in den Raum, um die Wände zu befeuchten.

«Mach dat richtig nass, dat is wichtig! Und wennde feddich bist, holste mir noch ’nen Stein ausm Dritten.»

«Was für einen? Da gibt’s viele.»

«Nen Stein mit so ’ner Fotze drin.» Er bildet mit Daumen und Zeigefinger einen kleinen Kreis.

«Oh Mann, Hans! Also einen Stein mit kleinem Loch. Is gut.»

Die Mischmaschine steht draußen vor dem Eingang in der prallen Sonne. Daneben türmt sich der soeben angelieferte Berg Kalksand.

Das Wasser steht auf dem Boden des Raumes, und die Feuchtigkeit zieht kühl hinaus, sodass ich sie auf meinem Nacken spüren kann. Hans hat die Wände mit grobem Putz besprenkelt.

«Gibt 'ne schön raue Oberfläche, dann hält der Feinputz besser», erklärt er, nachdem ich mal wieder dumm gefragt habe. Jetzt soll ich ihm assistieren.

«Dat geht zack, zack! Du mischst eine Trommel nach der anderen und bringst mir dat Zeuch in Schubkarren. Ich klatsch dat dann an die Wand. Okay? Wenn wir 'nen guten Rhythmus haben, kriegen wir dat heut noch feddich.»

«Werde mir Mühe geben.»

«Jaja, also guck. Ich zeig dir, wiede dat machen musst.»

Hans schaufelt Kalksand in die Mischtrommel, die sich summend neben uns dreht. «Dann Wasser hinterher.» Er hält den Schlauch kurz in die rotierende Öffnung. «So, dat reicht!»

Dann wirft er zwei Zementsäcke in die Plastikwanne, die links neben dem Mischer steht. Mit der Schaufel schlitzt er die Säcke gekonnt auf und zieht die Verpackung seitlich weg.

«Ne leicht gefüllte Schaufel davon reicht.»

«Okay, das kriege ich hin.»

«Warte, das Wichtigste kommt noch. Alter Trick ausm Osten.»

Plötzlich hält er eine gewöhnliche Flasche Spülmittel in der Hand und gibt der Mischung mehrere Spritzer hinzu.

«Dat macht dat Ganze super geschmeidig, lässt sich dann wie Butter auf die Wand putzen.»

Wir kommen gut voran. Als der Raum halb fertig ist, will ich Hans testen. Das mit dem Spülmittel klang mir einfach *zu* bescheuert. Also mische ich eine Trommel ohne den glorreichen Trick und fahre den Putz zu ihm rein.

Es dauert keine Minute und Hans kommt samt Schubkarre wieder zu mir raus.

«Nick, du bist gefeuert!», schmettert er mir augenzwinkernd entgegen. «Du sollst dat SPÜLI da reinmachen! Jetzt kipp dat wieder in den Mischer und dann zack, zack, neu anrühren!»

«Was bist du denn so übellaunig? Hattest doch ein schönes Wochenende an der Ostsee, oder?», frage ich Richie, der schon den ganzen Morgen rummault.

«Beschissen war dat! Familienurlaub! Is nix für mich. Und ich hatte so 'ne Alte dabei, die dauernd nur ficken wollte.»

«Gibt Schlimmeres, oder?»

«Ja, aber dat konnte die nich ma. Und dann säuft die mir noch den ganzen Schnaps weg, die dumme Sau.»

«Das hat Hans schon erzählt.»

«Ach, der muss ganz ruhig sein. Der tanzt seiner Alten auch die ganze Zeit nach der Pfeife. Weißte. ‹Hans mach ma dit, mach ma dat›, und der Arsch macht dat auch noch. ‹Hier, Hans, iss ma Vitamine, hier, Hans, iss dein Obst.› Boah, echt zum Kotzen.»

«Oh je.»

«Der hat sich mit mir nich mal richtig einen hinter die Binde gekippt. Dat war echt keine Welle, Mann! Und dann kommste ausm Urlaub», Richie stemmt die Hände in die

Hüften und starrt auf die Steinsäge, «und musst als Erstes dat Scheiß schwere Ding runterschleppen.»

«Ja, das nervt. Ich hab die erst vor einer Woche mit Peter hier raus in den zweiten Stock getragen. Für so ein paar Steinchen. Völlig unsinnig.»

«So is dat wohl!»

Die Säge steht auf dem Gerüst an der Wasserseite. Die zukünftige Balkontür haben wir mit einer Dämmplatte geschützt, damit die klobige Steinsäge auf dem Weg nach innen nichts beschädigt. Erst mal den Weg inspizieren, Richie geht vor.

«Uaaah! Igitt! Ist ja widerlich!»

Ich bin noch nicht ganz draußen, da pralle ich auf eine Wand aus stechendem Uringestank. Es riecht so abscheulich, dass ich würgen muss. Mit der Hand vor der Nase haste ich Richie hinterher, der schnell ein paar Meter weitergegangen ist.

«Das glaube ich nicht! Hat das Dreckschwein echt den ganzen Eimer vollgepisst und hier in die Sonne gestellt?», keuche ich.

«Ja, wer sonst? Seine Scheiß Bretterbude ist ja direkt nebenan.»

«Warum pisst der in einen Eimer? Das Dixi-Klo ist doch wieder sauber. Wahrscheinlich ist der einfach zu faul, nachts runterzugehen.»

«Und wieso dann nicht gleich von hier oben in die Spree? Mann, Mann, Mann!»

«Der Eimer muss da weg. Sonst kommen wir mit der Säge nicht durch.»

«Guck *mich* nicht so an. *Ich* kipp den nich aus!»

«Okay. Fuck it, ich mach's.»

Ich halte die Luft an und gehe im Laufschritt auf den

Eimer des Grauens zu. Langsam, gaaaanz langsam hochheben, damit mir die warme Pissbrühe nicht über die Hände läuft. Und dann schmeiße ich das ganze Ding ins Wasser.

«So, jetzt hab ich einen gut bei dir, Richie!»

Die Steinsäge ist nicht nur schwer, sondern auch extrem unhandlich. Wir klappen die Beine der Säge ein und wollen gerade ansetzen. Da ballt Richie plötzlich seine Hände zu Fäusten, hält sie vor die Stirn und zieht sie dann mit angewinkelten Armen ruckartig zum Körper.

Die Fäuste verharren auf Bauchhöhe, und er stößt einen lauten, schrillen Schrei aus:

«ZIIIIÖÖÖÖÜÜÜH!»

Sein Blick ist ganz wirr.

«Richie? Hallo? Geht's dir gut?»

«Jaja, dat is nur so 'ne Technik, um Kraft zu sammeln. Hab ich aus Thailand.»

«Wie? Du warst in Thailand?»

«Klar. Letztes Jahr, mit 'n paar Kumpels. So 'ne AIDA-Reise, weißte. Dat war echt 'ne Welle. Sind nach Bangkok geflogen, paar Tage in Thailand und dann aufs Schiff.»

«Ne richtige Kreuzfahrt?»

«Jaja, wie gesacht, in Bangkok los, dann hier, äh, Samui, weißte, die Insel. Na und dann so runter, Malaysia, Singapur. Auch Vietnam, wie heißt dat noch? Ming-Stadt oder so. Von dem Führer da, weißte.»

«Ho-Chi-Minh-Stadt?»

«Ja, genau, dat war's.»

«Und woher kommt dieser Schrei?», blicke ich ihn fragend an.

«Dat war bei so 'nem Kurs auf Samui. Selbstmotivation und so. Echt 'ne Welle. Kann ich meine ganze Kraft bündeln, wenn ich dat mache!»

Der hat sie nicht alle. Aber Hauptsache, er lässt die Säge gleich nicht fallen. Als wir das schwere Gerät über das Gerüst in den Speicher balancieren, riecht es vor der Tür immer noch nach Pisse. Peter hat sicherlich nicht immer in den Eimer getroffen.

Der Westgiebel, die Wetterseite, ist der am meisten beschädigte Teil des Gebäudes. Als die Fabrikanlage noch in Betrieb war, gab es hier einige Anbauten, deren Abriss schwere Schäden hinterlassen hat. Und das Gesimsband war wohl irgendwann so porös, dass sehr viel Regenwasser in die Wand gesickert ist. Deswegen hat man später Beton daraufgekippt und die Wand von unten bis zum ersten Stock verputzt.

Jetzt sollen Richie, Hans und ich den Westgiebel wieder in den Originalzustand bringen.

Die Ecke zur Wasserseite ist schnell freigestemmt, und Richie beginnt dort neu zu mauern. Hans steht mit seiner riesigen Makita an der Südseite und hämmert den Putz von der Wand. Natürlich bekomme ich die unangenehmste Arbeitsposition. «Du bis noch jung!», und damit war es entschieden.

Ich knie also ein paar Meter entfernt von Hans auf dem Gerüst und muss unter mir die kaputten Steine vorsichtig aus dem Gesimsband stemmen. Dabei muss ich mich so weit vorbeugen, dass ich mit dem Kopf fast auf den Brettern hänge, und schon nach einer Stunde tut mir der Rücken höllisch weh. Seit Richies bizarrem Kraftschrei muss ich die ganze Zeit an Thailand denken. Da könnte man sich in der

Mittagspause mal schnell den Schmerz wegmassieren lassen. Eine himmlische Vorstellung.

Die Stemmhämmer rattern gegen die Steine und vermischen sich mit dem Dröhnen der Steinsäge zu einem aggressiven Klangteppich. Unfassbar, wie Hans und Richie das ohne Gehörschutz ertragen. Aber was diese Dinge angeht, wundere ich mich schon lange nicht mehr.

Peter kommt auf uns zu und wedelt mit einem Bauplan. Nach und nach gehen die Maschinen aus.

«Hans, komm ma, es gibt 'ne neue Tür.»

«Wie? Wir solln dat doch hochmauern, oder nicht? Ich hab Steine für die ganze Mauer bestellt!»

«Ja, ich weiß. Ist aber Kundenwunsch, und die zahlen dat ja auch extra. Is nur wieder mehr Arbeit. Hier», Peter rollt den Plan auf der Steinpalette aus, «kommt die Öffnung hin. Wat meinste, zwei oder drei Stahlträger rein?»

«Zwei reichen. Auf jeden Fall. Dat hält!»

«Okay, dann bestell ich dat so. Ich lass euch den Plan hier, und ihr macht erst den Durchbruch. Nick, du machst da oben weiter, und danach hämmerste den Putz ab. Da, wo Hans angefangen hat.»

Hektisch zieht Peter wieder ab, stoppt plötzlich und dreht sich noch mal um: «Und Hans, versuch 'n paar von den Steinen ganz zu lassen. Die können wir innen für Reparaturen gebrauchen.»

Peter ist gerade um die Ecke gebogen, da kommt Hans zu mir: «Nick, komm da runter und hilf mir lieber mit dem Durchbruch.»

Das lasse ich mir nicht zweimal sagen, endlich nicht mehr knien. Sofort klettere ich die Gerüstleiter nach unten. Hans kratzt sich am Hinterkopf.

«Die scheiß Mauer ist hier unten über 'nen Meter breit, dat

dauert ewig. Wir fangen von beiden Seiten an. Und immer Zähne stehen lassen, damit wir nachher einen Anschluss haben.»

Mein Gesicht ist ein einziges Fragezeichen.

«Hier, den Stein lässte stehen. Den wieder raus. Verzahnung eben. Is klar?»

«Okay. Und die Steine möglichst ganz lassen, ja?»

«Ach, stemm dat durch! Falls zufällig einer heile bleibt, leg ihn zur Seite.»

Die Steine zerbersten unter dem Druck des Hammers und immer wieder fliegen mir Splitter ins Gesicht. Ein größeres Stück schlägt mir so heftig auf die Lippe, dass ich sofort Blut schmecke.

Ohne Schutzbrille wäre ich in großer Sorge um meine Augen. Wie man diese Arbeit ohne Gehörschutz und Brille ausführen kann, ist mir ein Rätsel. Kein Problem für Hans, der wie ein Berserker die Mauer traktiert. Er braucht offensichtlich nur seine Makita!

«Nick, geh ma hoch zu Peter. Der soll doch drei Stürze für die Öffnung bestellen. Ich hab bei den alten Türen geguckt, die ham alle drei. Is besser. Sonst hält dat vielleicht nich!»

Meinte er nicht noch vor zehn Minuten, zwei seien *auf jeden Fall* ausreichend?

Als ich zurückkomme, sind Richie und Hans mit einem grauhaarigen Herrn in ein Gespräch vertieft. Wir alle kennen den freundlichen alten Mann, der hier bei Wind und Wetter seine Runden mit dem Fahrrad dreht. Seit ich auf der Baustelle arbeite, sehe ich ihn fast jeden Tag.

Richie und Hans stehen dicht nebeneinander, jeweils die Beine gespreizt und die Arme verschränkt. Der Alte spricht, und beide nicken synchron. Man könnte sie für ungleiche Zwillinge halten. Ja, genau – das sind Arnold Schwarzenegger und Danny DeVito in der Komödie *Twins*! Nur dass Richie eine blonde Version von DeVito und nicht ganz so fett ist.

«Hey, Nick, komm ma her. Er war auch Maurer!»

Richie zeigt mit dem Daumen auf den neben Hans winzig und zerbrechlich wirkenden Mann. Der spricht ruhig, aber kraftvoll.

«Joah, dat is lange, lange her. Ich hab hier schon als Kind gespielt, da gab's die ganzen Gebäude noch gar nicht. Nur den Speicher.»

So richtig blüht der Greis auf, als Hans ihm das Stichwort *Gute alte Zeit* liefert.

«Ja, alles von Hand! Maschinen gab's kaum. Kennt ihr noch die Bezeichnung *Schwestern*?»

Wir schütteln den Kopf.

«So haben wir unsere Zuarbeiter genannt. Einer trug 'ne Kiepe aus Holz auf dem Rücken, da kam von oben Zement rein. Wie 'ne Art Trichter. Unten gab es ein Brett zum Wegziehen. Die mussten am Tag Hunderte Mal rauf und runter.»

«Hör dir dat gut an, Richie. Dat warn noch echte Malocher», grinst Hans.

«Die andere Schwester», fährt der Alte fort, «bekam so ein L-förmiges Holzbrett aufgeschnallt, dat wurde von dem Kollegen mit Steinen beladen. Ich sach euch, die konnten schleppen wie die Ochsen!»

«So war dat wohl!»

«Aber nu ma weiterhin frohes Schaffen. Muss los, meine Frau hat lecker Buletten gemacht.»

Kommse rein, Kommse ran! Hier werdense genauso bedient wie nebenan!

Das ist mit blauem Edding auf die Fensterscheibe geschrieben. Dahinter sitzt ein weißer Plüschbär im Trikot der Berliner Eisbären, um die Pfote hat man ihm den Vereinswimpel gehängt. Richie hält mir die mächtige Holztür auf.

«So, Nick, herzlich willkommen im Amboss!»

Die Männer an der Theke drehen sich um.

«Mensch, Richie!»

«Macht ma Platz am Brett für Richie!»

«Na, haste Verstärkung mitgebracht?»

Irgendetwas kratzt mich im Hals, und ich muss mehrmals laut husten, während wir uns an die Theke setzen. Jetzt hat uns auch der schmächtige Barkeeper bemerkt und kommt eilig zu uns rüber. Der Typ ist höchstens 1,65 Meter groß, hat eine spiegelblanke Glatze und trägt einen Strichbart von der Unterlippe hinunter bis zum Kinn. Ich huste noch einmal.

«Na, haste 'n Fotzenhaar verschluckt?»

Ich bin sprachlos.

«Hey, Richie, wieso gucktn dein Kumpel wie 'n Auto?»

«Ach, wir hatten nur 'n anstrengenden Tach. Nick, dat is Werner. Der macht nur Spaß.»

Jetzt streckt mir der fiese Zwerg sein kleines Schmierhändchen über die Theke.

«Gestatten, Werner. Ich bin der Deo-Roller für sonntagmorgens.» Dabei nimmt er einen imaginären Hut vom Kopf.

Als Richie mich vorhin fragte, ob ich spontan Lust auf ein Feierabend-Bier in seiner Stammkneipe hätte, war ich auf einiges gefasst. Und das hier geht ja gut los.

Wir hocken dort, wo der Holztresen eine Kurve zur Wand macht. Am Ende der Theke lehnt ein riesiger Stoff-Elch mit

Hertha-BSC-Mütze, der so vergilbt ist, als wenn er den Zigarettendunst der vergangenen 50 Jahre in sich aufgesogen hätte. Rechts neben dem Elch hängt ein selbstgezimmerter Einbauschrank, in dem geschmackloses Porzellan aus den Siebzigern steht. Aus dem Radio plärrt irgendeine Schlager-Schnulze, und zwei Hocker weiter hat ein Typ gerade wie ein Elefant gerülpst. Ich könnte jetzt ein Bier vertragen.

«Zum Wohle!», knallt uns der Deo-Roller jeweils ein großes Pils und einen Kümmerling hin. Auch er hat ein Schnapsfläschchen in der Hand und klopft damit hektisch auf die Theke. Der Rest der Barfliegen ist ebenfalls versorgt, und für ein paar Sekunden wird rhythmisch auf das Holz gehämmert. Ich schließe mich an.

«PROST!»

«PROST!»

«PROST!»

Wir hauen uns den Kurzen rein, und ich stelle mein Fläschchen zurück auf die Theke.

Plötzlich ranzt der Deo-Roller mich an: «Ey, bist du bekloppt? Du kannst dat doch nicht *hinstellen*!»

In aller Ruhe nimmt Richie meinen Kümmerling, schraubt den Deckel wieder drauf und legt die Flasche hin, mit dem Verschluss Richtung Deo-Roller.

«So muss dat.»

«Ist ja gut. Kommt nicht wieder vor», und als der Deo-Roller weg ist, «hat das irgendeinen Sinn, Richie?»

«Nee, überhaupt nicht. Is halt Tradition.»

Dann setzt er sein Bier an und leert mit einem Schluck den halben Humpen.

«Aaaaaah, is dat herrlich nach so 'nem Tach! Dat wird übrigens in Köpenick gebraut. Echt süffig, wa?»

«Ja, wirklich gut.»

Und das ist nicht gelogen. Das Bier schmeckt tatsächlich und erlöst mich von dem nervigen Kratzen in der Kehle. Ich muss noch mal an den Fotzenhaar-Spruch von dem Deo-Roller denken. War das wirklich das Allererste, was dieser Gnom zu mir, einem neuen Gast, gesagt hat?

Richie mustert einen extrem blassen Kerl, der ihm schräg gegenübersitzt.

«Mann, Jochen. Siehst ja echt scheiße aus. Wasn los? Is wieder einer von deinen Spielkameraden abgenippelt?»

Der Typ hört auf, in sein Bierglas zu starren, und blickt durch seine fingerdicken Brillengläser zu uns rüber.

«Nee, keiner gestorben diese Woche …»

«Der is Altenpfleger, weißte», flüstert Richie mir zu.

«… aber ich hab heut Morgen 'nen Hund überfahren. Seitdem gehts mir echt beschissen!»

«Ja, dat is immer nich gut.» Richie presst mitleidig die Lippen aufeinander. «Ich hab ma so 'n Schäferhund angefahren. Da läuft dat Vieh ausm Feld und mir voll vor die Karre. Und dann, als ich aussteige, kommt das Herrchen auch aus dem Feld, weißte, sacht nix, nimmt seinen Köter aufn Arm und geht wieder ins Feld. Ich weiß bis heute nich, wat dat war.»

Jetzt räuspert sich der sonderbare Typ, der die ganze Zeit Apfelkorn säuft. Er trägt ein weißes Unterhemd und darüber einen Bundeswehr-Parka. Ich bin überrascht, hier im tiefsten Kreuzberg einen breiten pfälzischen Dialekt zu hören.

«Isch hab ma 'ne Katz überfahre. Un dann bin isch noch ma zurück, um zu gugge, wie platt die wohl is.»

Niemand antwortet. Alle schauen weg oder greifen stumm zum Bierglas. Richie dreht den Kopf zu mir rüber.

«Der hat zu viele Zeichentricks geguckt.» Er macht eine Wischbewegung mit der Hand vorm Gesicht. «Wahrscheinlich erzählt der dir nachher auch noch von Hans-Peter Briegel. Die kommen aus demselben Kaff, und unser Depp hier hat dem vor Jahrzehnten mal den Rasen gemäht. Immer wenn er besoffen ist, labert der die Leute mit diesem Scheiß Briegel voll.»

Die dritte Runde Bier wird wieder von Kümmerlingen begleitet. Auch beim Austeilen gibt es offenbar ein Ritual, das mir vorhin entgangen ist. Der Deo-Roller legt die Flaschen wieder flach auf den Tresen, nur diesmal mit dem Deckel in Richtung Gast. Sobald alle versorgt sind, beginnt das große Klopfen.

Prost! Reinkippen. Zuschrauben. Flach hinlegen. Deckel nach vorn. Langsam über die Theke schieben. Ich habe es begriffen und werde diese Prüfung heute noch etliche Male mit Bravour bestehen.

«Ey, Richie, kommste nächstes Wochenende mit auf dat Open Air in Wriezen? AC/DC! Yeah, Mann!» Ein langhaariger Typ mit Vollbart macht das Heavy-Metal-Zeichen, streckt die Zunge raus und wackelt mit seiner zotteligen Mähne.

«Klar, Mann!»

«Geil, Alter! Dieses Jahr gibts auch Show-Rodeo. Weißte, so heiße Ischen auf 'nem Bullen.»

«Dat wird endlich ma wieder 'ne Welle! Ey, Nick, kommste auch mit?»

«Äh, ich hab leider keine Zeit an dem Wochenende. Sonst gerne. Das ist aber 'ne Coverband, oder?»

«'türlich! Glaubste, AC/DC spielen in Wriezen?»

Beim Lachen haut Richie mit der flachen Hand wuchtig auf die Theke.

Inzwischen hat sich die Kneipe geleert, und der Deo-Roller serviert unsere letzten Humpen. Er ist selbst vollkommen blau. Kein Wunder, der Wicht säuft bei jeder Runde mit.

Und wie ich erfahre, steht der rund um die Uhr hinterm Tresen.

«Hasse eigentlich nie Angst, dass mal was passiert aufm Bau?», lalle ich Richie ins Ohr.

«Nee, hab ich nicht. Aber aufer Arbeit umkommen, dat wär schon scheiße. Weißte, wat toll wär?» Er stößt sein Bierglas fast um, als er es packen will. «Im Puff totficken! Dat wärs.»

An meinen Heimweg kann ich mich nicht erinnern. Ich schlafe traumlos und schwer in dieser Nacht.

Baustützen! Wo sind die verdammten Baustützen? Der Speicher ist wirklich groß, wenn man etwas sucht und nicht genau weiß, wo es ist. Der Durchbruch ist geschafft, jetzt müssen die Stahlträger rein.

«Hey, Nick, guck dir ma Richie an. Dat passiert dem dauernd», sagt Hans im Flüsterton und nickt mit dem Kopf in seine Richtung. «Der schläft im Stehen ein. Vor allem, wenn er sich zum Frühstück so viel reinstopft wie heute. Deswegen wird der auch nie mit irgendwat feddich.»

Richie steht mit der Kelle in der Hand vor der Mauer und regt sich nicht. Ich kann nicht erkennen, ob er tatsächlich die Augen geschlossen hat, aber die Musik aus seinem heiligen Makita-Radio scheint ihn regelrecht einzulullen.

«RICHIE! WACH AUF, MANN!», blökt Hans.

Richie zuckt fürchterlich zusammen, legt einen Stein in die nächste Reihe und arbeitet weiter, als wenn nichts gewesen wäre.

Wir brauchen noch zwei Baustützen, und ich dehne meine Suche gerne ein wenig aus, denn im Speicher ist es immer angenehm kühl, egal, wie heiß die Sonne brennt. Im vierten Stock treffe ich auf Peter.

«Du, da unten aufm Platz», sagt er zu mir, «läuft so 'ne aufgetakelte Alte rum. Dat is 'ne Maklerin. Die nervt mich schon seit Monaten. Die macht sich wichtig, obwohl se noch nich einen ernsthaften Interessenten angeschleppt hat. Geh ma hin und guck, wat die will. Wenn die nach mir fragt: Ich bin nich da.»

Ich sehe die Frau und muss in der ersten Sekunde an Annette Bening in *American Beauty* denken. Diese aufgeregt umherwuselnde Blondine hier sieht genau so aus wie die karrieregeile Immobilienmaklerin aus dem Film! Sie hat ihre gelockten Haare so nach oben toupiert, dass es ein bisschen wie eine füllige Perücke wirkt. Der graue Businessanzug sitzt perfekt.

«Schade, dass Herr Zwifka nicht im Haus ist. Ich wollte», dabei fuchtelt sie mir wild mit ihrem iPad vor der Nase rum, «eigentlich nur fragen, ob ich noch ein paar Fotos schießen darf.»

«Das ist sicherlich kein Pro …»

«Ja, weil, wissen Sie, ich habe da ein Architektenbüro gefunden, mit denen will ich so einen virtuellen Rundgang erstellen. Dann können die Kunden sich besser vorstellen, wie das hier mal aussehen könnte. Das ist ja manchmal etwas schwierig, nicht wahr?»

«Das glaube ich, dass da manchen Leuten das Vorstellungsvermög …»

«Eben! Und deshalb wäre das supi, wenn ich schnell ein paar Bilder … wissen Sie? Aber nur, wenn Sie Zeit haben selbstverständlich.»

«Kein Problem. Am besten fangen wir oben an. Haben Sie denn neue Interessenten?»

«Jaja, sicher, sicher. Aber die sind beruflich weltweit eingebunden, da ist das ganz schwer, mal einen Termin zu machen. Sie können Herrn Zwifka ausrichten, dass ich mich nächste Woche diesbezüglich melde.»

Ihr iPad schwirrt hektisch umher. Hier ein Foto horizontal, dann da wieder aus der Froschperspektive. Dann noch was notieren, dann schnell einen Anruf machen. Durch ihr Rumgezappel werde ich selbst ganz unruhig.

«Das ist aber schön hier. Ganz wunderbar dieser Raum. Wie viele Quadratmeter werden hier berechnet?»

«Am besten wenden Sie sich noch mal per E-Mail an Peter, äh, Herrn Zwifka. Ich kenne die Zahlen nicht genau.»

«Und so ungefähr?»

«Etwa 400 Quadratmeter.»

Ich frage mich, was sie mit dieser Schätzung anfangen will. Um den Preis errechnen zu können, braucht sie doch sicher die genauen Zahlen. Fahrig hackt sie wieder auf ihrem iPad rum.

Ob sie wohl wie die Maklerin im Film zum Abreagieren und Entspannen auf einen Schießstand geht? Oder vielleicht tobt sie sich ja beim Paintball aus? Den Verein gibt's gleich um die Ecke.

20 Minuten lang laufe ich mit ihr über die Baustelle. Je mehr sie quasselt, desto deutlicher wird mir, dass sie schon sehr lange nichts mehr verkauft hat. Am Ende tut sie mir fast leid. Gerade habe ich sie vor dem Gebäude verabschiedet, da mault Hans mich von der Seite an: «Jetzt musst ich die Scheiß Baustützen selbst holen! Wat war denn los?»

«Ich musste Peter vertreten.»

«Wieso? Der is doch oben. Drückt sich wieder, wa?»

Richie kommt dazu und blickt der Maklerin gedankenverloren hinterher.

«Boah, die kann man auch mal schön vorn Posten kloppen!»

«Bitte? Was? Vorn Posten kloppen?»

«Ja, Mann. Durchnudeln. Die Alte pudern. FICKEN! Hastes jetzt?»

SCHUTZKLEIDUNG IS NICH!

Rainer & Adam

Rainer und ich befreien uns von den Sandstrahl-Helmen. Der Sand fällt langsam zu Boden, und der Nebel lichtet sich. Adam kommt auf uns zu.

«Rainer, du sollst sofort runter zum Cheffe! Ich mach solange weiter!»

«Boah, wat will der Alte denn schon wieder?»

Als wir wieder loslegen wollen, bemerkt Adam, dass ihm etwas Wichtiges fehlt.

«Scheiße, jetzt hat der die Handschuhe mitgenommen. Na ja, geht auch ohne. Ist ja nur für ein paar Minuten.»

«Bist du sicher?», frage ich Adam noch, bevor ich den Helm wieder aufsetze und mit dem Strahlen weitermache.

«Jaja.»

Keine zwei Minuten sind vergangen. Der Sand hat den Raum noch nicht gänzlich eingehüllt, sodass ich noch erkenne, wie jemand hereinkommt, auf Adam zusteuert und ihm von hinten auf die Schulter klopft. Als Nächstes saust Adams Silhouette in einem Bogen zur Erde, und der andere Schatten springt flink weg.

Sofort lasse ich die Totmannschaltung los, reiße mir den Helm vom Kopf, obwohl der Sand noch in der Luft rumwirbelt, und renne rüber. Jetzt höre ich Adam schreien und fluchen. Der andere Schatten war Rainer, der schon bei ihm ist.

«KURVA! AAAAH! KURVA!», brüllt Adam.

«Was ist los? Was ist passiert?», frage ich atemlos.

«Ich bin nur zurückgekommen, um ihm meine Handschuhe zu bringen, da erschreckt sich der Idiot so sehr, dass er sich in die Hand strahlt», erklärt Rainer, während er die Wunde inspiziert.

«Wir müssen runter zum Wasserschlauch, du musst dat auswaschen!» Dann dreht er sich zu mir und sagt leise: «Scheiße, is ganz schön tief.»

Die Wunde sieht fürchterlich aus: Ein klaffender Strich geht quer über die Hand, das Blut quillt in Stürzen hervor. Sie waschen die Wunde aus und verbinden sie schon fast verdächtig professionell. Scheint für die beiden nicht der erste Unfall dieser Art zu sein.

Dann geht es eilig ins nächste Krankenhaus. Erst kurz vor Feierabend kommen sie wieder, und Adam erzählt den Unfall aus seiner Perspektive.

«Als Rainer mir von hinten wie ein Bekloppter auf die Schulter haut, hab ich mich so erschrocken, dass ich nach hinten gesprungen bin. Dabei hab ich mich irgendwie in dem Schlauch verheddert. Mit der freien Hand hab ich noch versucht, mich an dem Träger festzuhalten, und dabei ist es passiert. Na ja, hätte auch schlimmer enden können. Hätte Rainer auch 'n Auge rausstrahlen können, wa? Also: Na zdrowie!»

Ohne Schutzkleidung betrete ich seitdem ungern einen Raum, in dem gesandstrahlt wird.

Kapitel 12

Blut im Porsche

BUMCHA, BUMCHA, DUFFCHA, DUFFCHA, BUMCHA!

Mein Körper wird beinahe aus dem Bett katapultiert, so heftig schrecke ich aus dem Schlaf hoch. 4:53 Uhr. Das kann doch nicht wahr sein! Irgendein Arschloch spielt da draußen Schlagzeug!

Mit kaum geöffneten Augen stolpere ich auf den Balkon. Direkt gegenüber, zwischen Spree und Schlesischer Straße, liegt eine Brachfläche, an den Brandmauern dahinter prangen die zwei wohl berühmtesten Graffiti Berlins: Ein Businessmann trägt Handschellen aus goldenen Armbanduhren, und zwei Gestalten ziehen sich gegenseitig die Masken vom Kopf. Die Künstler Blu und JR haben die beiden riesigen Motive im Jahr 2007 erschaffen. Nur die aufgedruckten Augen der Maskenfiguren sind inzwischen der Witterung zum Opfer gefallen und wurden durch aufgemalte Brillen ersetzt.

Auf dem Stück Wiese vor den Graffiti erkenne ich jetzt eine Horde Menschen, die in der Morgendämmerung singen, Gitarre spielen und – wie dreist! – Bassdrum und Snare aufgestellt haben.

Es ist Mittwochmorgen. Die vergangenen Wochen waren schon schwer erträglich mit dieser Mischung aus Alt-Hippies, Langzeitarbeitslosen und internationalen Partytouristen. Das Wetter war schön, warum also die Saufgelage nicht nach draußen verlagern? So entstand diesen Sommer dort so etwas wie ein Zeltlager für gescheiterte Existenzen. Natürlich untermalt von scheinheiliger Kapitalismuskritik.

Am Anfang waren es höchstens eine Handvoll Zelte direkt am Spreeufer, und niemand störte sich daran. Doch es wurden mehr und mehr. Irgendwann verlor ihr selbsternannter Häuptling, ein barfüßiger Uralt-68er in schwarzer Schlaghose und Kunstfelljacke mit Leopardenmuster, den Einfluss auf seine Jünger, und es brach Anarchie aus.

Wann immer ich aus dem Fenster blickte, sah ich auf einen Hintern, der gerade abgewischt wurde. Die Büsche vor dem Zaun zur Straße wurden zur großen Freiluft-Toilette.

Dann zog eine Gruppe Punks aus Spanien mit ihren deutschen Groupies in das Camp und sorgte dafür, dass jeden Tag ganze Einkaufswagen voller Pfandflaschen über das Kopfsteinpflaster klimperten. Leute auf der Straße wurden frech angeschnorrt, und das Gegröle in der Nacht nahm gar kein Ende mehr.

Als ich einmal abends vom Bau komme und mit einem Sixpack Bier unter dem Arm die Haustür aufschließe, kommt einer der Punks auf mich zu: «Ey, eins gibst du mir doch ab, wa?»

Als ich ihn höflich darum bitte, mich nicht zu nerven, und ihn ermuntere, sich lieber einen Job zu suchen, brüllt er mich an: «Ich hab genug gearbeitet in meinem Leben, du Wichser!» Aber sicher doch, denke ich mir. Das Milchgesicht ist vielleicht 25.

Am Anfang fand ich es noch lustig zu beobachten, wie der Guru jungen Touristinnen den großen Abenteuerspielplatz zeigte. Nicht selten endete die Tour in seinem Zelt. Oder wie die Hippies eine Open-Air-Quizshow auf die Beine stellten. Oder die Kunststücke des großen Pfeil-und-Bogen-Meisters, der bei 30 Grad im Schatten einen langen schwarzen Ledermantel auf freiem Oberkörper trug. Was waren die Teenager begeistert von seinen Kunststücken! Bis er plötzlich wutentbrannt einen Jüngling mit gespanntem Pfeil aus dem Lager jagte.

Der Spaß war für mich vorbei, als die Generatoren angeschleppt wurden. Jetzt entstand da unten eine improvisierte Elektro-Disco, und das Partyvolk feierte sich Nacht für Nacht in Ekstase. Inzwischen kann ich seit Wochen nur noch bei geschlossenem Fenster schlafen. Und selbst dann lässt der Bass meine Matratze leicht vibrieren. Jetzt das Schlagzeug nachts um fünf. Das ist die Krönung.

BUMCHA, BUMCHA, DUFFCHA, DUFFCHA, BUMCHA!

Okay, jetzt bin ich wach, dann kann ich auch gleich frühstücken. Der Duft der Espressobohnen ist das erste Erfreuliche an diesem jungen Morgen. Mein Blick schweift aus dem Fenster in Richtung Halbmond, der sich noch ganz sanft vom heller werdenden Himmel abhebt.

FICKT ƎUCH ALLƎƎ. Natürlich habe ich diesen Spruch an der Hauswand über dem Club Lido schon zuvor wahrgenommen, aber zum ersten Mal fühle ich mich davon angesprochen. Die hellblaue Lido-Leuchtschrift ist eingerahmt von zwei Herzen der Astra-Brauerei, die zusätzlich rötliches Licht in die Luft hauchen. Die letzten Partyzombies treten aus der Tür in den glimmernden Lichtkegel und schleichen aneinandergeklammert in Richtung BUMCHA BUMCHA DUFFCHA …

Zum Glück verlasse ich diese Wohnung in zwei Tagen und ziehe auf die Ringbahnstraße in Neukölln. Wieder als Zwischenmieter, wieder für zwei Monate. Aber diesmal weit entfernt von irgendwelchen Partytouristen.

Die Lackierarbeiten haben begonnen. Volker, Rainer und Co. haben ihre Sandstrahlausrüstung gegen Spritzdüsen und Atemmasken getauscht. Adams Verletzung ist schwerer als gedacht, seine Hand ist immer noch nicht einsatzfähig. Für ihn übernimmt Rolf, der älteste Mitarbeiter in Volkers Firma.

Es gibt drei Arbeitsschritte, erklärt Rainer mir. Zuerst wird der Korrosionsschutz aufgetragen, damit der frisch gestrahlte Stahl nicht sofort wieder oxidiert. Dann kommt die Brandschutzfarbe. Um zuverlässig ihren Zweck zu erfüllen, müssen beide Schichten eine bestimmte Dicke haben, die in der Maßeinheit µm angegeben wird. Am Ende kommt der Lack, dessen Farbe jeder Käufer vorher frei wählen kann.

Bevor die Lackierer aber ans Werk gehen können, steht noch ein echter Knochenjob an. Bis in die vierte Etage müssen Mauern, Kappendecken und Metallträger vor dem Farbnebel geschützt werden. Das heißt: Tagelang mit Folie und Klebeband über Kopf arbeiten. Ich bin erleichtert, als Peter verkündet, dass er für diese undankbare Aufgabe ein paar Zeitarbeiter engagiert hat. Das ist eine Woche her. Jetzt stehen wir vor dem kläglichen Ergebnis ihrer Arbeit.

«Ich mach dat nich mehr!»

«Was machst du nicht mehr, Peter?»

Keine Reaktion. Der hört auch immer schlechter.

«PETER! WAS MACHST DU NICHT MEHR?»

«Leiharbeiter holen. Jetz guck dir den Scheiß hier an. Is am Wochenende überall wieder runtergekommen.»

Wir stehen im dritten Stock. Ganze Bahnen haben sich von den Kappendecken abgelöst. Die Folie klebt nur noch an den Zipfeln und hängt komplett bis zum Boden herunter. Auch die Kanten sind alles andere als sauber abgeklebt. Hier haben sie wohl endgültig die Konzentration und Lust verloren. Ich ahne nichts Gutes.

«Wenn Volker hier anfängt zu spritzen, hab ich die ganze Farbe auf den Steinen! Hier, überall Lücken! So 'ne Scheiße! Nick, reiß hier alles runter, und dann klebst du dat neu.»

Oh nein! Jetzt erwischt es mich doch. Als ob Peter meine Gedanken gelesen hätte, sagt er noch: «Keine Panik, kriegst Verstärkung. Um acht kommt noch 'n Freund von Katrin. Mal sehn, ob der auch so viel taucht wie du!»

Wow, war das gerade so was wie Anerkennung?

Ein leicht beißender, süßlicher Lackgeruch liegt in der Luft und breitet sich langsam im gesamten Gebäude aus. Volker und seine Jungs haben im Erdgeschoss losgelegt.

Der Großteil der Folie liegt bereits mit dem Klebeband zusammengeknüllt auf einem Haufen. Ich will gerade die Mülltüten holen, als ich plötzlich durchs Fenster ein aurora-rotes Rennrad über den Vorplatz schießen sehe. Der Fahrer zieht die Hinterbremse, reißt das Rad zur Seite und rutscht mit einer Vollbremsung gekonnt an den Bauzaun. Er schließt ab und hetzt zum Haupteingang. Es ist 8:15 Uhr. Der Neue ist da.

«Nicholas? Hi, ich bin Matze. Peter sagt, ich soll dir helfen, und du erklärst mir alles.»

Ein kräftiger Mann in meinem Alter steht vor mir. Der schwarzgrau gescheckte Bart ist fusselig, das Gesicht schlafdurchdrungen. Er sieht aus, als habe er erst vor zehn Minuten einen Fuß aus dem Bett gesetzt. Der Fahrtwind hat seine Haare seitlich zerzaust, vom schwarzen T-Shirt grinst ein Schweinekopf mit Sonnenbrille und Kopftuch im Zielflaggen-Muster.

«Also, wir müssen entlang der Stahlträger abkleben, damit die Lackierer hier nicht alles versauen. Du kannst da hinten die letzten Bahnen abreißen, ich hol die neue Folie.»

«Erst abreißen und dann wieder ankleben? Hä?»

Ich erzähle ihm kurz von der Schlamperei der Leiharbeiter und gehe dann runter. Im Erdgeschoss scheppern die Deckel der Kompressoren. Tomasz und Pawel tragen Farbeimer vom Lkw in den ersten Stock. Es riecht extrem nach Lösemitteln.

Peter steht mit Volker vor der Tür einer zukünftigen Wohnung, in der Rainer noch mit der Korrosionsschutzfarbe zugange ist. Volker trägt wieder sein USA-Kopftuch, doch die Stars & Stripes sind heute rotbraun überschmiert.

Er hält eine Atemschutzmaske vom Hersteller 3M in der Hand. Die kommt mir bekannt vor. Als Kunststudent habe ich das etwas kleinere Modell ohne Visier benutzt. Absolut lebensnotwendig, wenn man stundenlang mit lösemittelhaltiger Farbe arbeitet. Ich werfe einen Blick in den Raum und bin entsetzt. Rainer steht auf einer Leiter und besprüht kopfüber die Stahlträger. Und die Schutzmaske? Baumelt ihm lose um den Hals! Ist der irre?

Ich muss mich kurz sammeln.

«Ähm, Peter, wo sind die neuen Folien und das Klebeband?»

«In der Hütte unterm Bett. Aber sei sparsam mit dem Klebeband. Ist nicht mehr so viel da!»

Dann solltest du vielleicht einfach neues besorgen! Aber ich sage das schon gar nicht mehr. Es muss immer alles bis auf den letzten Zentimeter, die letzte Schraube, den letzten Nagel verbraucht werden, bis Peter mal reagiert. Dass dadurch häufig der ganze Ablauf verzögert wird, interessiert ihn wenig. Im Weggehen drehe ich mich kurz um.

«Ach, und Rainer da so ohne Maske … das macht der nicht lange … Ich meine, das sind wirklich giftige Dämpfe!»

«Dat is sein Problem, nicht unsers, ne?

Das Abkleben ist zu zweit nicht weniger mühsam. Wenigstens dröhnt mal keine Maschine. Sich während der Arbeit unterhalten zu können ist auf dem Bau die Ausnahme.

«Hier, nimm mal die Schere und schneid da hinten ab.»

Matze schüttelt den Kopf, greift an die Halterung hinten am Gürtel und zieht ein Messer heraus.

«Damit geht dat besser, glaub mir. Willste auch? Hab noch eins in der Tasche.»

«Nee, lass mal. Ich nehm die Schere.»

Wie die Leiharbeiter das Klebeband schief und krumm anbringen konnten, ist mir ein Rätsel. Wir beide ziehen eine Bahn nach der anderen, ohne auch nur ein bisschen von der Kante abzukommen. Matze hat keine zwei linken Hände, so viel kann ich schon sagen.

«Und, Matze, was machst du sonst?»

«Ich bau Fahrräder.»

«Ach, wie das, mit dem du angerauscht kamst? Die baust du ganz alleine?»

«Na ja, die Rahmen bau ich nicht. Ich kaufe Teile dazu und reparier die. Oder schieß 'n paar Schnäppchen bei eBay. Und damit stell ich dann neue Bikes zusammen. Unten steht ein Single Speed. Der Rahmen is ein Müsing.»

«Das klingt interessant», nuschele ich, während ich die Schere mit den Zähnen festhalte und Klebeband ansetze. «Aufm Bau warst du aber schon mal, oder?»

«Ja, hab ein paar Jahre bei 'ner Gerüstbaufirma gearbeitet. Dat is echt 'n Knochenjob. Und die Leute, mit denen du da arbeitest ... da hat jeder zweite schon mal im Knast gesessen. Is aber lang her. Und du?»

«Lange Geschichte. Hab im Januar hier angefangen und wollte eigentlich nur ein, zwei Monate bleiben. Brauchte dringend Geld. Vorher habe ich mich in London um Kunstprojekte gekümmert. Ich weiß selbst nicht so genau, warum ich immer noch hier bin.»

Für einen Moment halte ich inne. Da ist sie wieder, die Frage, wie es weitergeht. Ich bin peu à peu in eine alltägliche Routine geraten, dass die Zeit nur so verflogen ist. Ich muss mir wohl eingestehen, dass ich mich all die Monate nie ernsthaft um eine Alternative bemüht habe. Doch ich beginne, die vergangene Welt zu vermissen. Das Gras auf der anderen Seite ist immer grüner.

«Du bist Peters Assistent, hatter gesagt.»

«Ach, Peter! Ich hab irgendwann angefangen, ihm E-Mails zu übersetzen oder zu dolmetschen, wenn ausländische Käufer kommen. Seitdem nennt er mich seinen Assistenten. Aber ich mach hier eigentlich alles. Letzten Monat habe ich noch gesandstrahlt, davor war ich auf dem Dach, und jetzt klebe ich mit dir die Träger ab.»

«Okay, verstehe. Sag mal, wo kann man denn hier frühstücken?»

«Gegenüber ist 'ne Bäckerei, aber ist noch ein bisschen früh.»

«Ja, ich muss dat nur wissen. Ordentlich frühstücken is wichtig für mich.»

Ich verstehe, was er meint, als wir gemeinsam mit Hans und Richie beim Bäcker sitzen. Matze bestellt eine große Frühstücksplatte und macht sich genüsslich darüber her.

Noch nie habe ich jemanden so hingebungsvoll ein Brötchen essen sehen. Er zelebriert jeden Bissen, kaut ein bisschen, spült mit Kaffee nach, kaut wieder ein bisschen. Dabei guckt er wie ein Schelm, der mit sich und der Welt in Einklang ist. Der Neue lässt sich so viel Zeit, dass sogar Richie ungeduldig wird.

«Ey, jetz mach ma hinne. Ruhig angehen lassen is ja gut, aber man kanns auch übertreiben!»

«Hört, hört! Richie, die Arbeitsrakete!» Hans ist sichtlich amüsiert. «Na los, komm jetz.»

Sämtliche Stahlträger und Fenster abzukleben ist in Anbetracht der Raumgröße wahnsinnig viel Arbeit. Am Ende des Tages kann ich das stupide Geräusch vom Abreißen des Klebebands nicht mehr hören.

Meine frisch bezogene Wohnung in Neukölln ist wunderbar ruhig und erholsam. Doch es dauert nicht lange, und mein neuer Kiez offenbart noch ein anderes Gesicht.

Ich trete mit Einkaufstüten bepackt vor die Shopping-Arkaden Neuköllner Tor und überquere den Parkplatz. Da sehe ich auf der anderen Straßenseite ein Pärchen, dass vorm VideoWorld mit einer Flasche Wein herumhantiert. Er trägt einen total verwahrlosten, viel zu großen Anzug, sie eine mit bunten Blumen bestickte Bluse und dazu den passenden Rock. Die Sonne hat ihre verlebten Gesichter dunkelbraun gebrannt. Offenbar gibt es Ärger wegen des Weins. Der Typ brüllt rum und reißt ihr die Pulle ruppig aus der Hand. Jetzt hält er die Flasche mit den Oberschenkeln fest und versucht panisch den Korken mit dem Daumen reinzudrücken. Das gelingt unter größter Anstrengung – und beschert ihm einen Schwall Rotwein auf Händen, Gesicht und Hemd. Er schreit und tobt, zerrt dann seine Frau zu sich rüber und wischt die ganze Sauerei an ihrem Rock ab. Die nimmt es wie selbstverständlich hin. Scheint keine Premiere zu sein, dieser erniedrigende Akt.

Angewidert laufe ich die kleine Steigung zu meiner Wohnung hoch, vorbei an drei Afroshops, die direkt nebeneinanderliegen. Vor dem zweiten Laden steht eine Gruppe Schwarzer.

«Hey du! Bist neu hier auf Kiez? Hab dich gesehn.»

«Ähm, ja, bin da vorne vor einer Woche eingezogen.»

«Ah! Trinkst du mit uns ein Willkommensdrink! Komm rein. Ich bin Oluwasegun.»

«Nicholas, freut mich.»

Was soll ich tun? Eigentlich habe ich keine Lust, will aber auch nicht unhöflich sein. Durch die Tür sehe ich Bier im Kühlschrank. Na gut, ein Feierabendbier kann nicht schaden.

«UCHENNA! UCHENNA!», schreit er nach seiner Frau.

Wir stehen vorm Verkaufstresen, an den ich meine Tüten gelehnt habe. Im Hinterzimmer lümmeln fünf fette Afrikaner rauchend und Bier saufend auf den Plastikledersofas herum.

Uchenna kommt aus der Küche, in der offenbar mehrere Kinder rumwuseln. Sie hat eine Schürze umgebunden und wirkt gestresst. Oluwasegun wirft ihr im Befehlston ein paar Worte zu. Seine Frau verschwindet wieder und kommt mit einer riesigen Fünf-Liter-Glasflasche zurück. Das Gefäß erinnert mich an die bauchigen Weinflaschen in Frankreich und einen unvergesslichen Urlaub in den Sanddünen von Arcachon.

«Das hier ist Nationalgetränk von Nigeria! Wenn du trinkst, ist gut für *Bum Bum*!» Dabei greift er mit seinen Händen um das imaginäre Becken einer Frau und macht heftige Stöße mit seinen Lenden.

«Aha. Und was ist da drin?» Die grüne Brühe sieht giftig aus. Undefinierbares Zeug schwimmt darin rum.

«Kräuter, Baumrinde, Gin!»

Okay, das da könnte die Baumrinde sein. Aber Kräuter ist ein sehr weiter Begriff in diesem Zusammenhang. Uchenna stellt uns Gläser hin und gießt üppig ein.

«Okay, okay, das ist genug für mich.»

Oluwasegun hebt sein randvolles Glas.

«Prost, willkommen!»

Erst brennt es im Mund, danach in der Kehle. Dann ist alles betäubt. Sekunden später spüre ich das Teufelszeug in meinem Kopf. Es kribbelt, als würden meine Gehirnzellen gerade gegrillt. Ich mache einen hastigen Schritt zum Kühlschrank. Tür auf, Bierdose raus, klick, aaaaah, der kühle Gerstensaft wirkt wie Balsam in meinem Mund.

«Wir hier seit 17 Jahre. Jetz große Familie. Früher schwierig hier, jetz gut.»

«Und du kommst aus Nigeria?»

«Ja, Nigeria. Ich Nigerianer! Ich Deutsch! Wir alle Freunde! Prost!»

Mit Widerwillen und aus reiner Höflichkeit schütte ich mir dieses selbstgebraute Gift noch einmal rein. Oluwasegun trinkt sein Glas in einem Schluck leer. Unglaublich! Uchenna gießt nach. Sie steht die ganze Zeit stumm hinter dem Tresen und hört uns zu. Die Situation wird mir langsam unangenehm.

«Du, ich muss nach Hause. Meine Frau wartet auf den Einkauf», versuche ich mich zu lösen. Aber das interessiert meinen neuen Freund nicht. Er erzählt und erzählt. Seine ohnehin schwer verständliche Aussprache wird mit jedem Schluck zu einem immer wirreren Wortfluss, dem ich nur noch nickend folgen kann. *Bum Bum* ist das Einzige, was zwischendurch noch zu mir durchdringt. Und irgendwas mit «Frauen glücklich machen».

Am nächsten Morgen fühle ich mich wie nach einem Boxkampf. Das versprochene *Bum Bum* befindet sich in meinem Kopf und tut höllisch weh.

Geschafft! Wir sind heilfroh, als wir am Ende der Woche die letzte Etage mit Folie ausgekleidet haben. Endlich was anderes machen. Nicht mehr wieder und wieder der gleiche Bewegungsablauf, bei dem die Muskeln versteifen und der Geist mürbe wird.

Matze dreht sich gerade zufrieden eine Zigarette, da kommt Peter rein und verkündet die Hiobsbotschaft.

«Alles feddich? Gut. Dann könnt ihr jetzt mit der Holzvertäfelung unterm Dach anfangen!»

«Wie? Das *ganze* Dach?» Das darf nicht wahr sein. Jetzt bin ich wirklich genervt. «Und wie kommen wir da hoch?»

«Wir nehmen dat Rollgerüst. Volker hat noch 'n paar Teile im Lkw, damit bauen wir dat hoch bis unters Dach. Dat passt wohl.»

Gesagt, getan. Wir schleppen die Gerüstteile durch das enge Treppenhaus ins Dachgeschoss. Dann werden Seitenteile in Rollen gesteckt, Querverstrebungen festgemacht und Ebene für Ebene aufgebaut. Als wir fertig sind, stehe ich ganz oben in etwa sechs Metern Höhe und recke mich. Es reicht nicht. Das Gerüst ist nicht hoch genug, um die letzte Kante der Holzvertäfelung zu erreichen.

«Und nun, Peter?», frage ich hinunter.

«Ja, hmm, müssen wir wohl die Arbeitsplatten ganz oben draufhaken.»

«Aber dann ist da ja keine Strebe mehr, und wir stehen hier oben total ungesichert. Ist ein bisschen gefährlich, oder nicht?»

Das Ding wackelt ohnehin schon bedenklich. Die Vorstellung, in dieser Höhe auf einer offenen Plattform über Kopf die Folie ans Holz zu kleben, ist mir nicht geheuer.

Matze scheint meine Bedenken nicht zu teilen: «Ach, dat geht wohl!»

Das wiederum gefällt Peter: «Genau, is ja auch drinnen. Dat kricht ihr schon hin.»

«Wie, drinnen? Wenn ich von hier oben auf Beton knalle, ist es ziemlich egal, ob ich drinnen oder draußen bin! Ich gehe zu Volker und frage, ob er noch ein paar Stangen hat!»

Die Tür zum Apartment im zweiten Stock steht offen. Ich kann die Geräusche der Spritzpistolen schon hören. Da gibt es einen lauten, scheppernden Knall. ROMMMMMMS.

Das klang nicht gut. Gar nicht gut. Ich mache ein paar schnelle Schritte und sehe das Elend: Volker liegt gekrümmt auf dem Boden und stöhnt. Sein Gesicht ist blutüberströmt, der Overall voller Farbe. Die Leiter liegt neben ihm, auch Wände und Fenster sind mit dem rotbraunen Korrosionsschutz versaut. Jetzt eilen Rainer und Pawel rüber und versuchen ihren Chef aufzurichten. Volker hat Schmerzen, so viel ist klar. Er beißt die Zähne aufeinander und atmet tief ein.

«Rainer, was ist passiert?»

«Is vonner Leiter gefallen.»

«Volker, alles gut?»

«Ja, geht schon. Boahff, ich muss mir erst mal dat Blut abwischen.»

Noch etwas schwach auf den Beinen, taumelt er von Rainer gestützt aus der Tür. Wieso fällt der einfach so von einer Leiter?

Pawel steht neben mir und versucht vergeblich die Farbe von den Fenstern zu wischen. Dabei verschmiert es alles nur noch mehr.

«Ist Volker auf die Eimer gefallen?»

«Nein, der ist vorwärts die Leiter runtergegangen. In jeder Hand einen vollen Eimer Farbe. Und dann is die Leiter nach vorne weggerutscht. Kurva, der ist echt voll aufn Rücken geknallt.»

«Vorwärts die Leiter runter? Mann, Mann, Mann», murmel ich und schüttel dabei den Kopf. «Habt ihr noch Gerüststreben und Seitenteile im Lkw? Wir kommen nicht bis ganz unters Dach.»

«Nein, ist alles raus. Die letzten Teile haben wir für unser Gerüst hier verbraucht.»

Ich werde trotzdem nachschauen. Volker sitzt mittlerweile in seinem 911er, ein Bein hängt aus der geöffneten Fahrertür. Mit einer Hand presst er sich ein nasses Handtuch an den Hinterkopf, um die Blutung zu stillen. Rainer lehnt am Auto und raucht.

Peter stürmt aufgebracht heran.

«Wat is passiert? Ich hab oben dat Chaos gesehn!»

«Bin die Leiter runtergeknallt. Passiert manchmal, so 'ne Scheiße! Kennst dat ja.»

«Jaja, wo gehobelt wird, da fallen Späne. Aber geht wieder, oder wat?»

«Sollen wir dich nicht besser ins Krankenhaus fahren?», mische ich mich ein, denn Volker sieht wirklich besorgniserregend aus. Sein Gesicht ist kalkbleich und das Handtuch inzwischen blutgetränkt. Schweißperlen stehen ihm auf der Stirn. Auf mich wirkt Volker so, als könnte er jeden Moment zusammenklappen.

«Ach, Quatsch. Geht schon. Muss mich nur kurz ausruhen.»

Ich habe keine andere Antwort erwartet. Peter und ich ziehen von dannen.

«Wat fürn Scheiß! Alles ist voll mit Farbe! Dat kriegen wir nie wieder von den Fenstern ab. Wie kann der denn von der Leiter fallen?»

«Er ist vorwärts runter mit zwei vollen Eimern. Aber zumindest geht's ihm halbwegs okay. Hoffe ich.»

«Ja, gut, dat nix Schlimmes passiert ist», stimmt Peter pflichtgemäß zu, um dann gleich nachzulegen. «Trotzdem ein Idiot! Vorwärts die Leiter runter! Und dann noch mit Eimern! Is selbst schuld.»

«Was ist denn jetzt mit unserem Gerüst?»

«Keine Sorge, ich hab da wat improvisiert. Is schon alles feddich aufgebaut. Matze is schon am Kleben. Ich hab jetzt 'n Treffen mit den Architekten.»

Als er schon fast am Auto ist, brüllt er mir hinterher:

«UND NICK, PASST JA AUF DA OBEN! SEGELT MIR DA NICH AUCH NOCH RUNTER!»

Mit diesen Worten im Ohr trifft mich der Schlag, als ich oben im Dach Peters Konstruktion sehe. Nicht nur, dass die Arbeitsfläche ungesichert am höchsten Punkt des Gerüsts eingehakt ist. Nein, auf dieser sechs Meter hohen Plattform befindet sich noch eine wackelige Trittleiter, auf der Matze in diesem Moment auf Zehenspitzen steht! Er muss seinen Körper komplett strecken, um die Holzkante zu erreichen.

Das ist der blanke Wahnsinn! Vor ein paar Minuten bricht

Volker sich fast das Genick, und jetzt lässt Peter uns hier wie Zirkusartisten arbeiten. Vieles auf der Baustelle ist mittlerweile Routine geworden, aber an diesen Leichtsinn kann ich mich einfach nicht gewöhnen.

«Muss halt feddich werden», würde unser Leprechaun nun sagen. Und wenn Material fehlt, geht das eben auf Kosten der Sicherheit.

«Bring die andere Folie mit, wenn du hochkommst», ruft Matze runter.

Mit der Folie in einer Hand klettere ich an den Gerüstsprossen hoch. Das ist etwas kompliziert. Ich muss die Rolle immer wieder in die Sprossen klemmen und dann mit der rechten Hand umgreifen. Bloß nicht nach unten schauen! Je höher ich komme, desto heftiger schwankt das Gerüst. Scheiße, das ist wirklich verdammt hoch!

Oben auf der Arbeitsplatte fühlt es sich noch viel schlimmer an. Keine Streben als Sicherheit! Allein beim Gedanken ans Stolpern bricht mir der Schweiß aus. Denn hier runterzustürzen, wäre lebensgefährlich.

Matze steht schon wieder ganz unbekümmert auf der Trittleiter. Ich kann das gar nicht mit ansehen. Meine Handflächen sind nass, als ich die Folie abrolle.

«Mann, wie kannst du so ruhig auf dem Ding stehen und kopfüber abkleben?»

«Hab dir doch gesagt, ich war mal bei 'ner Gerüstbaufirma. Alles 'ne Frage der Gewohnheit.» Leicht gleitet sein Messer durch die Folie.

Wir kleben und tackern Bahn für Bahn. Das Gerüst ist nur 2,50 Meter breit, das gesamte Gebäude etwa 50 Meter lang. Was bedeutet: Wir müssen ständig herunterklettern und das Gerüst verschieben.

Rainer und Rolf schlendern herein. Beide haben die

Hände in den Hosentaschen, Rainer pfeift eine Melodie. Klingt wie *We are the champions.*

«Wollten ma gucken, wie weit ihr seid. Wir sollen hier Montag eigentlich anfangen zu lackieren.»

«Vergiss es. Das dauert hier noch länger.»

Matze, Rolf und Rainer stecken sich eine Zigarette an. Okay, Pause ist gut.

«Wie geht's euerm Chef?», frage ich.

«Der ist nach Dresden gefahren.»

«Wie?»

«Ja, der wollt nach Hause. War 'n bisschen blass um die Nase, der Alte.»

«Hätte der nicht die Eimer getragen, wäre das vielleicht …»

«Hätte, hätte, Fahrradkette!», fällt Rainer mir ins Wort, bläst einen Schwall Qualm aus und wechselt unvermittelt das Thema. «Am Wochenende is wieder Reggae-Festival in Polen! Da geht einmal im Jahr die Post ab! Da boxt der Papst im Kettenhemd!»

«Is ja gut, Rainer. Ganz ruhig. Wir hams verstanden», lächelt Rolf altersmilde.

«Nee, echt. Ihr könnt euch dat nich vorstellen. Dagegen ist Woodstock 'n Dreck.»

«Is klar.» Rolf verdreht die Augen und wendet sich zu uns. «Den kannste dann nächste Woche total vergessen. Immer dasselbe, wenn der auf dem Festival war.» Mit der einen Hand macht er eine Trinkbewegung, mit der anderen zieht er heftig an einem fiktiven Joint.

Es regnet zum ersten Mal seit Wochen, der trockene Staub auf den Straßen verwandelt sich in einen dünnen Schlammfilm.

Nach der ersten Ampel rechts auf die Landstraße abbiegen, hatte Hans gesagt. An den Maisfeldern vorbei, der zweite Hof auf der linken Seite: «Kannste nich übersehn.» Bei diesem prasselnden Dauerregen vielleicht doch.

Tim hatte nicht erwähnt, dass die Scheibenwischer seines uralten Landrovers kaum noch funktionieren. Das Ding ist eher ein Traktor als ein Auto. Schon bei 80 Stundenkilometern fällt die Kiste fast auseinander. Trotzdem nett, dass ich mir den Wagen leihen durfte.

Bin ich schon vorbeigefahren? Nein, da hinten muss es sein. Vor einem dichten Waldstück liegt ein weitläufiger Hof mit mehreren Gebäuden, darunter ein mit Feldsteinen gebautes Wohnhaus. Ganz langsam fahre ich auf dem schmalen Weg, die mächtigen Reifen lassen das Wasser aus den Pfützen und Schlaglöchern hochspritzen. Auf der rechten Seite taucht ein Zaun auf, hinter dem sich Hunderte Hühner tummeln.

Als ich auf den Hof fahre, schießt vor mir plötzlich ein riesiger Schäferhund aus seinem Zwinger. Er rennt direkt auf mich zu und bellt bedrohlich. Scheiße, der liegt mir gleich unterm Auto! Vollbremsung! Im selben Moment spannt sich die Kette um den Hals des Hundes und bringt ihn brutal zum Stehen.

Die von den Scheinwerfern des Landrovers angestrahlte Scheunentür wird aufgeschoben. Hans! Er winkt mir zu und deutet auf einen freien Parkplatz. Während ich in Schrittgeschwindigkeit über den Hof rolle, kläfft der Köter immer weiter. Ganz schön aggressiv, das Vieh. Hoffentlich hält die rasselnde Kette.

Hans steht da wie ein Protagonist aus der Verfilmung von

Sin City. Der Regen stürzt in Bächen über sein Gesicht und wäscht das Schweineblut von seiner weißen Schürze. In roten Perlen läuft es weiter, die weißen Gummistiefel hinunter, und bildet eine Lache auf dem Steinboden.

«Hallo, Nick, willkommen in meinem Reich!»

«Hi, Hans! Was für ein Sauwetter, im wahrsten Sinne.»

«Ja, Sauwetter», lacht er. «Komm rein! Is dat deine Mühle?»

«Nee, gehört einem Freund. Keine Ahnung, warum man sich so ein Auto in der Stadt zulegt. Zum Wenden hat man am besten einen Kreisverkehr in der Nähe.»

«Ja, absoluter Unsinn fürn Stadtverkehr. Vor allem der Defender in der langen Version, wie der da. Aber kennst dat ja, damit machen dann Anwälte und Bürofuzzis einen auf Abenteurer.»

«Kennst dich aus, was?»

«Klar, wir ham früher richtige Jeep-Touren gemacht. Ein Kumpel und ich hatten früher jeder 'nen Wrangler. Kennste den?»

«Ja, den bin ich mal in Thailand gefahren.»

«Der Rest hatte 'nen Mercedes G. Die ganz Bekloppten ham sich Tarnfarbe ins Gesicht geschmiert, und dann sind wir raus auf die Felder, querfeldein durch die Nacht. Aus den fahrenden Jeeps Karnickel abgeknallt oder wat sonst vor die Flinte kam. Und dann aufm offenen Feuer gegrillt. Manchmal waren wir tagelang in den Wäldern. Die ganze Zeit sturzbesoffen natürlich. Aber gefahren sind die Dinger geil.»

«Und da ist nie mal was ins Auge gegangen?»

«Klar, Mann. Wir ham ständig Zäune umgemäht. Und ich weiß nicht, wie häufig wir einen ausm Graben ziehen mussten. Weißte, wir hatten alle Winden an den Autos. Echt unglaublich, wat die ausgehalten haben. Lang ist's her, war 'ne geile Zeit.»

«Aber verletzt hat sich keiner?»

«Nix Ernstes. Einmal hatte ich den Ewald dabei, da baller ich so durchn Wald und merk auf einmal, dat so 'n Baum immer näher kommt und ich nich mehr stoppen kann. Da hab ich noch schnell einen Arm vor Ewald gestreckt, damit der mir nicht durch die Scheibe geht.»

«Hui. Und dann voll vor den Baum?»

«Jo! Mein Brustkorb war 'n bisschen geprellt, aber sonst nix. Und Ewald, der war so blau, der hat dat gar nich mitgekriegt. Ich sach dir, der Alkohol macht den Körper irgendwie so gummihaft. Weißte, wat ich meine? Da kannste hackezu vom Fahrrad knallen und hast nur 'ne kleine Schramme.» Hans deutet auf eine winzige Narbe über seiner linken Augenbraue und grinst. «Aber nu komm. Ich zeig dir ma, womit ich mir *jetzt* die Zeit vertreibe.»

Wir betreten den Schlachtsaal. Es stinkt merkwürdig. Ich habe bislang nichts gerochen, das vergleichbar wäre. Natürlich, ich erkenne rohes Fleisch, Innereien, Blut, Fäkalien – aber da ist noch irgendetwas anderes, Undefinierbares in diesem scheußlichen Dunst.

«Pass auf deine schicken Schühchen auf!»

«Sehr witzig, Hans.»

Aber er hat ja recht. Ich latsche in nagelneuen weißen Nike Air durch Matsch, Blut und Schleim. Hätte ich mir auch denken können, was mich hier erwartet.

Vor dem Waldstück thronen zwei große überdachte Schuppen, in einem steht ein alter Unimog mit Kranaufbau.

«Da isser! Mit dem ziehe ich komplette Baumstämme ausm Wald! Und dat Haus hab ich auch damit gebaut.»

«Darfst du hier denn einfach so Bäume fällen?»

«Gehört mir, dat Waldstück. Da kann ich fällen, wat ich

will. Ich heiz dat ganze Haus mit Holz. Und da drin», er zeigt auf den anderen Schuppen, «hab ich mir 'n kleines Sägewerk gebaut. Willste ma sehen?» Wir marschieren rüber.

«Und wie baut man mit dem Unimog ein Haus?»

«Für die Feldsteine brauchste den Kran, dann kannste die direkt von der Ladefläche auf die Mauer heben. Die ersten Reihen gehen vom Anhänger aus. Aber wenn dat dann höher wird, musste selbst anpacken.»

Das kann ich mir vorstellen. Wie der Riese die gewaltigen Steine da hochwuchtet und ganz alleine dieses gigantische Haus baut.

Hans öffnet einen Flügel der schweren Holztür. Da steht tatsächlich ein Fließband, das groß und lang genug ist, um ganze Baumstämme zu transportieren. An der Seite ist mit dicken Ketten und Haken eine Art Flaschenzug angebracht, auf dem das Holz offenbar hereingezogen wird. Am Kopf wartet ein Sägeblatt von mindestens einem halben Meter Durchmesser auf die Stämme. Ich bin beeindruckt.

«Und hier ist der Motor der ganzen Anlage», sagt Hans stolz, nimmt Bretter vom Fußboden und legt eine Grube frei. «Dat is 'n alter VW-Golf-Motor. Der lässt dat hier ordentlich scheppern! Hab ich ganz alleine eingebaut, auch mit dem Kran vom Unimog. Da staunste, wa?»

«Ja, Hans, da staune ich. Unglaublich! Chapeau!»

«Hä? Scharpo?»

«Chapeau. Ich ziehe den Hut vor dir!»

«Äh, ja, besser is dat. Komm, wir gehn zurück.»

Der heftige Regen lässt nicht nach, mittlerweile bin ich bis auf die Haut durchnässt.

«Wat brauchste denn für euren Grillabend?», fragt Hans, als er mich wieder in den Schlachthof führt. Aus den gegenüberliegenden Ställen höre ich Schweine quieken. «Die

Viecher sind immer noch aufgeregt, weil ich vorhin ihren Kameraden zum Schlachten rausgeholt hab. Die wissen haargenau, wat los is.»

Er öffnet eine Glastür, die in einen kühlen, sterilen Raum führt. Die Wände und der Boden sind weiß gefliest. Ich bin erleichtert zu sehen, dass die Fleischstücke bereits zurechtgeschnitten sind. Hans wäre zuzutrauen, dass er mir die Schlachtung auch noch live demonstrieren will. Der Anblick der Innereien in der Blechwanne und der blutigen Haken an der Decke reicht mir vollkommen.

«Weiß nicht, Kotelett wäre gut. Und sehr gerne Schweinelenden, wenn du welche da hast.»

«Kotelett kannste haben. Dat Filet und die Lenden will meine Frau. Aber probier mal den Schweinekamm. Und ich hab 'n leckeres Stück vom Rücken. Ich geb dir einfach mal 'n bisschen wat mit. Aufm Grill is dat echt super.»

«Danke, was bekommst du dafür?»

«Gib mir 'nen Zwanni, dat passt.»

Hans drückt mir eine prallgefüllte Plastiktüte mit frischem Fleisch in die Hand und der Schäferhund verabschiedet mich mit geiferndem Gebell.

«Volker hat grad angerufen, liegt im Krankenhaus.»

«Oh, dann hat er sich doch ernsthaft verletzt?»

«Kann man wohl sagen. Steißbein gebrochen. Und der verrückte Hund ist am Freitag noch selbst mitm Auto bis nach Dresden gefahren. Hat erzählt, dat der ganze Porsche mit Blut versaut war, als er zu Hause ankam.»

«Oh je. Wie geht's ihm denn?»

«Dreckig natürlich. Kann sich nicht bewegen. Und Scheißen tut weh, sacht er. Der fällt 'ne Weile aus, dat is sicher.»

In der Ferne rattert und knarrt es. Was bedeutet: Rainers Opel naht. Fast das ganze Auto ist überzogen mit festgetrocknetem Matsch, nur auf der Beifahrertür erkennt man noch ein paar bescheuerte Festival-Aufkleber. Rainer parkt den Wagen neben uns und legt erst mal den Kopf für ein paar Sekunden aufs Lenkrad. Peter und ich blicken durch die Heckscheibe. Es sieht aus wie auf einem Schlachtfeld. Statt der Rückbank lagern hinten Luftmatratze, Schlafsack, Kissen, Bierdosen, Wodkaflaschen und mindestens ein Dutzend leere Ravioli-Büchsen. Ist der Typ tatsächlich vom Festival direkt zur Baustelle gekommen?

Die Frage ist spätestens beantwortet, als Rainer sich aus dem Auto schält und uns mit seiner Alkoholfahne beglückt. Der berühmte Schnapsladen ist nichts dagegen. Tiefe, schwarze Furchen liegen unter seinen Augen, die Dreadlocks sind noch siffiger als sonst und haben die gleiche Schlammfarbe wie der Opel.

«Mensch, Rainer, wie war's beim Festival? Siehst mitgenommen aus!»

«Geil, einfach rattengeil!»

Peter winkt ab und geht.

«Na, heute schon gekotzt? Ich weiß, wat der Junge jetzt braucht.» Rolf ist sichtlich erheitert, als er Rainer in diesem Zustand sieht. «Ne schöne Runde Granaten und Zündkerzen, damit der Motor wieder anspringt.»

Rainer nickt stumm, während Rolf ihm einen Arm um die Schulter legt.

«Na, dann komm ma mit. Du auch, Nick?»

«Äh, weiß nicht. Granaten? Zündkerzen? Das hat doch bestimmt wieder mit Schnaps zu tun?!»

«Halber Liter Bier, dazu 'n Underberg. Und dat is, wat er jetz braucht. Sonst wird dat bei dem heut nix mit arbeiten.»

«Ist gut, aber nicht für mich. Ich muss heute wieder da oben auf dem Gerüst balancieren. Das mache ich dann doch lieber nüchtern.»

Matze und ich stehen wieder auf dem wackeligen Gestell und kleben unsere Bahnen. Etwa 20 Meter entfernt haben die Lackierer einen zweiten Gerüstturm aufgebaut und tragen jetzt Kessel und Farbeimer nach oben. Rainers rasselnden Husten hört man schon aus dem Treppenhaus.

«Der klingt ja wie mein Opa.» Matze guckt entsetzt. «Und der ist 93.»

«Tja, ein kettenrauchender Lackierer, der seine Schutzmaske nie aufsetzt. Vielleicht keine ganz sooo gute Kombination.» Und da ist er auch schon.

«Hey da oben! Keine Panik aufer Titanic!», ruft Rainer und winkt uns zu. Das Bier und der Schnaps haben ihre Wirkung nicht verfehlt. Der ist schon wieder besoffen.

Wir kommen zum Glück schnell genug voran, um nicht in den Sprühnebel von Pawel und Rainer zu geraten. Dem fiesen Lösemittelgeruch können wir trotz der Entfernung aber nicht entgehen.

Peter, der Schlaumeier, hat uns heute Staubmasken zum Schutz hingelegt. Die nutzen natürlich überhaupt nichts. Es wird eben gespart, wo es nur geht.

Wie die beiden da oben auf dem Gerüst im Kabelsalat stehen und mit Kippe im Mundwinkel kopfüber das Metall lackieren, das würde jedem Sicherheitsbeauftragten einen Herzinfarkt bescheren. Dazu mischt sich ständig Rainers Reizhusten in das Zischen der Düsen. Ganz stabil wirkt er auch nicht. Ich frage mich, wie viele «Zündkerzen» Rolf ihm wohl kredenzt hat.

Es dauert keine halbe Stunde, da bekomme ich eine kunstreife Performance geliefert.

Rainer stolpert über ein Kabel und lässt dabei seine Spritzpistole los, die wild gegen die Metallstrebe schlägt. Als er wieder nach der Düse greift, erwischt er nur den Schlauch und reißt ihn ab. BOOM! Ein ganzer Farbschwall explodiert vor Rainers Gesicht. Geistesgegenwärtig hält Pawel ihn am Arm, Rainer gewinnt wieder Gleichgewicht, tritt dabei aber die Bohrmaschine vom Gerüst. Die segelt kerzengerade in den frisch geöffneten Farbeimer am Boden. KLATSCH! Und für ein paar Sekunden entsteht ein wunderschöner Farbspringbrunnen.

Wow! Am liebsten würde ich die Folie weglegen und applaudieren! Der Künstler Jimmie Durham hätte das nicht besser gekonnt. Von ihm gibt es eine Video-Performance, bei der ein Stein in einen Farbeimer fällt und eine bunte Fontäne erzeugt. Aber diese Choreographie war eindrucksvoller!

«Auf den Schreck erst mal alle noch 'ne Zündkerze, wa?», kommentiert Rolf und spuckt dabei Farbe aus. Er stand nur ein paar Meter neben dem Eimer und ist jetzt rotbraun besprenkelt.

Rainer liegt vollkommen erschöpft auf dem Gerüst. Farbe tropft ihm aus den Dreadlocks.

«Schmeiß mal die Flasche Terpentin hoch!», brüllt Pawel.

Und dann sitzen sie da. Wie zwei Affen, die sich gegenseitig von Flöhen befreien. Pawel reibt Rainer das Gesicht mit einem Lappen sauber, während der verzweifelt versucht, die Farbe aus seinen verfilzten Haaren zu bekommen.

Was für ein Start in die Woche.

Kapitel 13

Vom Winde verweht

Herbstlicher hätten die letzten Tage nicht sein können. Es stürmt, und zwar gewaltig. Abgebrochene Äste und Zweige machen die Wege für Fahrradfahrer zu einem Slalomparcours. Buntes Laub pflastert Berlin. Ich stehe im fünften Stock des Speichers und beobachte die tobende Spree. Sichelförmig kräuselt sich das Wasser im Nordostwind.

Der Wind peitscht gegen die Werbebanner der Baufirmen, die mit Kabelbinder am Gerüst angebracht sind. Die Metallösen klappern an den Aluminium-Stangen, und ein Pfeifen schießt durch die Ritzen des Gebäudes.

Es ist Freitag, kurz nach Mittag. Die Lackierer haben die Baustelle schon verlassen. Sie haben ganze Arbeit geleistet: Die meisten Stahlsäulen und Träger im Inneren des Speichers leuchten bereits in «DB 703 Eisenglimmer». Der erste Gedanke täuscht nicht. Die Käufer haben sich eine Farbe aus der Farbtonkarte der Deutschen Bahn ausgesucht. Sonst findet man dieses gräuliche Kolorit vor allem draußen an Brücken und Bahnhöfen. Hier in den Apartments wirkt der Ton eher düster und bedrückend.

Mit einem Klemmbrett bewaffnet, folge ich Peter, dem Fensterbauer Loos und dem Architekten Hessel, die hintereinander durch den Speicher dackeln. Wir machen die Fensterabnahme, also die letzte Kontrolle aller eingebauten Fenster, bevor sie offiziell an Peter übergeben werden und er damit die Verantwortung für eventuelle Folgeschäden übernimmt.

Dies ist schon der zweite Abnahmeversuch, beim ersten Mal ist die Begehung im Streit abgebrochen worden. Es gab die üblichen Differenzen wegen der Mängelbehebung. Die alte Leier auf der Baustelle: Wer trägt die Verantwortung, wenn Fehler gemacht wurden, und wer muss dafür zahlen? Natürlich will es nie jemand gewesen sein, und zahlen will erst recht keiner – also wird's kompliziert.

Herr Loos läuft vorweg, auf seinem Gebäudeplan sind alle Fenster penibel durchnummeriert. Ich soll die festgestellten Fehler mit der entsprechenden Nummer notieren.

Peter geht von Fenster zu Fenster und prüft jeweils sorgfältig den Schließmechanismus.

«Hier isn Riss in der Scheibe. Welche Nummer is dat, Herr Loos? Und dat Silikon ist auch schlampig aufgebracht! Da!»

«503. Die Scheibe wird ausgetauscht und dat Silkon neu gemacht. Um dat festzustellen, sind wir ja hier.»

«Dat da is okay. Und dat hier hat nur 'n leichten Farbschleier abgekricht.»

«Dat machen wir aber nicht», kommt es von Loos wie aus der Pistole geschossen.

«Jaja, ich weiß», brummt Peter zurück.

Hoffentlich eskaliert das zwischen den beiden nicht schon wieder.

«Insgesamt sind die Fenster im fünften Stock alle tadellos eingebaut, Herr Loos. Es müssten hier und da noch ein paar Feinjustierungen vorgenommen werden, aber das ist ja sicherlich kein Problem», lobt Architekt Hessel, dessen Frisur mich an ein Playmobil-Männchen erinnert.

«Für die Feinjustierung kommen meine Leute wieder, wenn alle staubigen Arbeiten abgeschlossen sind. Ansonsten müssten die hier ja zigfach antanzen. Aber dat is geklärt, nich wahr, Herr Zwifka?»

«Ja. Gehen wir eins tiefer.»

Peter und Herr Loos gehen vor. Am Treppenabsatz schaut mich Hessel an und schüttelt den Kopf.

«Das Sandstrahlen war tödlich für die Fenster. Die ganzen Scharniere sind voller Staubkörner. Diese Art von Säuberung ist eigentlich nicht die Aufgabe von Herrn Loos. Was hat sich Peter bloß dabei gedacht?»

Ich kann nur mit den Achseln zucken. «Du kennst ihn länger als ich.»

Kaum sind wir unten, gibt es einen schallenden Knall. Alle blicken gleichzeitig nach draußen und sehen ein großes Werbebanner durch die Luft fliegen. Es wird von einer Böe erfasst und herumgewirbelt, jetzt erkennen wir die Aufschrift: «Architektenbüro Hessel & Partner». Der Sturm hat das Schild aus den Metallösen gerissen und trägt es in Schleifen Richtung Spree. Noch eine Pirouette, dann verliert der Wind das Interesse, und das Banner landet im Wasser.

«Auch das noch!», stöhnt Hessel müde und genervt.

Bei den kleinen Fenstern in der vierten Etage gibt es nichts zu beanstanden. Aber dann sind da ja noch die mächtigen Flügeltüren vor den Balkonen. Ich kann mich gut erinnern, wie der Ami mit drei Kollegen hier geschwitzt und unter größter Anstrengung die Rahmen eingebaut hat. Peter steht unzufrieden vor der zweiten Tür.

«Guck ma, dat is nich gerade eingebaut. Dat is nich im Lot!»

Loos nimmt die Wasserwaage. Der Einspielpunkt der Libelle steht fast genau zwischen den beiden Linien.

«Dat is im Lot! Dat is wahrscheinlich dat Mauerwerk, dat is schief.»

«Nee, nee. Von hier aus is dat total schief. Dat muss raus!»

Wir nehmen alle ein paar Schritte Abstand und begutachten die Fenstertür. Sie wirkt tatsächlich etwas schief, ganz minimal. Aber so richtig gerade ist in diesem über hundert Jahre alten Gebäude sowieso kaum etwas.

«Aber wir ham uns am Mauerwerk orientiert. Wir müssen die Tür doch im Lot einbauen! Sonst funktioniert der Schließmechanismus nicht richtig, und die Flügel kippen nach innen. Guckense, Herr Zwifka, dat is doch im Lot! Meine Leute ham dat doch richtig eingebaut!»

Erneut hält Loos die Wasserwaage dran und zeigt verzweifelt auf die Libelle.

«Dat is doch gut so!»

Aber Peter lässt nicht locker.

«Nee, dat will ich raushaben. Und dann sollense dat ein Stückchen weiter nach hinten lehnen.»

Jetzt greift er sich selbst die Wasserwaage und misst nach. Dabei kneift er die Augen zusammen und leckt sich mit der Zunge in den Mundwinkeln.

Loos hebt hilfesuchend die Arme, dreht sich zu Hessel und mir und jammert: «Meine Güte, dat sind vielleicht zwei, drei Millimeter. Dat is ja als wenn …», er sucht nach einer Metapher, «als wenn man 'n Fotzenhaar im Mund hat.»

Der Architekt guckt erstaunt zu mir rüber. Ich grinse stumm. Dabei hat Herr Loos durchaus recht. Peter ist in diesem Moment ein unerträglicher Korinthenkacker.

Nach dieser Szene wird die restliche Fensterabnahme zur Tortur. Architekt Hessel versucht zwar zu schlichten, aber die beiden Sturköpfe streiten sich stundenlang weiter. Ich notiere noch einige gerissene Scheiben und zerkratzte Fensterprofile. Ungeklärt bleibt, wer den Dreck von den Sandstrahlern entfernen muss. Am Ende einigt man sich tatsächlich auf eine weitere, dritte Fensterabnahme zu einem späteren Zeitpunkt. Ich kann's nicht fassen.

Wie wundervoll, mit einer gewissen Ahnungslosigkeit in die Morgendämmerung zu blicken und nicht zu wissen, was der Tag bringen wird. Das ist mir die liebste Zeit, wenn ich das Glühen der Sonne hinterm Horizont spüre, die Luft noch unverbraucht und der Lärm der Welt gedämpft ist. Alles scheint möglich.

Hätte ich in diesem Moment allerdings gewusst, was mich auf der Baustelle erwartet, ich wäre mit meinem Murakami-Buch und meinem Kaffee im Bett geblieben.

An der Zufahrtsstraße geht es schon los. Rainers Opel und der Kleinbus aus Dresden parken hinter den Pollern, die ganze Truppe steht rauchend davor. Links von ihnen lehnt sich ein Rentner über die Brüstung seines Balkons und schimpft wie ein Rohrspatz. Dieser garstige alte Kerl nervt schon seit meinem ersten Tag. Ständig lungert er am Fenster oder auf seinem winzigen Balkon herum und sucht zwanghaft einen Vorwand, um die Polizei zu rufen. Ich bin sicher, dass wir ihm den ganzen Ärger mit der Zufahrtsstraße verdanken.

So richtig bösartig ist er vor ein paar Monaten geworden. Ich fahre zügig mit dem Fahrrad auf den Speicher zu, als er mich plötzlich von oben anbrüllt: «Du Idiot, hör auf hier so zu rasen! Hier ist Schritttempo!» Auf meine Gegenfrage, ob er hier der Blockwart sei, liegen am nächsten Morgen plötzlich Reißzwecken auf der Straße. Feinsäuberlich platziert, mit der Nadel nach oben.

Ich kann den Ärger der Anwohner wegen dem permanenten Lärm ja verstehen. Aber dieser militante Greis scheint sich mit masochistischer Wollust regelrecht zu freuen, dass er mal wieder eine Aufgabe hat: uns das Leben schwermachen.

«Was ist los, Rainer?»

«Tja, hier geht heut nix!»

«Na, Ärger am Hals? Das geschieht euch recht!», kommentiert der Opa gehässig von seinem Balkon und nestelt an seiner Jogginghose rum.

Ich winke nur ab, dann sehe ich das Desaster selbst. Die Gerüstbaufirma ist angerückt und zerlegt ihr Eigentum gerade in alle Einzelteile. Die ersten beiden Etagen sind bereits abgebaut. Drei große Lkw stehen vor dem Speicher, und etwa ein Dutzend bis zum Hals tätowierte Muskelpakete schafft das Gerüst weg.

«Wir kommen nich mal mit den Autos aufs Gelände. Alles zugeparkt und vollgestellt. Und irgendwo da hinten läuft so'n nervöser Typ rum und faselt was von 'nem Blitzableiter. Der sucht dich und Peter.»

«Ja, die Blitzleiter sollten heute installiert werden. Fuck! Ich gehe Peter suchen.»

«Ich hab die Polizei schon informiert. Die sind heute Morgen um 6 Uhr angefangen. Das ist nicht erlaubt!», nervt der asoziale Alte wieder.

Mir liegen ganz andere Worte auf der Zunge, aber ich reiße mich zusammen: «Jaja, Mann. Wir haben jetzt andere Sorgen.»

Ich weiß von Peter, dass es hin und wieder Probleme mit der Gerüstbaufirma gibt. Aber wenn die hier ohne Ankündigung antanzen und einfach das Gerüst abbauen, muss etwas Gravierendes vorgefallen sein.

Die Teile vom Bauzaun liegen kreuz und quer in der Ecke, als wenn sie jemand wütend dorthin geschleudert hätte. Ein Lkw wird hinten an der Ostseite beladen, die beiden anderen stehen am Westgiebel und blockieren alle Wege. Metallstangen und Holzbohlen werden mit Gurten gebündelt und an Gerüstwinden nach unten gelassen.

Vielleicht sollte ich jetzt doch mal besser einen Helm aufsetzen.

Nervös gestikuliert der Typ von der Blitzableiter-Firma vor Peters Gesicht. Sein Zopf reicht fast bis zum Po und schwingt während seiner aufgeregten Zuckungen hin und her. Immer wieder nimmt er seine Hornbrille mit den zentimeterdicken Gläsern ab, putzt sie, setzt sie wieder auf und kneift die Augen zusammen. Vielleicht glaubt er, die ganze Gerüst-Aktion sei nur eine optische Täuschung?

«Aaah, Herr Grünke! Mit Ihnen hatte ich doch am Donnerstag telefoniert! Wieso vereinbaren Sie einen Termin mit mir, obwohl Sie wissen, dass heute das Gerüst abgebaut wird?»

«Moment mal, okay? Ich war keineswegs darüber informiert. Mich erstaunt das selbst ziemlich.»

Peter steht teilnahmslos dabei und glotzt mit halb geöffnetem Mund. Zwei Gerüstbauer mit freiem Oberkörper laufen an uns vorbei. Die beiden knapp zwei Meter großen Männer tragen mühelos jeweils sechs Bohlen auf der Schulter und werfen uns einen grimmigen Blick zu. Ihre T-Shirts haben sie sich an die Hose geknotet, und vom Rücken des einen lacht ein riesiger roter Teufel auf einer Harley. Die beiden erinnern mich an amerikanische Wrestler. Und der Kerl mit dem Teufelstattoo hat tatsächlich Ähnlichkeit mit Hulk Hogan.

Auf einmal dreht Peter sich wieder zu dem verstörten Blitzableiter-Installateur, und es schießt aus ihm heraus:

«Also, jetz beruhigense sich und hörense ma zu! Ich hab jetz keine Zeit, mich um den Blitzkram zu kümmern, dat sehnse doch selbst! Ich meld mich. So, Nick, komm ma mit!»

«Aber, aber …», ruft uns der bedröppelte Mann noch nach, als wir im Speicher verschwinden.

«Die ganze Zeit schon Theater mit dem Bröder! Dat is der Chef von den Gerüstbauern, weißte ja. Vor zwei Wochen is dat wohl 'n bisschen eskaliert, und jetzt sind Anwälte am Werk. Na ja, wie auch immer. Aber dat dat Arschloch einfach dat Gerüst abbauen lässt, hätt ich nicht gedacht! Du musst den ma anrufen!»

«Ich?»

«Wenn ich den anrufe, wird nur rumgebrüllt. Aber du kannst ihn vielleicht überzeugen, seine Bulldoggen zurückzupfeifen. Die sollen zumindest erst mal aufhören abzubauen.»

Und schon habe ich Peters Handy mit der bereits gewählten Nummer in der Hand. Na toll.

Tuuut. Tuuut. Tuuut. Tuuut. Tuuut. Niemand geht ran.

«Probier's gleich noch mal.»

Peter spricht währenddessen einen der Gerüstbauer von der Seite an. Die Oberarme von dem Hünen sind so dick wie meine Waden. Ein dünner Schnurrbart zieht sich linienartig die Mundwinkel hinunter bis weit unters Kinn. Der Bursche wäre perfekt als mexikanischer Gangster in irgendeinem B-Movie. Aber wenn ich mir die große tätowierte 88 auf seinem Handgelenk so anschaue, passt vielleicht doch eine Rolle als tumber Nazi-Scherge besser.

«Könnt ihr ma kurz stoppen mit dem Abbauen? Wir wollen noch ma mit dem Bröder reden!»

«Wat willst du? Gar nix stoppen wir! Dat muss der Chef mir schon selber sagen. Is dat klar? Sach ma lieber deinen Polacken da drüben, die sollen mir und meinen Kollegen 'ne

Runde Kaffee holen!» Garniert wird das unmissverständliche Statement noch mit einem ausgestreckten Mittelfinger.

«Jetz werd hier ma nich frech, Junge!», brüllt Peter ihm hinterher.

Ich drücke die Taste für Wahlwiederholung.

Tuuut. Tuuut. Tuu…

«Bröder.»

«Ja, Grünke hier, ich rufe im Auftrag von Herrn Zwifka an.»

Ich warte kurz. Keine Reaktion.

«Sie können sich sicher denken, worum es geht. Uns wird hier gerade das Gerüst vor der Nase abgebaut. Gibt es eine Möglichkeit, dass Ihre Leute zumindest damit aufhören, dann können Sie sich mir Herrn Zwif…»

«Nichts da! Sagen Sie Ihrem Herrn Zwifka, er kann mich mal kreuzweise! Zahlt sechs Monate die Miete nicht! Antwortet auf kein einziges Schreiben! Wir bauen jetzt ab, das ist mir scheißegal! Den Rest regeln wir vor Gericht!»

Ich schüttle den Kopf, um Peter zu signalisieren, dass der Versuch sinnlos war. Aber Bröder hat so laut in den Hörer gebrüllt, dass Peter ohnehin alles mitbekommen hat. Plötzlich reißt er mir das Telefon aus der Hand.

«Wir werden schon sehen, wer am längeren Hebel sitzt! Und die Schäden, die Ihre Nazibulldogen hier anrichten, die bekommen Sie dreifach in Rechnung gestellt! Feiges Arschloch, Sie!» Dann legt er auf.

Uiuiui. Ich habe Peter ja nun schon in einigen tobsuchtartigen Zuständen erlebt, aber so geladen war er selten. Er zuckt kurz, und ich spüre, wie gerne er jetzt sein Handy gegen die Wand donnern würde. Aber er beherrscht sich.

«Scheiße! Und ausgerechnet heute ist Hans nicht hier. Der hätte diese Typen vielleicht noch einschüchtern können.»

Langsam hat Peter wieder normalen Pulsschlag. «Wir müssen 'ne neue Gerüstbaufirma finden. Ich wollte sowieso nicht mehr ganz einrüsten. Die Giebel frei lassen. Hab auch schon 'ne gebrauchte Teleskophebebühne gekauft. Die müsste nächste Woche kommen.»

«Du hast *was* gekauft?»

«Eine Teleskophebebühne mit Arbeitskorb. Reicht über 20 Meter hoch. So wat wie 'n Kran mit 'nem Korb oben dran. Da stehste dann drin, weißte?»

Die streitsüchtigen Gerüstbauer wüten weiter um den Speicher herum. Was hätten die wohl mit dem Dachdeckerlift angestellt, wenn der noch da und ihnen im Weg gewesen wäre? Hätten sie den auch einfach abmontiert und nach unten geschmissen?

Nichts ist mehr sicher. Die Schuttrutsche haben sie einfach vom Gerüst abgetrennt und auf den Boden krachen lassen. Die Klinkersteine für Reparaturen am Mauerwerk, die ich mit Matze mühsam in Eimern nach oben geschleppt und sorgfältig gestapelt habe, liegen jetzt alle unten im Sand. Die achtlos herausgerissenen Verankerungen haben tiefe Löcher in den Wänden hinterlassen. Rainer und seine Kollegen schrauben eilig ihre über das Gerüst geführten Schläuche auseinander und bringen sie in Sicherheit. Ein vernünftiges Wort mit diesen hirnlosen Ochsen zu wechseln ist völlig unmöglich.

«Verpiss dich» und «Komm uns bloß nicht in die Quere, du Arsch!» sind noch die harmloseren Sachen, die mir an den Kopf geworfen werden.

Die Typen hier übertreffen alles. In 15 Metern Höhe starten sie ein Kräftemessen. Wer ist der Stärkste im ganzen Gerüstbauerland? Die Aufgabe: möglichst viele Holzbohlen übereinandergestapelt auf der Schulter tragen und am Ostgiebel entlangbalancieren. Ohne Geländer! Man muss schon latent lebensmüde sein, um sich freiwillig einer solchen Gefahr auszusetzen. Auch wenn ich ein bisschen beeindruckt bin, als ich den Teufelsrücken sehe und zehn Bohlen auf seiner Schulter zähle. Die anderen feuern ihn an und jaulen dabei wie Wölfe. Dieses Rudel möchte man nicht zum Feind haben.

«Waren bei euch in der Firma auch so übergeschnappte Jungs?», frage ich Matze, als wir mittags in der Kantine sitzen.

«Die hier sind schon extrem. So aggro waren die Kerle bei uns damals nicht. Aber so Kraftproben, die gab's auch.»

«Ist doch echt gefährlich, was die da treiben.»

«Und ob. Vor allem weißte nie, ob die Bohlen da oben nicht vielleicht morsch sind.»

«Aber dann werden die doch ausgewechselt?»

«Von wegen. Unsere Chefin früher, die war 'ne durchgeknallte Seeche. Die hat überall gespart und jeden Scheißauftrag angenommen. Manchmal unverantwortlich. Da sachste ihr, dat die Bohlen am Arsch sind und wir die wegschmeißen sollten und die Alte meint nur: Ach, dat hält noch. Bau die mit ein.»

«Und dann?»

«Hab ich eine von den maroden Bohlen auf 'nen Stein gelegt und bin vor ihren Augen voll drauf gesprungen. Dat Ding is natürlich zerbrochen. ‹Und stell dir vor, dat passiert in zehn Metern Höhe›, sag ich zu ihr. Da hatse blöd geguckt.»

Als wir zurück zur Baustelle kommen, liegen Tomasz, Pawel und Rolf am Spreeufer und pennen. Musik plätschert aus dem Radio und wird von lautem Schnarchen aus dem offenen Kofferraum des Kleinbusses gestört. Dort hat Rainer es sich bequem gemacht: die Beine vor der Anhängerkupplung baumelnd, die Baseball-Kappe tief ins Gesicht gezogen, die Latzhose aufgeklappt. Sein mächtiger Bauch präsentiert einen stramm gespannten gelben Smiley auf dem T-Shirt. Er schnarcht wie ein Bär, und seine rechte Hand umklammert noch immer eine halbgefüllte Bierflasche.

«Jetzt guck dir die an!»

«Die ham wohl mal wieder ordentlich einen gezwitschert», stellt Matze unschwer fest.

«Tja, ist aber auch egal. Solange das Gerüst abgebaut wird, können sie die Schläuche nicht neu hochziehen. Betrachten wir das hier mal als Zwangssiesta.»

Zwei Tage später ist das Wolfsrudel verschwunden. Und jetzt ist nicht nur das Banner des Architekten, sondern gleich das ganze Gerüst vom Winde verweht.

Die Welt der Bauarbeiter ist klein. Es hat sich schnell herumgesprochen, dass es Zahlungsprobleme auf Peters Baustelle gibt. Eine neue Gerüstbaufirma zu finden ist deshalb schwieriger als gedacht. Und wenn sich eine bereit erklärt, dann nur gegen Vorkasse. Das wiederum passt Peter nicht.

An dem Tag, als die Teleskophebebühne auf einem Tieflader angeliefert wird, ist mir auf einmal klar, dass Peter die Sache mit dem Gerüst einkalkuliert haben muss. Warum hätte er sonst vorausplanend diese Maschine bestellt? Außerdem scheint es ihn überhaupt nicht nervös zu machen, dass weit und breit kein neuer Gerüstbauer in Aussicht ist.

Die zwei Männer der Lieferfirma haben genauso wenig Ahnung von der Hebebühne wie wir. Ihre Aufgabe ist nur, das Ding von Dortmund nach Berlin zu transportieren und bei uns abzuladen. Das haben sie getan und sind wieder verschwunden.

Da steht das monströse Gerät nun auf dem Schotter der Baustraße, und alles, was ich in der Hand halte, ist ein Lieferschein, eine Rechnung und eine Bedienungsanleitung. Peter klettert derweil in den Arbeitskorb zum Schaltpult, um die Maschine von dort aus auf das Baustellengelände zu fahren.

«Ich hab dat schon ma gemacht. Die bedienen sich alle gleich.»

Er dreht den Schlüssel, und der Motor springt an. Aber sofort ertönt ein hell piepsendes Warnsignal.

«Peter, warte! Hier steht, bevor du das Ding in Bewegung setzt, muss der Arm einen Winkel von mindestens 91 Grad haben. Der muss nach *oben*!»

«Ich weiß!»

Ja klar, das sehe ich. Der Teleskoparm steigt hoch in eine waagerechte Position.

«Piepst immer noch. Scheiße. Ich fahr dat jetz einfach so.»

«Dann muss es was anderes sein.»

Während ich weiter im Handbuch blättere, fährt Peter die Teleskophebebühne im Schneckentempo Richtung Baustelle. Das schrille Warnsignal hört nicht auf.

«Schnellmodus geht nicht! Ist alles blockiert! Und Drehen geht auch nicht!», ruft Peter.

Fährt aber weiter, statt anzuhalten und das Problem zu finden. Auf einmal stockt die Maschine, und Peter wird in dem Metallkorb hin und her geschüttelt. Ausgerechnet auf der Feuerwehrzufahrt kommt sie zum Stehen. Peter stoppt den Motor und zieht den Schlüssel ab.

«Lass uns 'nen Kaffee trinken und in die Anleitung gucken.

Vielleicht ham die Arschlöcher dat Ding auch nur schlecht gewartet!»

16 980 Euro kostet dieses uralte Gerät, steht auf der Rechnung. Irgendwie will mir nicht in den Kopf, weshalb jemand eine Gerüstbaufirma nicht bezahlt, aber das Geld übrig hat für so ein gebrauchtes Teil. Was alleine der Arbeitsausfall und die Bauverzögerung kosten!

Die Anleitung hilft uns bei unserem Problem nicht, sie klärt vor allem über die Gefahren auf. In einem Punkt heißt es, und den lese ich laut vor: «Denken Sie nicht ans Kunstfahren oder an eine sonstige Alberei, während Sie dieses Gerät bedienen.»

Wer immer diesen Satz geschrieben hat, dürfte den durchschnittlichen IQ eines Bauarbeiters in etwa mit dem eines Affen gleichsetzen.

«Da müsste so was wie 'ne Transportsperre sein. Auch wenn die beiden Deppen gesagt haben, da wäre keine. Komm, trink aus, und dann gucken wa ma nach.» Peters Instinkt erweist sich als richtig. Mehr als 40 Jahre Baustellenerfahrung zahlen sich aus. «Da! Siehst du! Da sitzt der Bolzen drin! Dat hätten die Idioten uns sagen müssen!» Wir stehen leicht gebückt unter dem Teleskoparm, und Peter deutet auf einen Bolzen, der durch sein Fahrmanöver ziemlich verbogen ist. «Deshalb hat dat die ganze Zeit gepiepst, der konnte die Transportsperre nicht aushaken. Ich hol ma eben 'nen Hammer.» Mit wilden Schlägen bearbeitet Peter den Stahlbolzen, aber der bewegt sich keinen Millimeter. «Scheiße, geht nich! Bleib du hier stehen, Nick. Ich steuer mal in die andere Richtung. Sag Bescheid, wenn der Bolzen gerade ist.» Peter schwingt sich in den Steuerkorb und brüllt noch: «Halt 'n bisschen Abstand, besser is dat!»

Der Motor startet, und der Auspuff speit eine kleine

schwarze Rauchwolke aus. Peter drückt den Joystick nach links, und ich sehe, wie die Maschine sich gegen den Bolzen drückt.

«Ja, gut! Der bewegt sich! Noch ein Stückchen! STOPP! STOPP!», schreie ich Richtung Korb.

Der Bolzen fährt nach unten, das Warnsignal verstummt. Peter fährt den Teleskoparm aus. Langsam steigt er in die Höhe und erreicht das Dach. Sieht verdammt hoch aus! Der von hier unten jetzt winzig wirkende Arbeitskorb schwankt ausladend hin und her. Und in dem Ding will er die restlichen Fugenarbeiten machen? Vollkommen bescheuert! Das wird ewig dauern.

«Ja, das geht doch prima! Der kann noch höher, damit kommen wir überallhin», sagt Peter zufrieden, als er wieder unten ist. «So, dann probier du ma!»

«Was? Ich habe so was doch noch nie gemacht. Und braucht man dafür keinen Führerschein?

«Darfste mit 'nem normalen Führerschein fahren. Und wennde dich an die Joysticks und Knöppe gewöhnt hast, geht dat schon. Kann nix passieren. Der fängt an zu piepsen, wennde in eine Gefahrenposition kommst. Der blockiert, bevorde umkippen kannst.»

Jaja, das habe ich ja eben gesehen, als Peter trotz des Warnsignals noch weiterfahren konnte.

Ich klettere in den Arbeitskorb. Auf dem Schaltpult blinken jede Menge verwirrende gelbe und rote Knöpfe. Links und rechts befindet sich jeweils ein schwarzer Joystick. Einer für den Arm, einer für den Korb. Winzige Bedienungsskizzen kleben um die Schalthebel herum. Ich bewege den Stick für den Arm. Wie eine Ziehharmonika fährt der Teleskoparm aus und bringt mich unerwartet rasch auf die Höhe des zweiten Stocks. Etwas erschrocken, lasse ich die Steuerung ruckartig los. Zu ruckartig. Der Arm samt Korb schwingt heftig auf und ab.

«Wuuoooh!»

Mit meinen verschwitzten Händen klammere ich mich an der Metallstange fest.

«Langsam, Mann! Du musst den Korb wieder in die Waage bringen!», brüllt Peter von unten.

Vor lauter Aufregung realisiere ich erst jetzt, wie schief der Arbeitskorb in der Luft hängt. Ich stehe leicht vorgebeugt und völlig verkrampft über dem Schaltpult. Ganz behutsam ziehe ich den Korbjoystick nach hinten, und das Ding senkt sich langsam wieder ins Gleichgewicht. Auch ich gewinne meine Stabilität wieder, vor allem die geistige. Mein Ehrgeiz ist geweckt. Nach einer Weile werden meine Manöver sicherer.

Dann fährt ein mir bekannter Renault mit aufgedrucktem «Fuks» auf die Baustelle zu.

«Was ist denn hier passiert? Wo ist das Gerüst?»

Fassungslos starrt unser Schweizer Fugenfuks auf den nackten Speicher.

Das wird lustig. Ich fahre mit dem Korb wieder ein Stück runter, um die Unterhaltung besser mithören zu können.

«Wir machen dat jetz mit der Hebebühne da. Da könnense von Fenster zu Fenster. Dat geht genauso schnell», sagt Peter mit einem breiten Lächeln auf dem Gesicht.

«So ein Quatsch! Das wird doppelt so lange dauern. Erst muss ich ein halbes Jahr warten, bis die Wetterschenkel installiert sind, und nun fehlt das Gerüst? Das kann doch nicht wahr sein! Ich werde neu berechnen müssen, bei dem höheren Arbeitsaufwand!»

«Gar nix müssen Sie. Wir haben einen Preis abgemacht!»

«Herr Zwifka, der Preis bezog sich auf Arbeiten von

einem durchgehenden Gerüst aus. Und ich hatte Ihnen im April gesagt, dass es sinnvoller ist, alles in einem Rutsch zu machen. Man hätte die blöden Wetterschenkel auch danach anbringen können!», verliert Herr Fuks leicht die Fassung und hat jetzt einen ähnlich roten Kopf wie der Fuchs auf seinem Auto.

«Dann muss ich mir jemand anders suchen, der dat macht!»

«Ja, das müssen Sie dann wohl!»

Fluchend geht er zu seinem Wagen, schlägt die Tür zu und braust davon.

«Ach, der kommt wieder! Am Ende brauchen se alle dat Geld! Ich kenn solche Kerle, erst die Klappe aufreißen und dann den Schwanz einziehen!»

«Kann ich jetzt wieder runterkommen, Peter?»

«Ja, gleich. Aber hör jetz ma auf mit den Spielereien und fahr dat Ding bis ganz nach oben. Du musst ausprobieren, ob du so arbeiten kannst.»

Bis ganz nach oben? Ausprobieren? Aha. Ich versuche mich zu entspannen. Ganz ruhig. Konzentriere dich. Keine Panik.

Meter für Meter steige ich höher in die Luft. Zweiter Stock, dritter Stock, vierter Stock, die Wolken kommen immer näher. Die Kanufahrer auf der Spree sind von hier oben nichts weiter als winzige schwarze Silhouetten. Ein kalter Schauer läuft mir über den Rücken, und meine Knie werden immer weicher. Ich spüre Angstschweiß am ganzen Körper.

Ich hatte nie zuvor Probleme mit Höhen, aber in einem zwei Quadratmeter großen Metallkorb zu stehen, der in über 20 Metern Höhe hin und her schaukelt, das ist eine neue Dimension! Mir wird leicht schwindelig, als ich durch das durchsichtige Gitter nach unten sehe. Ich suche verzweifelt nach einem Punkt in der Ferne, den ich fixieren kann.

Der Alex! Der Fernsehturm wird zu meiner Rettung. Geradeaus gucken, tief durchatmen! Konzentriere dich auf die silberne Diskokugel, und alles wird gut.

Ich gewöhne mich langsam, sehr langsam an die Situation. Aber arbeiten werde ich in dieser Höhe auf gar keinen Fall. Denn um das hier zu ertragen, muss ich mich noch immer mit beiden Händen krampfhaft am Korbgeländer festhalten.

Und als ich da oben so schweißgebadet über Berlin schwebe, rattern plötzlich meine Gedanken. Was mache ich hier eigentlich? Wie lange bin ich nun schon auf dieser verdammten Baustelle? Auf einmal sitze ich jeden Morgen beim selben Bäcker und bestelle den gleichen wässrigen Kaffee und das gleiche fade Brötchen mit Schinken und Käse. Jeden Mittag geht es zur selben abgeranzten Kantine. Der Mensch ist ein Gewohnheitstier. So abgedroschen das klingt, es ist wahr. Wie schnell gerät man in einen Rhythmus, den man nach kürzester Zeit nicht mehr hinterfragt.

Ich bin ein Bauarbeiter. Vielleicht immer noch kein guter, weil ich mich hier oben vor Panik kaum bewegen kann, aber seit zehn Monaten ist dies mein Job.

Grace dringt in meine Gedanken. Sie beschwört mich inzwischen fast täglich, ich solle mir endlich etwas Neues suchen. Ständig hat sie Angst, dass mir auf der Baustelle etwas Ernsthaftes zustößt.

Als eine Windböe den Korb noch einmal so richtig ins Schwanken bringt, steht mein Entschluss fest: Das war's. Ich höre hier auf!

Kapitel 14

Trümmermänner

Wir laufen über die Original-Tragfläche einer Boeing 737–500, die passgenau in einem der Räume installiert ist. Das Deutsche Guggenheim Berlin zeigt eine Ausstellung von Roman Ondak mit dem Titel *Do not walk outside this area.* Wie häufig saß ich schon in Flugzeugen und verspürte den Drang auszusteigen. Immer wenn ich durch das kleine Fenster blicke, frage ich mich, wie es sich wohl anfühlen würde auf dem Flügel zu stehen.

Die Installation ist großartig. Obwohl ich mich nur einen Meter über dem Boden befinde, weckt das Gefühl meine Vorstellungskraft. Ich kann die Menschen hinter den runden Scheiben sehen, wie sie mir aufgeregt zuwinken und mich auffordern, wieder in das Flugzeug zu kommen. Grace hält mich im Arm.

«Come on, Nicholas, tell them.»

«Okay, ich erzähle es ja. Also, ich habe den Job in London», wende ich mich an unsere Freunde.

«Herzlichen Glückwunsch! Das ist phantastisch. Und die Baustelle?», fragt Kai.

«Ich bleibe noch bis Weihnachten, dann ist Schluss.»

«Wissen die schon, dass du aufhörst?»

«Nein, noch nicht. Muss ich denen am Montag sagen.»

Kais Frau Blanca deutet auf ihren Bruder Pau, den sie auf die Ausstellung mitgenommen hat.

«Nicholas, kannst du auf der Baustelle vielleicht mal fragen, ob es da einen Job für meinen Bruder gibt? In der Bar haben sie ihm gekündigt, und er braucht dringend was Neues.»

Pau steht schüchtern neben seiner Schwester und fummelt an seiner Brille herum.

«Ich will nicht zurück nach Barcelona, keine Jobs da.»

«Kannst du körperlich arbeiten? Das kann sehr anstrengend sein da. Und richtig kalt wird's bald auch wieder.»

Ich weiß, dass Pau Komposition studiert hat und als feinsinniger Musiker nicht gerade beste Voraussetzungen für die Maloche auf dem Bau mitbringt.

«Kein Problem.»

«Ist gut, ich frage mal nach. Aber du musst dir dann einen Schnäuzer stehen lassen», zwinkere ich ihm zu.

«Was?»

Ich zeige auf den dicken Schnurrbart, den ich seit Monaten trage. Ich bin wirklich schon zu lange auf der Baustelle, glaube ich.

«Un bigote», übersetzt Blanca.

Pau ist erst vor drei Monaten aus Spanien gekommen, und dafür ist sein Deutsch wirklich gut. Aber natürlich fehlen ihm noch eine Menge Vokabeln.

«Ihr könnt euch nicht vorstellen, wie viele Leute mich in London angesprochen haben, ob ich auch an der ‹Movember›-Aktion teilnehme, weil ich einen Schnäuzer trage.»

«Was ist das? ‹Movember›?», fragt Kai.

«Ein Kofferwort aus ‹moustache› und ‹november›. Männer lassen sich Oberlippenbärte wachsen, um einen Monat lang Spenden für Forschungsprojekte zu sammeln. Es geht vor allem um die Vorbeugung gegen Prostatakrebs.»

«Also kein neuer Style?»

«Nein, ich dachte auch erst, das wäre ein Modetrend oder mal wieder die Ironisierung des Schnurrbarts aus den fünfziger Jahren, wie sie Durrell beschreibt. Aber ausnahmsweise geht es wirklich mal um einen guten Zweck.»

Vor einem knappen Jahr hätte ich mir das nicht träumen lassen, aber nach der langen gemeinsamen Zeit löst der bevorstehende Abschied gemischte Gefühle aus. Es ist mir unangenehm, Peter, Richie und vor allem Hans mitzuteilen, dass ich die Baustelle bald wieder gegen eine Galerie tausche. Aber manchmal vereinfachen sich die Dinge im Leben von alleine.

Der winterliche Morgenhimmel glüht orangerot und ist von einem dunklen, lilafarbenen Schleier durchzogen. Als ob ein bedrohter Tintenfisch seine Tinte an den Himmel gespritzt hätte. Ich nehme das als Zeichen zum Angriff. Ich gehe ohne Umwege hoch zur Hütte, stelle mich vor Peters Schreibtisch und verkünde die Neuigkeit: «Morgen! Äh, ich muss dir was sagen. Also, ich arbeite hier noch bis Weihnachten, dann höre ich auf. Gehe zurück nach London.»

Dabei schaue ich auf den Boden und erblicke den Hump, der fast so da liegt wie an meinem ersten Tag. Ein Hauch von Melancholie kriecht mir unter die Haut.

Die Peter mir in der nächsten Sekunde austreibt: «Ja, gut. Dann muss ich jemand anderes finden, der mir die Mails übersetzt.» Das ist alles. «Wir müssen heute nach ganz oben. Es gibt 'ne Planänderung. Is Matze schon da?»

«Nee, noch nicht. Ach, und noch etwas», fällt mir in dem Moment ein. «Ein Bekannter sucht einen Job. Meinst du, der könnte hier mal probearbeiten?»

«Ja, dat passt eigentlich gut. Is 'ne Menge zu tun da oben. Der soll ma kommen.»

Ein Gerüst gibt es immer noch nicht, aber Peter hat recht behalten mit unserem Fugenfuks, den ich aus dem Treppenhausfenster beobachte. Er bedient draußen die Teleskophebebühne und schwenkt den Arbeitskorb von Fenster zu Fenster. Am Ende brauchen se alle dat Geld. Der Winter hält früh Einzug in Berlin, und es sieht so aus, als wenn ich nicht so bald noch mal ein Gerüst betreten werde.

Die Weite der 600 Quadratmeter großen Fläche im fünften Stock ist immer noch beeindruckend. Bis auf die lackverschmierten Folienreste, die wild zerstreut auf dem Boden liegen, wirkt der Raum eigentlich fertig. Die Lackierarbeiten sind abgeschlossen, die Dachunterkonstruktion hat die gewünschte Eisenglimmer-Farbe. Alle Fenster sind installiert, und Peter hat mit Fensterbauer Loos vergangene Woche sogar eine friedliche Abnahme hinbekommen.

Nur die etwa 20 gestapelten Euro-Paletten in der Ecke machen mich stutzig. Die waren vor dem Wochenende noch nicht da. Als Matze endlich eintrudelt, bringt Peter es kurz und trocken auf den Punkt:

«Der Boden muss raus!»

«Bitte? Was?»

«Du verarschst uns jetzt, oder?», prustet Matze los und spuckt dabei einen Tabakrest von seiner Lippe auf meine Schuhe. «'tschuldige.»

«Der Prüfingenieur war da. Hier muss Wärmedämmung und Trittschutz rein.»

«Das fällt dem jetzt ein, wenn alles andere fertig ist?», frage ich irritiert.

«Is 'ne lange Geschichte. Hier oben zieht der Bauherr persönlich ein. Und der hat sich jetzt erst entschieden, dat die

Fläche nicht komplett beheizt wird. Wird 'ne Wohnung mit Atelier oder so wat.»

«Wow. Das würde ich dann gerne mal sehen, wenn's fertig ist.»

«Jaja, auf jeden Fall müssen hier Wärmeplatten rein. Weil dat sonst zu kalt wird für die Apartments untendrunter. Heißt für uns: Alle Steine müssen raus! Und jetzt hört gut zu, dat is wichtig: Die Steine müssen heil bleiben, weil die wieder verlegt werden.»

«Und was machen die Paletten hier oben?»

«Da kommen die Steine drauf. Wir stemmen die erst nur auf einer Seite raus, dann machen wir sie sauber und stapeln sie auf die Paletten in der anderen Hälfte des Raumes. Versteht ihr?»

«Ähm, nicht so wirklich.»

«Na, die Zementreste entfernen! Ach, dat seht ihr schon alles, wenn's so weit is. Wir müssen jetz erst mal alle Fenster vernageln. Bringt alle Holzbretter, die ihr im Gebäude finden könnt!»

Wir brauchen den ganzen Morgen, um genügend Holz zu finden. Den Rest des Tages bringen wir mit dem Verbarrikadieren der knapp 40 Fenster zu.

Immer wieder schielt der Fugenfuks etwas ungläubig von draußen durch die Scheibe, während er die Lücken zwischen Fenster und Mauer mit seiner Fugenmasse ausspritzt. Ich kann selbst kaum fassen, was wir da vorbereiten; Zementreste entfernen?

Ohne Gerüst ist die Mauer im Erdgeschoss wenigstens nicht mehr versperrt. Hans und Richie können unten nun endlich ihre Arbeit beenden. Vor der Mauer stehen vier verstellbare Böcke, auf denen mehrere Holzbohlen in zwei Reihen eine Arbeitsfläche bilden. Parallel zur Mauer haben

Hans und Richie auf den hinteren Bohlen einige Lagen Klinkersteine gestapelt.

«Hey, Hans, kommst du mit? Mittag!»

«Ah Nick, hilf ma kurz. Die Dinger müssen höher.»

«Um die hochzubekommen, brauchen wir Richie und Matze!»

«Ach wat! Komm, lass uns dat eben machen. Dann is dat feddich!»

«Aber die Steine sollten wir erst runter…»

«Dat geht so», unterbricht mich Hans, «du musst nur den Metallbolzen ’n paar Löcher höher setzen, den Rest mach ich!»

Ohne weitere Zeit zu verschwenden, stellt sich Hans gebückt unter den ersten Arbeitsbock. Er umgreift fest die Eisenverstrebungen und presst die Stützfüße des Bocks in den Boden. Dadurch gewinnt er Stabilität.

«Zieh den Bolzen raus!»

Ich kann Hans ansehen, wie er in sich geht und Kraft sammelt.

«UUUOOOAAAH!!!», hallt es über den Platz.

Dann drückt er mit seinem Rücken gegen die obere Verstrebung und stemmt tatsächlich den ausziehbaren Teil des Arbeitsbocks nach oben! Samt Bohlen und gestapelten Klinkersteinen!

«JETZT INS OBERSTE LOCH!», schreit er kurzatmig.

Das Ganze wiederholen wir viermal – bis Matze und Richie uns zum Mittag abholen.

Heute: Königsbärger Klopse

«Hoffentlich kocht der nicht so, wie er schreibt», sage ich leise zu mir selbst. Hans stochert auf seinem Teller rum und pickt eine Kaper auf.

«Der alte Maurer mit dem Fahrrad lässt sich auch nich mehr blicken. Habt ihr den mal wieder gesehn?», und nach einer kleinen Pause: «Der Alte is doch wohl nich schon kalt?»

Der erste Biss schmeckt intensiv nach Fisch. Ein bisschen sehr intensiv. Ich bin kurz davor, den Happen zurück in die Sahnesauce zu spucken.

«Ist ja ekelhaft. Da hat der Koch wohl einmal zu viel in die Sardellenbüchse gegriffen.»

«Eher zehnmal», bestätigt Richie und verzieht beim Kauen das Gesicht, als ob er in eine Zitrone gebissen hätte.

Hans fasst seine Gabel ganz unten am Griff, stellt sie aufrecht in die Luft und wedelt mit ihr vor und zurück: «Wisst ihr, wat richtig geil wär? So 'n Bauarbeiter-Kanal im Fernsehen! Da denk ich schon lange drüber nach.»

«24 Stunden Bauarbeiter live? So à la *Big Brother*?»

«Ja, Nick, genau! Dann würd ich am Wochenende schön aufm Sofa liegen und den anderen beim Malochen zugucken. Dat wär klasse! Am besten zeigen die nur Maurer bei der Arbeit!»

«Dann könnte man den Kanal ja *Maurer24* nennen.»

«*Maurer24*, super, aber dat darf dann nich so 'n Scheiß sein wie *Dschungelcamp*», schmatzt Richie.

Jetzt kommt auch Matze mit seinem Tablett zu uns an den Tisch.

«Ihr hättet mit den Arbeitsböcken vorhin auch fünf Minuten warten können, dann hätten wir doch geholfen.»

«Er», ich zeige auf Hans, «konnte nicht warten.»

«Mann, Hans, du bist doch bekloppt! Du machst dich damit noch kaputt, ich sach dir dat.»

«Ach wat, Richie. Dat mach ich schon seit über 20 Jahren.»

«Ja, eben! Deswegen haste auch die Bandscheibe am Arsch, ne?»

Hans antwortet nicht, sondern starrt auf seinen Teller und schaufelt sich die Klopse rein. Welcher Riese spricht schon gerne über seine Verwundbarkeit?

Ich nutze den stillen Moment.

«Passt mal auf, Jungs. Ich höre nach Weihnachten auf. Ich gehe zurück nach London.»

Ein kurzes Schweigen, ein wenig Schmatzen, dann schluckt Hans und sagt:

«Mann, das ist doch toll für dich. Weißte eigentlich, dat am Anfang keiner gedacht hätte, dat du überhaupt so lange durchhältst? Da liefen sogar schon Wetten!»

«So is dat wohl!»

«Du kannst mich doch nicht alleine lassen mit den beiden Bekloppten hier», witzelt Matze, und Richie bringt es auf den Punkt: «Dann müssen wir's zum Abschied aber noch mal richtig krachen lassen!»

«Das ist Pau, der spanische Wanderarbeiter», stelle ich den verschlafenen jungen Mann scherzhaft vor, als ich ihn ins Dachgeschoss führe.

Durch das Dach dringt nur wenig Licht, einzig ein schmaler Streifen erhellt die Mitte des düsteren Raumes. Es ist kalt, und die Bretter vor den Fenstern wirken nicht gerade einladend.

«Hallo, ich bin Peter. Du bist also der Spanier. Aber du sprichst Deutsch?»

«Ich bin kein Spanier, ich bin Katalane», sagt er bestimmt. «Und ja, ich spreche Deutsch.»

Matze kommt dazu und gibt Pau so kräftig die Hand, dass der leicht in die Knie geht.

«Du bist der Spanier, ja?»

«Katalane. Ich bin Katalane.» Jetzt klingt das schon etwas gereizt. Wir scheinen hier einen überzeugten Separatisten vor uns zu haben.

Peter erklärt seinen Plan.

«Also, ist ganz einfach. Nick und ich stemmen die Steine von der Wand Richtung Mitte raus. Matze nimmt die Schubkarre und fährt die Steine dann rüber zu Paul und dann …»

«Pau, nicht Paul», falle ich Peter ins Wort.

Peter glotzt mich nur fragend an und fährt dann unbeirrt fort.

«Also du, Paul, machst auf dem Tisch da vorn die Steine sauber und stapelst die dann auf 'ner Palette. Haste verstanden?

«Ja, ich glaube schon», antwortet er etwas unsicher.

«Nick, geh rüber mit ihm. Und zeig ihm, wat ich mit sauber machen meine.»

Wir gehen zu einem kleinen Metalltisch. Darauf liegen ein paar lose Steine vor einem mit Schraubzwingen befestigten Vierkantholz.

«Du musst ihm noch mal sagen, dass du Pau heißt und nicht Paul. Das hat der nicht gerafft.»

«Ach, das passiert mir in Deutschland dauernd. Hab mich dran gewöhnt.»

Pau nimmt seinen Rucksack ab und holt eine 1,5-Liter-Colaflasche heraus. Aber der Inhalt ist neon-orange.

«Was ist denn das für ein Gesöff?»

«Kool Aid. Ohne das werde ich nicht wach.»

«Ist das dieses heftige Zeug aus den USA, das man auch zum Kolorieren von Wolle benutzen kann?»

«Jaja, und Kurt Cobain hat sich angeblich damit die Haare gefärbt. So ein Quatsch. Ich trinke das schon immer, und mir geht es gut», verteidigt Pau das amerikanische Kultgetränk und nimmt einen tiefen Schluck.

Als ich Pau Handschuhe und Kopfhörer in die Hand drücke, guckt er mich verwundert an. Zum Nachfragen kommt er nicht, weil Peter drüben den Stemmhammer startet und den riesigen Raum beschallt.

Ich gehe einen Schritt auf Pau zu und spreche laut und direkt in sein Ohr: «Setz die Schutzbrille über deine Brille, sonst ist die sofort kaputt. Warte, ich zeig dir das kurz.»

«OKAY!», schreit er zurück.

Peter hat einen neuen Aufsatz für die kleine Makita besorgt. Mit dem breiten, flachen Meißel lässt sich der alte Mörtel besser abstemmen. Das Vierkantholz dient als Block, damit die Steine mir nicht wegrutschen. Um im richtigen Winkel zu treffen, muss ich den Stemmhammer schräg halten. Setzt man zu gerade an, bricht der Stein entzwei, und Peter motzt.

Der Mörtel fliegt durch die Luft, und dichter Staubnebel hüllt uns ein. Pau hustet.

«Das staubt ja extrem. Kann ich mir irgendwo 'ne Maske holen?»

«Stell dich nicht so an wegen dem bisschen Dreck», entgegne ich barsch und erschrecke mich im selben Augenblick über meine Worte.

Matze teilt die Staubwolke, als er mit der Schubkarre angefahren kommt.

«Geh ma zur Seite, Wanderarbeiter!», schreit er gegen den Lärm an und kippt die Steine neben den Tisch.

«Bist du so weit?», rufe ich Pau zu und halte ihm dabei den eingeschalteten Stemmhammer entgegen. «Und pass auf, dass du die Steine nicht zerbrichst!»

Pau wirkt etwas überfordert. Er nickt mir zaghaft zu und greift nach der Maschine.

«Die Sauberen hier drauf!», schmeiße ich noch schnell eine Palette vor den Tisch.

Er setzt den Hammer an und zerbricht die ersten Steine. Geht doch! Ich grinse ihn an und strecke in diesem ohrenbetäubenden Rattern beide Daumen in die Luft. Jeder Anfang ist schwer. Das weiß ich am besten.

Peter und ich stehen mit dem Rücken an die Mauer gedrückt und brechen am Boden die ersten Reihen Steine frei. Zu meiner Überraschung darf ich den uralten Stemmhammer benutzen, der wohl seit einer Ewigkeit unter Peters Bett lag.

Das schwere Ungetüm ist unsagbar laut und wird nach ein paar Minuten so heiß, dass ich mir ein Stückchen Haut am Unterarm verbrenne.

Früher haben hier gewaltige Maschinen gestanden. Ich kann die Verankerungen noch gut erkennen. Die nächste Steinreihe vor meinen Füßen bricht, und sofort entsteht ein fauliger Gestank. Peter hat ein paar Meter weiter dasselbe Problem. Er kommt rüber, hebt einen braun verfärbten Stein auf und hält ihn sich dicht unter die Nase. Lang und tief atmet er ein. «Dat is alles voller Maschinenöl. Die schmeißen wir alle weg. Matze, mach an der Tür ’nen extra Haufen!»

Die nächsten Stunden sind an kräftezehrender Monotonie kaum zu überbieten. Reihe für Reihe. Stein für Stein. Schubkarre um Schubkarre. Das Dachgeschoss verwandelt sich Schritt für Schritt in ein Schlachtfeld. Staub liegt starr in der Luft, und der Boden sieht aus, als hätte eine Bombe eingeschlagen.

Der Steinberg neben Pau wächst immer weiter und überragt bereits den Tisch. Vor ihm breitet sich ein Feld aus abgemeißeltem Schutt aus. Er kann unmöglich mit unserem Tempo Schritt halten. Das Säubern der Steine ist zu zeitaufwendig.

Peter gibt das Zeichen zu einer kurzen Pause, und die Maschinen stoppen.

«Ich muss jetzt mit Hump zum Tierarzt. Nick, du hilfst gleich unserm spanischen Paul.»

«Ich bin kein Spanier, ich bin Ka...»

«Jaja, ich weiß. Also, Matze, du hilfst dann auch mit, wennde alle Steine drüben hast. Und nich mehr als zehn Lagen Steine auf die Paletten!»

«Wo sollen wir die Paletten eigentlich hinfahren?»

«Ganz hinten in die Ecke. Nick, komm ma kurz mit runter. Den Hubwagen holen.»

Der steht hinter der Bretterbude unter einer Plastikplane versteckt.

Peter hat in dem halbfertigen Fahrstuhlschacht eine elektrische Seilwinde angebracht, damit will er das schwere Gerät hochziehen. Wir befestigen die Hebegurte und haken sie an das herunterhängende Drahtseil.

«Geh du hoch und schalt die Seilwinde ein. Ich komm gleich nach!»

Der Fahrstuhlschacht reicht gute 15 Meter in die Tiefe und wird nur von ein paar provisorischen Holzbohlen abgedeckt.

Ein ins Mauerwerk betonierter Stahlträger hängt über dem Schacht. Eine Seite der Seilwinde ist jetzt mit einem Gurt um die Mitte dieses Trägers gebunden, die andere hängt mit einer Metallklemme an einem angeschweißten Ring. Ich nehme die Fernbedienung und starte das Manöver. Das Drahtseil wickelt sich langsam auf, und der Hubwagen hebt sich in die Luft. So weit, so gut. Nur die Seilwinde ächzt und quietscht bedenklich.

«Ey, Peter, das hört sich nicht gut an. Und guck mal, wie die wackelt. Meinst du, das hält?»

«Klar, ich hab die Ringe selbst an den Stahlträger geschweißt. Dat hält. Und an den Gurt da kannste 'nen Elefanten hängen.»

Er hat das selbst geschweißt? Wie beruhigend! Aber tatsächlich geht alles gut, und wir können den Hubwagen oben nutzen. Die ersten Paletten sind verschoben, Peter ist weg, und wir legen eine weitere Pause ein. Pau sieht mitgenommen aus. Der Staub hat sich wie eine Kuchenglasur über ihn gelegt, und sein linkes Brillenglas hat einen Riss.

«Ich sag doch, zieh die Schutzbrille drüber.»

«Ist nicht so schlimm», winkt er ab und kramt in seinem Rucksack. Zum Vorschein kommt eine Packung Schokokekse, die er in die Runde hält.

«Will einer? Sind Prinzessinnenkekse.»

Matze zeigt ihm den Vogel.

«Bist du schwul oder wat? Prinzessinnenkekse? Dat is doch 'ne Prinzenrolle!»

Aber Pau hat recht. Auf der Packung ist tatsächlich eine Prinzessin mit Zauberstab abgebildet. Scheint vom Discounter zu sein.

«Wollt ihr jetzt 'nen Keks oder nicht? Und Matze, von dir will ich im Gegenzug 'ne Zigarette!»

«Na gut, dann gib mir ma einen von deinen schwulen Prinzessinnenkeksen.»

Mein Blick schweift durch den weiten Raum, über schier endlose Berge aus Schutt und Steinen.

«Wisst ihr, woran ich die ganze Zeit denken muss?»

«Nee?»

«An die Trümmerfrauen nach dem Zweiten Weltkrieg.»

«Ja, nur haben die ihre Hände benutzt und keine Stemmhämmer», antwortet Matze trocken, während er sich die nächste Kippe ansteckt. Dann dreht er sich zur Seite und zeigt auf seinen Gürtel. «Ich hab mir 'nen neuen Messergriff gebaut! Wollt ihr ma sehn?»

Matze reicht mir das Messer. Ich löse den Sicherheitsverschluss mit dem Daumen – und dann unterläuft mir der Kardinalfehler. Ich greife zu hoch und schlitze mir beim Rausziehen der Klinge in die Handfläche. Das kommt davon, wenn man keine Ahnung von Messern hat.

«Au! Scheiße!»

«Wat machst du denn? Jetz is dat ganze Messer voll Blut!»

«Das ist ja unglaublich scharf!»

Dicke Blutstropfen rinnen mir aus der Faust, und Pau reicht mir ein Taschentuch.

«Natürlich is dat scharf! Wat denkst du denn? Und, gefällt dir der Griff?

Was an diesem Tag noch halbwegs erträglich ist, wird in den nächsten Wochen immer mehr zur Qual. Der Boden ist relativ schnell herausgestemmt, aber Tausende Steine von dem elenden Mörtel zu befreien dauert eine gefühlte Ewigkeit.

Ein Ende ist nicht abzusehen, und diese Sisyphosarbeit zermürbt uns zusehends. Ich muss zurückdenken an meine ersten Tage vor fast einem Jahr. Und nun wieder mit Schutzbrille, Gehörschutz und einer Makita in der Hand auf Steine einzuhämmern, raubt mir die letzte Motivation.

Mir wird einmal mehr bewusst, dass sich die wesentliche Arbeit auf einer Baustelle letztlich immer auf eine Handvoll Tätigkeiten beschränkt. Diese ewig zähe Monotonie ist vermutlich eins der größten Übel in der Welt der Bauarbeiter.

Wir stehen bis zu den Waden in Mörtelresten. Die Tischbeine wackeln ständig unter der Last der Steine und des schlagenden Hammers. Zwei von uns stemmen ununterbrochen, der dritte bringt neue Steine von dem riesigen Haufen und stapelt die sauberen auf den Paletten. Stündlich wechseln wir die Positionen. Wir funktionieren wie Maschinen an einem Fließband. Nur dass wir dabei Staub spucken.

Jeden Morgen müssen wir den Tisch aus dem Mörtelberg heben und ein Stück versetzen. So bewegen wir uns einmal quer durch den Raum, und schnell ist der gesamte Fußboden bedeckt mit abgeschlagenen Mörtelstücken.

«Scheiße, guck dir mal meine Daumen an!»

Matze hat die Handschuhe ausgezogen. Seine Daumen sind an den Innenseiten dick angeschwollen.

«Meine sehen nicht besser aus. Hier!»

Von Steinbergen umgeben, stehen wir im Kreis, strecken unsere Daumen in die Mitte und betrachten die Deformierungen.

«Kennt ihr Wong Kar-Wai, den Regisseur? Habe gestern einen seiner Filme gesehen, *2046*. Wirklich toll», wechselt Pau abrupt das Thema. Mit diesem tatsächlich großartigen Film trifft er bei mir ins Schwarze.

«Ja, den kenne ich natürlich. So einen Film vergisst man

nicht. Vor allem die Szene, als sie ihr Geheimnis in das geschnitzte Loch im Baum sprechen …»

«… und dann mit Schlamm verschließen», vollendet Pau meinen Satz.

«Wundervolles Bild, nicht wahr?»

Matze guckt uns fragend an.

«Hm, dann muss ich mir den wohl ma angucken. Aber», jetzt dreht er den Kopf suchend um, «ich kenn auch 'n Geheimnis. Von 'nem alten Rohrleger aus Cottbus.»

Er steuert auf die Ecke zu, in der Rainer und Konsorten vor Wochen ein paar leere Bierflaschen zurückgelassen haben. Mit einer Buddel in der Hand kommt er zurück, nimmt ein Centstück aus seiner Hosentasche und wirft es hinein.

«Jetzt flüstere ich einen Wunsch in die Flasche und wenn der Boden rausbricht, geht der in Erfüllung.»

«Wie bitte?»

Matze hat seinen angeschwollenen Daumen schon auf der Öffnung und schüttelt die Bierflasche wie ein Wahnsinniger. Das Centstück knallt rhythmisch gegen das Glas.

Pau schaut mich mal wieder verwirrt an und nuckelt hilfesuchend an seinem Kool Aid. Der denkt wahrscheinlich, die sind alle nicht ganz dicht, die deutschen Bauarbeiter.

Auf einmal gibt es ein helles Ticken in der Flasche, der Boden bricht in einem Stück heraus und fällt lautlos in den Mörtel.

«Tadaaa!», singt Matze stolz.

Die Tür geht auf, und ein ungewöhnlich angenehmer Geruch steigt mir in die Nase.

«Na, wat macht ihr wieder für 'nen Scheiß? Ihr sollt arbeiten!» Peter hat drei Pizzakartons auf dem Arm. «Hier! Ich dachte, ihr könnt 'ne extra Stärkung vertragen.»

«Äh, danke.»

Wir sind fast ein bisschen sprachlos. Eine nette Geste. Von Peter! Selbst der unsensible Leprechaun scheint gemerkt zu haben, dass die Arbeit von uns Trümmermännern die Hölle ist. Als ich meinen Pizzakarton aufklappe, ist die Freude allerdings sofort gedämpft. Spaghetti Bolognese als Pizzabelag? Ich weiß nicht, ob ich lachen oder weinen soll. Na ja, wie sagt man? Der gute Wille zählt.

Nach drei Wochen Tortur mit dem Stemmhammer und palettenweise gestapelten Steinen sind Paus Handgelenke entzündet. Seine Finger sind so verkrampft, dass er die Makita nicht mehr ohne Schmerzen halten kann.

Mir ergeht es nicht viel besser. Auch ich habe durch die sich ständig wiederholenden Bewegungen unangenehme Verschleißerscheinungen. Durch das Drehen des Hammers sind die Sehnenansätze in meinem Unterarm so gereizt, dass der Arzt eine Epicondylitis feststellt. Der Volksmund nennt das Tennisarm. Ausgerechnet jetzt. Kurz, bevor ich das Kapitel Baustelle sowieso schließe.

Die vorweihnachtliche Stimmung wird außerdem von unbezahlten Rechnungen getrübt. Pau hat seit seinem ersten Tag noch keinen einzigen Cent gesehen. Und von Richie, Hans und Matze weiß ich, dass sie wie ich seit Wochen auf ihr Geld warten. Als ich Peter darauf anspreche, reagiert er übellaunig:

«Der Bauherr hat Geldprobleme. Da is noch einiges nich bezahlt. Kann ich nix machen. Müsst ihr noch warten.»

«Ja, wie? Ihr könnt doch nicht einfach Leute arbeiten lassen, ohne dass Geld da ist.

Wo gibt's denn so was?»

«Dat is so. Punkt, aus. Dann müsst ihr halt aufhören!», sagt er mir noch unverschämt ins Gesicht und verlässt einfach die Hütte.

Konfrontation ist nicht seine Stärke, das ist mir mittlerweile ja klar. Aber dass er die Jungs und mich genauso abspeist wie die anderen Firmen, schockiert mich doch ein bisschen. Und die Szene kommt mir bekannt vor. Als ich ihn damals nach der Bezahlung von Jimmy und Co. gefragt hatte, hieß es nur lapidar: «Die müssen halt warten.» Aber eigentlich klang es wie: «Am liebsten würde ich die gar nicht bezahlen.»

SCHUTZKLEIDUNG IS NICH!

Hans

«Ich war 18 Jahre jung. Mann, dat war 'ne wilde Zeit, sach ich dir. Haben natürlich viel gesoffen, dat war damals echt noch anders. Da hat *jeder* getrunken aufm Bau. Zum Frühstück, zum Mittag und direkt nachm Feierabend sowieso. Und im Winter, wenn dat so richtig kalt war, gab's zwischendurch Schnäpse.

In dem Alter war ich echt noch kräftig, nich so wie heute! Musste nich lachen, Nick. Ich hatte damals viel mehr Power, glaub mir. Immer zwei Zementsäcke gleichzeitig auf der Schulter, manchmal drei. Na ja, und wennde so jung bist, musste sowieso noch zeigen, watte kannst.

Auf jeden Fall war dat irgendwann im Sommer. Bullenheiß war dat, und wir hatten die ganze Zeit Durst. An dem Tag ham wa riesige Metallträger eingemauert, dat weiß ich noch. Zum Mittag gab's Bockwürste. Die anderen ham gefressen wie die Stiere, aber ich hab zwölf Stück geschafft! Bis heute mein Rekord! Dabei ham wa natürlich gesoffen. Da war der Hannes noch dabei. Den kennste noch, Richie, oder? Der hatte immer und überall 'nen kleinen Taschenrutscher dabei. Mann, hat der gesoffen!

Als wir wieder aufm Bau sind und ich pinkeln muss, wird mir in dem scheiß Dixi-Klo schon leicht schwindelig. Aber mit 18 denkste, ach wat, is schon nich so schlimm. Kannst ja nicht schlappmachen. Handschuhe hab ich keine getragen und 'nen Helm schon gar nicht. Damals hättense dich sonst ausgelacht.

Jedenfalls hab ich die schweren Träger an einer Seite immer alleine hochgestemmt, und die anderen haben die dann hochgezogen. Alle sind blau. Ich steh also unten und hab den Träger schon auf der Schulter, da wird mir plötzlich schwarz vor Augen, und ich verlier dat Gleichgewicht. Die Idioten sind natürlich zu schwach, dat Ding allein nach oben zu ziehen, und der Träger rutscht über die Kante vom Gerüst, genau in meinen Nacken. Hierhin, kannste noch spüren.

Da bin ich schon angefangen zu buddeln. Da war Schicht. Den Rest weiß ich dann von Hannes. Ich lag bewusstlos im Sand, und der hat – besoffen, wie er war – zum Glück richtig reagiert. Hat mich erst rumgedreht, und dann hat er mir bergeweise die Kotze mit den Fingern aus dem Hals geholt. Sonst wär ich dran erstickt. Überall war Blut, und die dachten, ich wär hinüber. Später im Krankenhaus sagt Hannes dann zu mir:

‹Mann, Hans, kaust du überhaupt?›

‹Wat meinste?›

‹Ich hab dir halbe Würste aus dem Mund geholt!›

Seitdem kaue ich meine Bockwürste immer ein bisschen länger.»

Kapitel 15

Die Sonne geht auf

Das letzte Wochenende vor Weihnachten. Pau und ich stehen draußen vor dem Amboss, mit dem Rücken gegen die eisige Dezemberkälte. Der Ostwind pfeift über die Tram-Schienen und lässt die Lichterketten in den Bäumen tanzen. Wir warten auf Matze, der auch bei diesen Temperaturen mit dem Fahrrad kommt. Richie und Hans hatten die Idee, unsere Weihnachtsfeier und meinen Abschied zusammenzulegen und doppelt einen zu heben. Und laut Richie geht das natürlich nirgends besser als in seiner Stammkneipe.

Die bekannten Gesellen am Tresen drehen wieder ihre Köpfe zur Tür, als wir eintreten. Es ist richtig muggelig in der festlich geschmückten Kneipe. Sogar ein Tannenbaum steht neben dem Stoffelch, über dessen Hertha-Mütze ein Plastikheiligenschein schwebt. Ich setze mich zwischen Richie und Hans, die schon auf uns gewartet hatten.

«Werner, mach uns ma fünf Herrengedecke», bestellt Richie.

«Na, auch wieder im Lande?», lacht Werner, der Deo-Roller, und nickt in meine Richtung, als er uns allen ein großes Bier und einen Schnaps bringt. Wir stoßen die Bierhumpen klirrend zusammen und nehmen einen kräftigen Schluck. Dann werden wieder reihenweise Kümmerlinge auf die Theke geklopft. Pau schaut entgeistert zu mir rüber.

«Nicht denken, einfach nachmachen.» Das Zeug verklebt

mir den ganzen Mund. So Deckel wieder drauf und … «Pau! Der Deckel muss in Richtung des Barkeepers zeigen! Sonst flippen die hier aus.»

Matze kramt sein Tabak-Päckchen, Marke Schwarzer Krauser, raus und dreht sich eine. «Wat guckste denn so, Wanderarbeiter? Willste wieder eine?»

«Ja, gerne.»

«Mann! Seit sechs Wochen schnorrste bei mir. Bald bist du ma dran, wa?»

«Tut mir ja leid, aber ich bin total pleite. Immer noch kein Geld von Peter.»

«Ich weiß, war doch nur 'n Scherz.» Matze reicht ihm eine akkurat gedrehte Kippe.

«Hat der euch inzwischen bezahlt?», frage ich Hans und Richie.

«Nee, hatter nicht, dat Arschloch! Wenn die Rechnungen bis Silvester nicht bezahlt sind, dann kommen wir im nächsten Jahr nich mehr. Oder, Richie?»

«So is dat wohl.»

«Das ist wirklich unverschämt. Und auf die Art werden die Apartments doch nie fertig. Was meint ihr, wie lange das alles noch dauert?»

«Keine Ahnung, die Pläne werden ja ständig verändert. Oben is alles feddich, und dann müsst ihr da plötzlich den Boden rauskloppen! So wat Dämliches!»

«Hast recht, Richie! Und der Innenausbau muss auch noch gemacht werden. Ich sach dir, dat dauert alles mindestens noch 'n Jahr.»

«Und dat Gerüst? Da kommt auch kein neues mehr. Wie soll dat je fertig werden?», spricht Matze durch seine Zigarette und bewegt dabei kaum die Lippen.

Eine der beiden abgewrackten Bedienungen hat ein Auge

auf den schüchternen Pau in der Ecke geworfen. Kokett tritt sie an ihn heran, bückt sich vor und kommt mit ihrem tiefen Ausschnitt so nah, dass Paus Nase fast zwischen ihren faltigen Brüsten steckenbleibt.

«Na, Süßer?»

Pau wird knallrot und schaut verlegen zu Boden.

«Wat hatter denn, der Kleine?», dreht sie sich mit dem Hintern wackelnd wieder um und zwinkert Richie zu.

«Heute ist auch wieder was passiert», seufze ich und nehme einen satten Schluck Bier. «Ihr wisst doch, dass in den letzten Wochen vermehrt diese Flecken an den Stahlträgern aufgetreten sind?»

«Klar, ham uns ja alle gewundert.»

«Tja, heute war Volker mit seinem Farblieferanten da, um sich die Schäden anzusehen. Das muss *alles* neu lackiert werden! Peter war natürlich außer sich.»

«Ach du Scheiße! Und wer zahlt dat?», bringt Hans es auf den wie immer entscheidenden Punkt.

«Das konnten sie natürlich nicht klären. Und so wie die sich zum Schluss angeschrien haben, endet das vor Gericht. Aber das Beste ist …»

«Jetzt mach's nicht so spannend. Werner, noch fünf Herrengedecke!»

«Also, ich stehe mit Volker vor seinem Auto und verabschiede mich. Hab ihm gesagt, dass das mein letzter Tag war. Und als ob er das als Anlass nimmt, erzählt der mir in so einem vertraulichen Ton, dass man diese DB-Farbe im Innenbereich besser nicht hätte benutzen sollen!»

«Wat?», staunt Matze und auch Richie ist offenbar empört.

«Diese verlogenen Fotzen!»

«Volker meinte, dieses DB Eisenglimmer wäre viel zu empfindlich gegenüber Feuchtigkeit und Temperaturschwankungen. Die Flecken sind Ablagerungen von dem hohen Eisenanteil in der Farbe.»

«Warum sagt der das nicht vorher?», versteht auch Pau die Welt nicht mehr.

«Keine Ahnung. Vielleicht hatte er Angst, den Auftrag zu verlieren, wenn er den Kundenwunsch sofort abgelehnt hätte. Da sagt man dann lieber erst mal nichts.»

«Und dann kostet's doppelt so viel! So is dat wohl!»

«Aber Peter zieht diese Probleme irgendwie auch magisch an. Der hat sich übrigens heute nicht mal von mir verabschiedet.»

Hans schaut mich ungläubig an und richtet sich auf.

«Wie? Nach einem Jahr hat der nicht mal tschüs gesagt?»

«Bis heute Mittag haben wir das letzte Mal zusammen Trümmermänner gespielt. Dann musste er weg. Kein Wort zu mir. Keine Verabschiedung. Ich dachte, der kommt noch mal wieder.»

«Dat ham wa alle gedacht», ergänzt Matze.

«Jedenfalls hat er sich nicht mehr blicken lassen. Auch kein Anruf, gar nichts. Und ich Idiot habe nach Feierabend sogar noch eine halbe Stunde gewartet.»

«Vergiss den Typ. Der wär heute Abend auch nich mitgekommen, wenn wir ihn gefragt hätten. Soll er doch in seiner Hütte verrecken.»

«Is ja gut, Richie, vorher soll er uns aber noch bezahlen!», lacht Hans und trinkt sein inzwischen viertes Bier in zwei Zügen aus.

Ein gewaltiger Kerl mit Backenbart läuft hinter unseren Barhockern entlang. Er scheint direkt von seiner Ranch zu kommen. Der Hüne trägt tatsächlich einen weißen Cowboyhut mit goldenem Band, ein weißes Jeanshemd mit goldenen

Nieten und weiße Lederstiefel mit goldenen Sporen. Man kennt sich.

«Moin, Richie!» Dabei klopft er im Vorbeigehen auf das Thekenholz.

«Ah, John. Gibst du schon auf?»

«Ich? Aufgeben? Quatsch! Geh nur Kippen holen!»

Neugierig drehe ich mich zu Richie und sage leise: «Der heißt nicht wirklich John, oder?»

«Nee, der vergöttert bloß John Wayne. Eigentlich heißt der Wilhelm. Aber nenn den bloß nicht so. Sonst rastet der aus!»

«Und was meintest du eben mit Aufgeben?»

«Ach, die trinken da hinten am Tisch 'ne Sonne. Und ich dachte, er steigt aus.»

«Sonne trinken? Ich kann dir nicht folgen.»

Richie nimmt mich am Arm und winkt Pau rüber: «Kommt! Ich zeig euch dat.»

Die Theke erstreckt sich weit bis in den hinteren Bereich der Kneipe. Wir gehen an den Stammgästen vorbei, die dichtgedrängt am Tresen sitzen und sich vom Deo-Roller und den zwei aufgedonnerten Blondinen bedienen lassen. Ich entdecke Jochen und den Pfälzer Deppen, wie sie gebannt durch ihre Humpen auf das Monster-Dekolleté starren. Pau versucht sich hinter mir zu verstecken, um den lüsternen Blicken seiner neuen Freundin zu entgehen.

An einem schlecht beleuchteten Billardtisch steht ein Bär von einem Mann mit Rockerweste und entblößten Oberarmen und stößt wuchtig die weiße Kugel an. Der Queue wirkt wie ein Sushi-Stäbchen in seinen Pranken. Die anderen Kugeln springen knackend aus ihrer Position im Dreieck. Die 14 knallt in das Loch links hinten, und die 8 rollt gefährlich nahe hinterher.

«Wir ham die Halben, Manni!», ruft er zu dem kugelförmigen, etwa 1,70 Meter großen Mann, der in seinen Wurstfingern einen klitzekleinen Kamm hält und sich gerade den Seitenscheitel nachzieht. Neben ihm steht ein schlaksiger junger Kerl mit einer auffällig langen Nase. Lässig hält er seinen Queue, während er zwei Schabracken mit Dauerwelle anbaggert. Zwischen knallrot lackierten Nägeln dampfen die Zigaretten. Und das wahrscheinlich seit 40 Jahren, wenn ich mir die von horizontalen Falten durchfurchten Oberlippen so anschaue. Nein, diese beiden Damen sind wirklich nicht vom Glück geküsst.

«Ey, altes Haus!», wird Richie von dem dürren Hecht freundlich empfangen.

«Jaja, lass bloß die Dagmar in Ruhe, Karsten! Lass deinen Zinken bei dir!»

Richie gibt den beiden Frauen einen Kuss auf die Wange und deutet dann auf zwei Stehtische, auf denen jeweils ein angefangener Halbkreis aus Kümmerling-Fläschchen liegt.

«Dat wird 'ne Sonne, wenns feddich is!»

«Wie?» Pau hat es nicht verstanden.

«Na, wenn die Kümmerlinge einen geschlossenen, großen Kreis bilden! Dat nennen wir Sonne! Und wer als Erstes eine Sonne gesoffen hat, gewinnt! Haste kapiert, Spanier?

«Katalane, Mann! Und wie viele Flaschen braucht man, bis die Sonne fertig ist?»

«65!»

«Das ist ja Wahnsinn! Und Bier trinken die auch noch. Da kriegt man ja 'ne Alkoholvergiftung.»

Richie winkt nur ab und fragt den Cowboy, der angestapft kommt: «Ey, John, wer gewinnt denn?»

«Wir sind fünf Flaschen vor. Aber du kennst ja unsern Karsten, die alte Saufziege», John klopft seine Schachtel

Roth-Händle auf den Handrücken, «am Ende kippt er sich die Dinger wieder doppelt rein, und wir verlieren.»

Karsten feixt siegessicher und streckt einen Daumen in die Höhe.

Ich habe in Bars ja vieles erlebt, aber das hier ist absurd. Eine Sonne saufen! Und bei der traurigen Alten leuchtet eine rote Plastikrose im wasserstoffblonden Haar. Für einen Moment fühle ich mich in einen David-Lynch-Film versetzt.

An der Theke hat Matze sich neben Hans gesetzt und hört aufmerksam zu. Die Schaumkrone ihrer frisch gezapften Biere ist noch jungfräulich.

«Dat machen alle. So kannste echt 'n paar Kröten sparen», brummt Hans, und erst später erfahre ich, dass es darum geht, wie man zu Hause den Stromzähler mit einem starken Magneten sabotieren kann.

Das Glöckchen über der Eingangstür bimmelt und ein eiskalter Windstoß weht herein. Simon und Kai treten durch den Türrahmen, und sämtliche Köpfe am vorderen Tresen drehen sich erneut wie automatisiert zur Seite.

In diesem Moment prallen die beiden Lebenswelten, in denen ich mich im vergangenen Jahr abwechselnd bewegt habe, aufeinander. Hoffentlich geht das gut, denke ich noch, als ich fassungslos meinen Freund Kai betrachte. Der hatte offensichtlich die zweifelhafte Idee, hier in dieser Arbeiterkneipe in einem Boss-Anzug aufzutauchen.

«Mann, kommst du direkt aus dem Büro? Bisschen sehr overdressed», flüstere ich ihm zu, während wir uns zur Begrüßung umarmen. Nachdem ich alle miteinander bekannt gemacht habe, will Kai bei Werner bestellen.

«Entschuldigen Sie, ich hätte gerne ein Glas trockenen Rotwein.»

Der Deo-Roller runzelt die Stirn und guckt grimmig.

«Ey, willste mich verarschen, oder wat? Richie, gehört der zu euch? Sonst schmeiß ich den raus!»

Mein Bruder reagiert am schnellsten.

«Schon gut, wir nehmen beide 'n großes Pils und 'nen Kümmerling. Danke.»

«Na also! Und du», der Deo-Roller streckt seinen verschwitzten Kopf ganz nah vor Kais Gesicht, «ziehst ma besser den Stock ausm Arsch.»

Es dauert keine Minute, da pfeffert der kleine Wirt Bier und Schnaps auf die Theke.

«So, hier, Ballerbrühe und 'nen Kurzen. Ich hoffe, das ist dem edlen Herrn genehm.»

Klopfen. Prost. Reinkippen. Zuschrauben. Hinlegen. Deckel nach vorn. Langsam über die Theke schieben. Inzwischen könnte ich das im Schlaf.

«Dein Bruder hat sich wacker geschlagen dat letzte Jahr. Hätten wir nich gedacht», sagt Hans zu Simon, der den ersten Bierhumpen schon geleert hat und per Handzeichen den nächsten ordert.

«Weißte noch, Nick, im Februar, als dat so schweinekalt war und der Idiot dich mit dem Föhn losgeschickt hat, um den gefrorenen Wasserschlauch warm zu machen?», erinnert Hans mich an eine von Peters bescheuerten Ideen.

«Da hast du ja richtig was gelernt auf dem Bau», spottet Kai.

«Und ob! Außerdem weiß ich jetzt, dass man keine Schutzkleidung braucht, weil die ja ‹voll schwul› ist. Nicht wahr, Richie?» Ich stoße ihn mit meinem Ellbogen an, und er schmunzelt. «Aber vor allem war die Diskussion mit der Denkmalpflege unglaublich.»

«Wieso? Was war da?»

«Die haben das geplante Zinkdach abgelehnt, weil solche Dächer zu Zeiten der Entstehung des Speichers angeblich nicht gebaut wurden. Erst als ich Peter gesagt habe, er solle mal die Kupferdächer der alten Speicherstadt in Hamburg als Gegenbeispiel anführen, haben die es genehmigt. Das war unfassbar! Die beschäftigen sich den ganzen Tag mit Denkmalschutz, aber haben keine Ahnung von Baugeschichte.»

«So is dat wohl.»

Der Abend schreitet voran, und die Ankündigung, doppelt einen zu heben, war kein leeres Versprechen. Bei allen fließen Bier und Schnaps in Strömen.

Plötzlich kommt lautes Gebrüll von den Toiletten. Richie springt sofort auf und läuft zu der braunen Tür mit dem goldenen H. Ich schaue die Theke entlang. Verdammt, wo ist Kai?

Alle schreien durcheinander, als ich in den ockerfarben gefliesten Raum komme.

«Lass ihn los, Wolfram! Is gut! Der gehört zu mir!»

Der Riese vom Billardtisch hat Kai am Kragen gepackt und drückt ihn an die Klowand neben dem Pissoir.

«Du Arschloch! Du willst uns dat Amboss wegnehmen!», schimpft daneben der fette Manni mit hochrotem Kopf. Kai versucht vergeblich sein Gesicht wegzudrehen, um der fliegenden Spucke zu entgehen. Der kleine Dicke platzt gleich.

«Hey, seid ihr bekloppt?», schreie ich nun auch und Matze steht schon einsatzbereit hinter mir.

Ohne ein Wort zu sagen, kommt Hans rein und schiebt den großen Rocker mit einer Hand weg. Kai rutscht die Klowand runter bis auf den bepissten Boden. Richie schüttelt Manni, dessen Schädel immer noch kurz vorm Explodieren ist, und ich versuche meinen Freund aufzurichten.

«Mann, der gehört zu uns! Der hat überhaupt nix mit der

Scheiße zu tun! Ihr versauft noch euren ganzen Verstand!», regt sich Richie fürchterlich auf.

So ganz langsam weicht die Aggression aus dem Raum. Die beiden schäbigen Dauerwelle-Blondinen kommen rein und zerren die Rocker wieder zurück zu ihrer Sonne.

«Ich habe denen versucht zu erklären, dass ich heute das erste Mal hier bin. Ich weiß wirklich nicht, was die von mir wollten.» Kai ist total fertig.

«Richie, was war das denn? Von wegen ‹Amboss wegnehmen›?»

«Hab ich nich erzählt? Der alte Besitzer hat den Laden hier verkauft, der kommt in neue Hände. Silvester ist die letzte große Welle hier. Dann soll dat 'n richtig schicker Schuppen werden, für die Touristen und so. Manni und Wolfram ham wohl gedacht, dein Kumpel wär einer der Yuppies, die dat Amboss übernehmen. Na ja, der sieht ja auch so aus.»

«Und was macht ihr dann ohne eure Stammkneipe?»

«Keine Ahnung. Aber eins steht fest, kampflos geben wir dat hier nich auf! Bin ma gespannt, wat die Schnösel sagen, wenn wir alle in der neuen Schicki-Micki-Bar auflaufen.»

Hans setzt sich wieder auf seinen Hocker und gibt Kai einen Klaps auf den Hinterkopf: «Jawohl! Der Kleine hier braucht noch mal 'nen schönen Kümmerling auf den Schreck, wa?»

Das war das Stichwort für den Deo-Roller. Er greift wieder einmal in die scheinbar bodenlose Kühltruhe und teilt die Kräuterschnäpse aus.

«So, Junge! Jetzt trinkste erst einen und nachher gehste noch schön im Puff 'n paar Pisslappen pöhlen! Dann ist die Welt wieder in Ordnung!»

Simon guckt mich völlig entgeistert an: «Meine Güte! Das ist ja das abscheulichste Sex-Synonym aller Zeiten.»

Kai kann sich vor Lachen kaum halten.

«Na, siehste. Geht doch! Prost!» Werner beginnt das Klopfritual.

Irgendwann spät in der Nacht sitze ich mit Richie und Hans in der Ecke am Tresen. Die anderen sind den wilden Jubelschreien am Billardtisch gefolgt. Das Sonne-Trinken nähert sich dem Ende.

«War wirklich eine großartige Zeit mit euch, ehrlich!»

«Mensch Nick, Hans und ich fahren im Sommer mit der AIDA nach Brasilien, aufn Amazonas. Willste nich mitkommen?»

«Warte ma, dat muss ich doch noch mit meiner Alten besprechen.»

«Ach, komm schon, Hans! Dat wird super! Und, Nick, wat sachste?»

«Tja, vielleicht. Mal sehen, was der Sommer so bringt.»

«Dat is bestimmt wat für dich! So 'n echtes Abenteuer! Weißte, die Eingeborenen da, die ham keine Angst vor uns Weißen. Da gibt's so 'n Ritual: Die Jungs müssen 'nen Menschen töten, um zum Mann zu werden! 'n Freund von mir sacht, da kannste nur mit 'ner Kalaschnikow an Land gehen!»

«Prost, Jungs. Werde euch vermissen.»

Zwei Monate später. Vor dem Fenster weht Pulverschnee durch die Straßen Londons. Die Galerie ist überfüllt mit Kunstinteressierten oder solchen, die sich dafür halten. Hostessen jonglieren Tabletts mit Champagnergläsern durch die dichtgedrängte Menge.

Die meisten Besucher haben den Werken den Rücken zugewandt, stehen in kleinen Grüppchen zusammen und diskutieren – meist über die britische High Society. Also über sich selbst.

Ein international bekannter Käufer streift gerade seinen Glacéhandschuh ab, um besser nach einem perlenden Champagner greifen zu können. Lance, meiner neuer Boss und Besitzer der Galerie, stößt mit ihm an und erklärt den philosophischen Wert der schwarzen Pfütze, die in einer Ecke glänzt. Er gehört zu den Kreativsten, wenn es darum geht, eine Geschichte zu erfinden, die dem Verkauf eines Kunstwerkes dient.

Gespannt warten alle auf die angekündigte Performance eines peruanischen Shootingstars. Zwei aufgeplusterte Frauen mit extravaganten Hüten drängen sich bis vor den abgesperrten Bereich. Es ist traurig, immer wieder mit ansehen zu müssen, wie sich Menschen mit Botox freiwillig entstellen. Dieser ewige, nicht zu gewinnende Kampf gegen das Altern.

Die Videokamera auf dem Stativ wird eingeschaltet, und eine Sirene ertönt. Die Performance beginnt. Mit einem Besen bewaffnet und einer Staubmaske über Mund und Nase, beginnt der junge Mann einen winzigen Sandhaufen von einer Ecke in die andere zu fegen. Im ersten Moment denke ich, das ist ein Scherz. Da bin ich so viele Kilometer weit weg von der Baustelle und muss mit ansehen, wie ein hochbezahlter Künstler vor mir den Boden fegt.

Der Raum füllt sich langsam mit Staub. Beinahe nach jeder kleinen Bewegung pausiert der Performer mit dem Besen und putzt sich den Schweiß von der Stirn. Das ganze «Spektakel» dauert vielleicht zehn Minuten, dann verbeugt er sich, und die Besucher flippen aus.

«Welch interessante Erfahrung! Sich in so einem Staubnebel zu befinden und kaum noch etwas zu sehen! Was für eine exquisite Idee!»

«Ja! Und dieser Link zu Sisyphos! Toll! Bravo!»

In diesem Moment denke ich an Hans und Richie. Sie hätten die Idiotie in diesem White Cube verstanden. Toll! Bravo!

Als alle Gäste weg sind, will ich einen Korb mit leeren Champagnerflaschen in den Keller tragen. Beim Anheben zieht es mir schmerzhaft in den Ellbogen, und ich schreie kurz auf.

Die Hostess neben mir schaut auf: «Was ist los? Alles okay?»

«Ja, alles okay. Das ist nur ein kleines Andenken von der Baustelle.»

«Baustelle? Klingt nach einer tollen Performance.»

«So is dat wohl.»

Danksagung

Simon Grünke – für die unverzichtbare Mitarbeit von der ersten bis zur letzten Minute. Ohne dessen professionelle Unterstützung und Inspiration dieses Buch kaum möglich gewesen wäre. Keep on going.

Anja Perišić – The one n only PANDA

Mathias Baum – Schnittige Wege

Gesa & Marta – Berliner Unterschlupf

Malwine Grünke – Südallee-Anführerin

A. K. Katz – The best ‹Katzenotter› in the world

Matilda & Carlotta – Yakarische Welten

Nati & Jinks – Für so unendlich viel

Jule Kienecker – Schaufensterpuppen-Beschwörerin

Ayuk Kuperus – !

Ländon – Star-Länzer

Dr. Hanna Leitgeb – Rauchzeichen

Paiydo – Salmando rulaiso de mondaiy

Pedro Miguel Servera Elhauge – Puskas und das Meer

Tobias Schumacher – Herr Hernández

Caroline Schwarte – Puzzel-Sushi

Julia Suchorski – Reinbek link

Egbert und Sura van Triest – Helpful distraction

Linda Vaske – Mallorquinisches Zuhause n the best gnt's

Daniel Wichmann – Samenspender

Thorsten Wulff – Fotograf

MIX
Papier aus verantwortungsvollen Quellen
FSC® C083411

Das für dieses Buch verwendete FSC®-zertifizierte Papier
Lux Cream liefert Stora Enso, Finnland.